GOTTESDIENST PRAXIS SERIE A

Arbeitshilfen für die Gestaltung
der Gottesdienste im Kirchenjahr

Herausgegeben von Erhard Domay

Gütersloher Verlagshaus

GOTTESDIENST PRAXIS

II. Perikopenreihe

Band 4: 12. Sonntag nach Trinitatis
bis Ewigkeitssonntag

Gütersloher Verlagshaus

Die Deutsche Bibliothek - CIP-Einheitsaufnahme

Gottesdienstpraxis. - Gütersloh : Gütersloher Verl.-Haus.

Ser. A, Arbeitshilfen für die Gestaltung
der Gottesdienste im Kirchenjahr.
Perikopenreihe 2. hrsg. von Erhard Domay.

Bd. 4. 12. Sonntag nach Trinitatis bis Ewigkeitssonntag - 1998
ISBN 3-579-02943-6

ISBN 3-579-02943-6

Umschlagentwurf: Franz Wollzenmüller, Oberhaching
Umschlagbild: © Johannes Schreiter, Langen, Fazit 35/1985/GB
Die hier wiedergegebene Reproduktion entspricht dem Original:
Freies Glasbild, 39,5 x 56,5 cm
Satz: Fotosetzerei Steggemann, Herford
Druck und Bindung: Westermann Druck Zwickau GmbH, Zwickau

Gedruckt auf chlorfrei gebleichtem Werkdruckpapier

Printed in Germany

Inhalt

12. Sonntag nach Trinitatis

Annäherungen an den Predigttext
Apostelinnen- und Apostelgeschichte 9,1-9 (10-20)

Christian Kollath

Die eindrücklichsten Reaktionen bekam ich in einer Gruppe von ca. 30 Personen einer kirchlichen Begegnungsstätte, die in jeder Beziehung außerordentlich unterschiedlich zusammengesetzt ist.
Nachdem ich den gesamten Abschnitt der Verse 1 bis 20 vorgelesen hatte, war erst einmal »Schweigen im Walde«. Ich regte an, daß wir in einer ersten Runde Verstehensfragen klären könnten. Daraufhin sagte eine der Teilnehmerinnen: »Mir würde es helfen, wenn Sie den Inhalt noch einmal in eigenen Worten nacherzählen würden.«
Es stellte sich heraus, daß zumindest der zweite Teil (V. 10-20) die Zuhörer echt verwirrt hatte. Die Lesung des Predigttextes sollte man daher tunlichst auf die Verse 1 bis 9 beschränken, die Fortsetzung des Abschnittes kann dann ja in der Predigt erzählt werden.
Wir trugen den ersten Teil gemeinsam zusammen, dann las ich noch einmal die Verse 1 bis 9 und 18 bis 20 vor.
Der Inhalt war nun klar und präsent, das Gespräch verlief dennoch schleppend mit etlichen, sehr langen Pausen. Das war für mich ungewohnt in dieser Gruppe, die bei manchem Gleichnis schon in der Gesprächsphase in lebendige Rollenspiele übergegangen war.
Ich sprach es an nd bekam zur Antwort: »Ja, ich kann damit nichts anfangen, schade, ich kann keine Position beziehen.« - »Irgendwie entsteht da kein Dialog.« - »Es ist mir so unverständlich, warum dieser Saulus ein so fanatischer Verfolger war. Ich könnte mir überhaupt nicht vorstellen, andere Leute wegen ihres Glaubens zu verfolgen.« - »Dieses mysteriöse Ereignis, das man nur glauben kann, oder eben auch nicht, und dann ist er um 180° verwandelt - das ist mir schon sehr fremd.«
Für mich waren Begriffe wie Identität, Veränderung, Verwandlung im Raum - und die Erfahrungen der Gruppenmitglieder wollten mit dieser Geschichte nicht recht zusammenpassen. Dennoch gab es einige Gesprächsrunden über folgende Einzelaspekte.
»Was bedeutet das mit der Stimme, daß Gott auch Macht über (Tag-) Träume hat?« - »Ich finde, das hört sich ganz schön abgedreht an: Die

Stimme von Jesus wird gehört, aber er wird nicht gesehen; die Herumstehenden hören die Stimme auch - also das ist schon starker Tobak!« - »Ich trau' mich das gar nicht zu sagen, aber für mich hört sich das an wie ›Schreinemakers live‹, wo irgendetwas Unglaubliches passiert - und zwei Sendungen später wird dann kleinlaut zugegeben, daß die Stimme aus irgendeinem versteckten Lautsprecher gekommen ist.« - »Dieses Wunder beschäftigt mich auch am meisten. Aber ich glaube, es ist nicht beweisbar. Man kann das glauben, oder man kann das nicht glauben.« - »Ich finde es überhaupt nichts Besonderes, Geister zu sehen. Da ist die Seele von Jesus der Seele von Paulus entgegengeflogen und hat sie verwandelt.« - »Ich finde das schon etwas Besonderes, ich kenne jedenfalls niemanden, der solche Geisteserfahrungen hat.« - »Ich schon. Ich kann z. B. öfter meinen Vater sehen. Aber ich kann Euch das schlecht erklären. Wie soll ich es beschreiben, wie es ist, eine Seele zu sehen?« - »Ich kenne solche Erscheinungsgeschichten und (innere) Stimmen auch, aber ich will damit nichts zu tun haben, sie quälen mich und machen mir Angst.«
»Ich wollte noch mal zu Saulus zurückkommen. Der muß doch von diesem Erlebnis total erschreckt und erschüttert gewesen sein.« - »Das ist er wohl auch. Der ißt und trinkt drei Tage lang nichts und sehen kann er auch nicht. Was ja wohl übertragen gemeint ist, oder?« - »Er hat den Durchblick verloren.« - »Ja, gut, aber drei Tage später ist alles wieder in Ordnung und er macht sozusagen auf der anderen Seite weiter: geht in den Tempel und predigt - das ist doch nicht normal!« - »Und vor allen Dingen, was ist mit den Begleitern? Wenn die mit ihm zusammengereist sind, dann wollten sie doch wohl auch Christen (O-Ton: »ticken«) gefangen nehmen. Und dann hört man nichts mehr von ihnen!« - »Ja, ihnen hat es ja auch die Sprache verschlagen.« - »Aber die können sich doch nicht alle plötzlich um 180° drehen. Ich hätte vermutet, daß sie den Saulus für verrückt erklären, daß sie versuchen, ihn zu überreden, weiterzumachen wie vorher.« - »Das stimmt, eigentlich müßten sie ihn jetzt gefangennehmen, wo er in der Synagoge predigt. Oder sie sind eben auch umgedreht worden.« - »Ja, ja, aber das ist doch nicht normal, bzw. man muß es eben glauben, oder nicht.«
Und damit war die Gesprächsrunde wieder an dem Punkt, an dem es nicht weiterging, weil die eigenen Erfahrungen von Selbstwerdung, Veränderung und Identität so ganz andere sind als die von Saulus berichteten.
Ich kann mir allerdings vorstellen, daß die Besprechung dieser Geschichte total anders läuft in Gruppen, in denen persönliche Bekehrungen, Lebensübergaben an Jesus und ähnliche Erlebnisse einen hohen Stellenwert haben.

Zum Gottesdienst

Eckhard Herrmann

Exegetisch-homiletische Skizze

Apostelgeschichte 9. Auf Anhieb kommen mir ›geflügelte Worte‹, Begriffe und Bilder in den Sinn, die – fern ihrer religiösen Heimat – längst zum allgemeinen Sprachschatz auch jener Zeitgenossen gehören, die mit Bibel, Glaube oder gar Kirche nur wenig oder nichts im Sinn haben: ›Damaskuserlebnis‹, ›Erleuchtung‹, ›wie Schuppen von den Augen fallen ...‹.
Im Gegensatz zu den nüchternen und zurückhaltenden Äußerungen des Paulus (Gal 1 u. a.) schildert Lukas, der selbst wahrscheinlich nie einen Paulusbrief gelesen hat, das Geschehen ausführlich und dramatisch; daß er dies gleich dreimal (Apg 9,1 ff.; 22,4 ff.; 26,9 ff.) tut, zeigt, welche Bedeutung er dem Ereignis beimißt. Die schlichten Federstriche des Apostels geraten in der Apostelgeschichte zu einem bunten Bild. Ein zartes Streichertremolo wird zum Paukenschlag.
Dem Vorspann (9,1-2) – Saulus erhält vom Hohepriester die (in ihrer Darstellung historisch fragwürdige, da dem geltenden Recht nicht ganz entsprechende) Ermächtigung, die Anhängerinnen und Anhänger Christi zu verfolgen – schließt sich die Schilderung der Begegnung des Christenverfolgers Saulus mit dem Auferstandenen (9,3-9) an. Dabei verwendet Lukas eine Reihe von Motiven und stereotypen Ausdrücken aus der Erzähltradition bekannter Bekehrungsgeschichten: Saulus hat eine Lichterscheinung; er stürzt zu Boden; er hört eine Stimme; er erhält den Auftrag, nach Damaskus zu gehen; er ist, da blind geworden, auf die Hilfe seiner Begleiter angewiesen; er tut Buße, indem er – wie Jona – drei Tage betet und fastet.
In einer zweiten Szene (9,10-19 a) kommt Hananias als Vertreter der in Damaskus lebenden Christinnen und Christen in den Blick. Auch dieser hat – freilich anders als Saulus – eine Vision, die ebenfalls in einen Auftrag mündet. Er soll Saulus entgegengehen und ihn durch Auflegen der Hände von seiner Blindheit befreien. Nach anfänglichem Widerstand (9,13 f.) führt er den Auftrag aus. Saulus kommt wieder zu Kräften und läßt sich taufen, d. h. in den Dienst dessen stellen, dessen Anhängerinnen und Anhänger er bisher verfolgt hatte.
In einer Art Nachspann (9,19 b-22) schildert Lukas – im Gegenüber zu 9,1-2 – den alle überraschenden Einsatz des neuen Anhängers Christi als Verkünder der Frohen Botschaft.
Meine Aufmerksamkeit richtet sich einerseits auf Saulus. Die Begegnung mit Jesus Christus ist – im Sinne der lukanischen Schilderung der Epiphanie – für ihn ein »Lichtblick«, eine Lebenswende, nach der er alle und alles mit ›anderen‹ Augen sieht. Der Prediger/die Predigerin kann autobiographisch seine/ihre eigenen – vielleicht ähnlich oder (in den meisten Fällen

wohl) ganz anders erlebten – »Lichtblicke« zur Sprache bringen und die Hörerinnen und Hörer zur Reflexion ihrer »Lichtblicke« und ihrer »Wendepunkte« ermuntern. Wie bin ich zum Glauben gekommen? Inwiefern hat sich mein Leben geändert? Was sehe ich heute anders? Welchen Auftrag habe ich als Christ/Christin? ...
Daneben gilt mein Interesse aber auch Hananias, dem Weggefährten, der Saulus wieder ›auf die Beine‹ hilft, und der Gemeinde, in der der einstige Verfolger eine neue Heimat findet. Roloff klassifiziert den Text als »ekklesiologisch ausgerichtete Bekehrungslegende« (Die Apostelgeschichte, NTD 5, Göttingen 1988, Seite 146). Das Damaskuserlebnis des Saulus bleibt nicht ohne Folgen für die Kirche. Die Begegnung mit Christus ist zwar ein individuelles Ereignis; konkret aber wird der Glaube in und mit der Gemeinde. Was bedeutet der/die einzelne für die Gemeinde und umgekehrt? Gibt es so etwas wie eine gegenseitige Verpflichtung, und wie äußert sie sich? ...

Vorschläge zur Liturgie

Lesungen

Neben den Evangelien des Sonntags (Mk 7,31–37: Die Heilung eines Taubstummen; Mk 8,22–26: Die Heilung eines Blinden) bieten sich an:
Apostelgeschichte 8,26–39: Der Kämmerer aus Äthiopien, der in seiner Begegnung mit Christus (über den ›Mittelsmann‹ Philippus) an den ›Wendepunkt‹ stößt, sich taufen läßt und »fröhlich« weiterzieht.
Jesaja 55,6–13: Gott als Führung und Begleitung auf dem Lebensweg.

Gebet

Gebet auf dem langen Weg

Gott,
du begleitest mich auf dem langen Weg,
den ich noch nicht kenne,
du wiegst in deiner Hand den zweiten Gedanken,
den ich noch nicht gedacht,
du bist meinem Fuß den nächsten Schritt voraus,
den ich noch nicht gegangen.
Ich bitte dich für den kommenden Tag
und für meine zukünftigen Wege:
Gib ihnen die Sicherheit deiner Geisteskraft.
Laß mich gehen erhobenen Hauptes,
wie es sich für einen Menschen ziemt,
der sich Gottes gewiß ist,
daß ihn die Zukunft nicht schrecken kann
und das Verborgene ihn nicht ängstlich macht.

Was ich heute beginne, es morgen zu vollenden,
laß es gut vollendet sein.
Was ich mir heute vornehme, es morgen auszuführen,
laß es recht ausgeführt werden.
Hilf mir, die besser zu verstehen,
mit denen ich sprechen werde,
Zorn zu vermeiden, wo ich bereit bin, zornig zu sein,
hilfreich aber zu sein, wo meine Hilfe vonnöten;
das Richtige zu sagen, wo es am Platze ist.
Laß dein Morgen auch das meine sein,
deinen nächsten Gedanken auch den meinen
und geleite mich auf dem langen Weg
in die Zukunft deines Reiches.

(nach: Eric Hultsch, Wenn Gott spricht. Psalmen - Lieder - Gebete, Gütersloh 1978, Seite 62 f. - verändert von E. Domay)

Liedvorschläge

Bezugnehmend auf den Text wurden die Lieder größtenteils nach den Stichworten »Licht« und »Weg« ausgewählt. Zu Beginn: EG 441 (»Du höchstes Licht, du ewger Schein«) oder EG 450 (»Morgenglanz der Ewigkeit, Licht vom unerschaffnen Lichte«); vor der Predigt: EG 289 (»Nun lob, mein Seel, den Herren«/Wochenlied); nach der Predigt: EG 395 (»Vertraut den neuen Wegen«) oder EG 372,1-4 (»Was Gott tut, das ist wohlgetan« - v. a. Vers 4); vor oder nach dem Segen: EG 171 (»Bewahre uns Gott«) oder der Kanon EG 172 (»Sende dein Licht und deine Wahrheit«).
In kirchenmusikalisch gut ausgestatteten Gemeinden könnte von der Kantorei aufgeführt werden: Heinrich Schütz, Symphoniae Sacrae III, »Saul, Saul, was verfolgst du mich«, SWV 415.

Vorschlag zur Predigt

Die Predigt folgt in ihrem Aufbau dem des Textes.

Möglicher Predigtanfang

»Der Mensch denkt und Gott lenkt.« Sie kennen dieses Sprichwort, liebe Mitchristen. Wenn etwas, das wir uns vorgenommen haben, nicht recht gelingen will, wenn wir ein Ziel, das wir angestrebt haben, nicht erreichen, dann kommen uns diese Worte in den Sinn: »Der Mensch denkt und Gott lenkt«. Ein wenig enttäuscht, im Grunde aber doch auch ganz froh, weil wir erkennen, daß uns Kummer und Sorgen erspart geblieben sind; ... daß Gott sie uns erspart hat.
»Meine Gedanken sind nicht eure Gedanken, und eure Wege sind nicht meine Wege, spricht Gott der Herr, sondern soviel der Himmel höher ist als

die Erde, so sind auch meine Wege höher als eure Wege und meine Gedanken als eure Gedanken.« So lesen wir es im Buch des Propheten Jesaja (Jes 55,8 f.).

Zum weiteren Verlauf

(1) Saulus, der Verfolger

Der Prediger/die Predigerin begleitet Saulus - der Name Paulus wird erst in Apg 13 eingeführt - auf seinem (Lebens-)Weg nach Damaskus: ein frommer Mann, der Gott sehr verehrt. Menschen, die es mit dem Gehorsam gegenüber Gott nicht so ernst nehmen, sind ihm ein ›Dorn im Auge‹; besonders die Anhängerinnen und Anhänger Christi - τῆς ὁδοῦ ὄντας (Luther '84: »des neuen Weges«), wie Lukas sie in Apg 9,2 nennt. Sie zu verfolgen und zu vernichten, das ist er seinem Gott schuldig.

Der Prediger/die Predigerin sollte nicht darauf verzichten, aktuelle Bezüge herzustellen.

In der elften Klasse eines Gymnasiums habe ich mit einer sehr eifrigen Schülerin über das Verständnis neutestamentlicher Wundergeschichten diskutiert. Die Schülerin, die grundsätzlich jede Form einer wissenschaftlichen Interpretation biblischer Texte ablehnte, ›bestrafte‹ mich fortan mit völliger Mißachtung. Bis zum Ende des Schuljahrs war sie nicht mehr bereit, sich - unabhängig vom Thema - noch am Unterricht zu beteiligen.

(2) Saulus vor Damaskus

Der Prediger/die Predigerin erzählt die Szene Apg 9,3-9 mit eigenen Worten nach. »Der Mensch denkt und Gott lenkt.« Die Mitteilung, daß der Apostel selbst sein Bekehrungserlebnis in seinen Briefen nüchterner schildert, erleichtert den Hörenden möglicherweise die Einordnung ihrer eigenen Gotteserfahrungen und ihrer eigenen Glaubensentwicklung. Gott offenbart sich nicht nur auf so spektakuläre Weise wie hier, sondern greift in der Regel unauffällig in unser Leben ein. Auch christliche Erziehung im Elternhaus oder die wegweisende Begegnung mit einem Menschen, der bewußt als Christ lebt, ist eine Offenbarung Gottes, die in ihrer Bedeutung dem von Lukas beschriebenen Saulus-Erlebnis in nichts nachsteht.

Lukas geht es allerdings nicht nur um die Darstellung des persönlichen Bekehrungserlebnisses eines Menschen; er will vielmehr der noch kleinen Schar der Anhängerinnen und Anhänger Christi Mut machen. Sie können sich auf Gott verlassen; er führt und begleitet sie auf ihrem schweren und steinigen Weg.

(3) Saulus und Hananias

In eine Sackgasse geraten, erkennt Saulus die Notwendigkeit seiner Umkehr. Hananias geht ihm entgegen und begleitet ihn bei seinen ersten Schritten nach seiner Lebenswende. Was Hananias tut, ist Seelsorge.

Wer eine Lebenswende erfährt, bedarf der (psychischen, physischen und manchmal auch materiellen) Unterstützung. Die Hörerinnen und Hörer wissen das vermutlich aus eigener Erfahrung: sei's, weil sie selbst schon eine solche Wende erlebt haben, sei's, weil sie Menschen kennen und vielleicht sogar begleitet haben, die am Ende waren und neu anfangen, wieder - an das Bild der Hilflosigkeit des Saulus anknüpfend - ›auf die Beine kommen‹ mußten.

(4) Saulus der Verkündiger
Saulus hat die Erfahrung gemacht, daß er von Gott *und* den Menschen getragen wird. Das gibt Kraft und Mut für seinen weiteren Weg.

Möglicher Predigtschluß
Lukas will uns mit dieser Geschichte Mut machen. »Vertraut den neuen Wegen« (EG 395), ruft er uns zu. Nichts muß so bleiben wie es ist, wenn wir bereit sind, Gott - und die Menschen, die es gut mit uns meinen - in unser Denken, Reden und Handeln mit einzubeziehen, ... uns führen, uns begleiten zu lassen. Amen.

Alternativvorschlag

Anstelle einer Predigt könnten auch zwei Personen ein fiktives Gespräch zwischen dem Prediger/der Predigerin und dem Verfasser der Apostelgeschichte führen. Inhalte dieses Dialogs könnten Fragen (und Antworten) nach dem Grund für die besondere Ausgestaltung des paulinischen Bekehrungserlebnisses, Ziele des Lukas unter Berücksichtigung der damaligen Gemeindesituation, wie auch aktuelle Bekehrungsvorstellungen und Gemeindeprobleme sein.

Kontexte

Siegfried Brill stellt sich (in seinem Predigtstudien-Beitrag zum Text) »einen so streitbaren Geist wie Paulus vor« und fragt: »Hätte er lesen können, was Lukas über ihn zu Papyrus brachte, wie hätte er wohl reagiert?« Brill läßt Paulus den Bericht der Apostelgeschichte dementieren.
Gegendarstellung
In der Apostelgeschichte werden über mich Aussagen gemacht, die nicht den Tatsachen entsprechen und überdies geeignet sind, meine Person und mein Wirken in ein falsches Licht zu rücken. Es wird behauptet, ich hätte Auftrag und Vollmacht gehabt, Angehörige der Christengemeinde zu verhaften, nach Jerusalem zu bringen und ihre Hinrichtung zu erwirken. Dies ist unwahr. Wahr ist vielmehr: Das Synedrium, in dessen Auftrag ich arbeite, hatte gar nicht das Recht zu dieser Jurisdiktion. Dementsprechend bin ich weder unmittelbar noch mittelbar an Todesurteilen beteiligt gewesen.
Behauptet wird, ich sei durch eine übernatürliche Erscheinung auf dem Wege nach Damaskus zum Apostel bekehrt worden. Auch dies ist falsch. Richtig ist dagegen:

Christus hat mich zum Apostel berufen. Die Erscheinung vor Damaskus ist jedoch eine freie Erfindung; dies gilt auch für die Folgeerzählungen. Zu den Fakten habe ich mich im Galaterbrief geäußert.
Auch legt die Apostelgeschichte den Schluß nahe, ich hätte erst nach meiner Bekehrung den Namen Paulus angenommen. Dies entspricht nicht den Tatsachen. Ich habe immer auch meinen römischen Namen getragen. Meine Hinwendung zu Christus bedeutet keinen totalen Persönlichkeitswechsel. Ich verweise auch hierzu auf Ausführungen in meinen Briefen. - Paulus
(Siegfried Brill, in: Predigtstudien II/2, Kreuz-Verlag, Stuttgart 1980, Seite 184 f. -)

»Gibt es die Weisheit der einen Minute?«
»Die gibt es sicher«, sagte der Meister.
»Aber eine Minute ist doch bestimmt zu kurz?«
»Sie ist neunundfünfzig Sekunden zu lang.«
(Anthony de Mello, in: Eine Minute Weisheit, Verlag Herder, Freiburg 10. Auflage 1997)

Wen der Himmel retten will,
dem schenkt er die Liebe.
Laotse

13. Sonntag nach Trinitatis

Annäherungen an den Predigttext 1. Johannes 4,7–12

Christoph Schmidt-Ehmcke

Die 18jährige Martina meint: »Ein schöner Text. Aber ich habe leider wenig behalten, da sich die Formulierungen zu ähnlich sind und die Satzmelodie zu eintönig ist.« Dorothee, 19, schreibt: »Der Text wirkt beim ersten Hören beruhigend und leicht. Ein Gefühl von Hoffnung ...« Cathrin ergänzt: »Gott erscheint mir menschlich.« Und die 19jährige Andrea bekennt: »Ich möchte dazugehören, zu denen, die lieben, die Gott liebt.«
Erste Reaktionen aus einem Religionskurs der Jahrgangsstufe 12 auf diesen Text. »Gott« und »Liebe« zuhauf. Daß sie zusammengehören, wird gleich erkannt, erinnert auch an manche Predigt, wie einer notiert: »Das Thema ›Liebe Gottes‹ und der daraus folgende Schluß: ›Liebe deinen Nächsten!‹ wird häufig gepredigt ...«
Nach dem schriftlichen Studium des Textes melden sich kritischere Stimmen. Dorothee zögert: »Liebe und lieben wird hier so einfach dargestellt, nur weil sie von Gott kommt und weil Gott uns liebt. Selbst wenn ich das weiß, fällt es mir nicht unbedingt leicht zu lieben!« Und Cathrin empfindet »Trauer, weil der Text nur auf Wunschdenken, nicht auf Realität basiert – aber andererseits lohnt es sich, diese Utopie in Realität umzusetzen.«
Sebastian und Dorothee haben die Verse 4–6 mitgelesen und finden im Text nun auch Ausgrenzendes, »eine Art von Ignoranz«. Dorothee versucht in ihrer Kritik im Namen des Textes gegen den Text zu argumentieren: »Die starke Trennung zwischen denen, die von Gott sind und denen, die nicht von Gott sind, hat etwas Herablassendes; eigentlich sollte dort viel mehr Interesse und Liebe hervorklingen, wo sich diese zwei Parteien gegenüberstehen, denn durch diese Hochnäsigkeit werden die, die nicht von Gott sind, erst recht abgeschreckt.«
Daß Gott, dieses »abstrakte und unvorstellbare Wesen«, wie Martina schreibt, durch die Gleichsetzung mit der Liebe »wunderbar einfach und gerade dadurch so schön und umfassend erklärt« wird – gerade diese Definition führt manche aus dem Religionskurs auf die falsche Fährte – das Gefälle zwischen Gott und Liebe wird umgedreht.
Anja folgert so: »Hier wird ja gesagt, daß derjenige, der liebt, von Gott geboren ist. Aber nun gibt es doch keinen, der nicht liebt, also müßten alle

von Gott geboren sein. Demzufolge dürfte es von vornherein niemanden geben, der nicht von Gott ist!« Julia glaubt, daß der Text »Liebe« falsch interpretiere: »Jeder Mensch liebt und normalerweise müßten alle von Gott geboren sein.« Annika fragt: »Ich kann lieben, glaube aber nicht, daß ich Gott kenne. Wie ist das zu verstehen?«
Liebe gibt es - von Natur aus. Deshalb erscheint Gott »so menschlich« ...
Carsten entdeckt sogar eine ihm sehr sympathische Parallele: Vielfältig sei die Liebe und nicht eindeutig erklärbar, ebenso wie - Gott: »Er ist für jeden anders«.
Gott - von menschlichen Möglichkeiten aus gesehen. Deshalb geht kaum jemand ausdrücklich auf die in den Versen 9 und 10 beschriebene »erste Liebe« Gottes ein. Die christologische Begründung wird als typische Predigtsprache gelesen, aber nicht wirklich wahrgenommen.
Martina allerdings reagiert sehr heftig: »In den beiden Versen liegt die geballte Intoleranz des Christentums, die so überheblich ist, daß sie mich aggressiv macht, da man dieser gutgläubig-christlichen Verstocktheit oft in Diskussionen begegnet und an diesen Punkten stehenbleibt.« Und Julia stört sich am Perfekt in Vers 10: »Warum ›hat‹ Gott uns geliebt? Er ist doch immer noch da, oder nicht?« Die Christologie weist sie in ein »Damals«, die Gegenwärtigkeit der Liebe Gottes ist ihr damit nicht mehr deutlich.
Der ethische Imperativ wird sehr unterschiedlich erlebt. Er sei »naiv«, ja »schwülstig«, meinen - vor allem - die Schüler, man könne schließlich nicht jeden lieben. Andrea dagegen schreibt: »Wenn Gott uns liebt, dann ist jeder auf seine Art liebenswert, wert, von anderen geliebt zu werden. Es gibt keine Unterschiede vor Gott. Vor ihm sind alle gleich. Dies zeigt sich durch seine Liebe.« Anja formuliert es so: »Wenn wir uns untereinander lieben, lebt Gott ewig in uns weiter - durch die Liebe.« Und Stefanie schreibt an den Rand von Vers 12: »Nur durch die Liebe können wir Gott ›halten‹?«

Zum Gottesdienst

Gunnar Sinn

Exegetisch-homiletische Skizze

Der Eindruck, daß sehr deutlich zwischen denen unterschieden wird, die Gott kennen und anderen, löst sich zum Teil auf, wenn man die Verse 1-6 mit in Betracht zieht. Dort ist von falschen Propheten die Rede. Auch die Verse 7-12 (13) stehen also in Auseinandersetzung mit Irrlehrern, die - so läßt der 1. Johannesbrief schließen - die Inkarnation (4,2) leugnen (Doke-

tismus), ja die Christologie eliminieren und durch den Geist einen direkten Zugang zu Gott versprechen. Inwiefern das Etikett ›Gnosis‹ angebracht ist, sei dahingestellt.
Auf der anderen Seite steht der johanneische Kreis, eine Gemeinde, die sich von der Welt fernzuhalten trachtet, die eigene Frömmigkeit zu leben versucht, die geschwisterliche Liebe (›Bruderliebe‹) in den Mittelpunkt stellt und dabei manchmal auch den Eindruck einer ›ecclesiola in ecclesia‹ erweckt.
Der (unbekannte Verfasser des 1. Johannesbriefs versucht für diese Gemeinde, das Wesen des Glaubens, der Gemeinschaft und ihre Grundlage deutlich zu benennen und dafür zu werben. Liebe ist nur möglich aufgrund der Liebe Gottes (extra nos), die sich in Jesus Christus gezeigt hat (V. 10 - *hilasterion* - vgl. auch Johannesevangelium 3,16) und im Geist erkannt wird (V. 13). Gegenüber den Gegnern wird die ›kirchliche‹ Position ausgedrückt. Dabei ist sein Stil ›collagenhaft‹ und scheint auch in den folgenden Abschnitten ›die Diskussion der johanneischen Schule‹ widerzuspiegeln (Bultmann, Seite 74). Auf der anderen Seite hat er auch ›rhythmisch-poetische Qualitäten‹ (Klauck, Seite 246) und wird auch als solcher im NT Graece gedruckt. Nicht an jede Aussage darf man also den Maßstab aristotelischer Logik legen. Wenn Gott und Liebe (agape!) gleichgesetzt werden (V. 8), so ist das keine Identität und schon gar keine Definition Gottes im strengen Sinn. »Man kann deshalb auch nicht von der Liebe als dem Inbegriff von Freundschaft, Mitmenschlichkeit, Partnerschaft und selbstloser Hilfe ausgehen und sagen, diese Liebe sei Gott.« (Balz, Seite 191) Fragen, ob in jeder echten Menschenliebe Gott begegnet, unabhängig vom christlichen Bekenntnis, liegen außerhalb des Horizonts des Verfassers und sind nicht exegetisch klärbar.
Gott ist zugleich auch der Urheber dieser Liebe (V. 10) und die geschwisterliche Liebe ihre Antwort. Dabei ist die Begründung der Liebe untereinander in der Liebe Gottes Ziel der Argumentation. Die Dynamik dieser Liebe wurde von Gott zuvorkommend in Bewegung gesetzt. Daß diese Liebe aber aus Gott kommt, wird nur *in* der Liebe erkannt. Die geschwisterliche Liebe ist grundsätzlich keine menschliche Möglichkeit. Relationalität ist also das Erkenntnisprinzip, Gott nicht durch einen objektiven theoretischen Vorgang (einem Punkt außerhalb der in der Liebe vollzogenen Beziehung Gott-Mensch) erkennbar oder beweisbar.
Im Unterschied zu der Position der Gegner (und im Einklang mit dem Alten Testament) gibt es im 1. Johannesbrief kein direktes Gottesverhältnis, »sondern nur ein indirektes, das darin besteht, daß wir Menschen einander lieben«. (Bultmann, Seite 73) Der Ort, in dem sich diese Liebe realisiert, ist die Gemeinde, das ›Wir‹ des 1. Johannesbriefes. Sie ist ›Bleibe Gottes‹ (Wengst, Seite 185) unter den Menschen, »Nur wo Glaubende in Gemeinschaft geschwisterliche Liebe üben, findet Gottes Liebe eine dauernde Bleibe, gewinnt sie jene Vollendung, für die eine Antwort des Men-

schen unverzichtbar ist.« (Klauck, S. 254) Insofern die Gemeinde sich so begreift, kann sie auch gar nicht anders als die geschwisterliche Liebe zu üben. Und in dieser Gabe liegt auch die Aufgabe der christlichen Gemeinde: »›Gott ist Liebe‹ – das ist keine romantische Verkleisterung aller Widersprüche, allen Unrechts und allen Leidens in der Welt, sondern eine ebenso unerbittliche Kampfansage an die durch Haß, Unrecht, Leiden und Tod gekennzeichnete Welt, weil die Liebe als dieser Welt zugewandte ein Kampf um ihre Rettung, um ihr Leben ist.« (Wengst, Seite 181)

Kommentare:
Rudolf Bultmann: Die Johannesbriefe (KEK 14), Göttingen, 1969
Horst Balz/Wolfgang Schrage: Die Katholischen Briefe (NTD 10), Göttingen, 1973
Klaus Wengst: Der erste, zweite und dritte Brief des Johannes (ÖTK 16), Gütersloh, 1978
Hans-Josef Klauck: Der erste Johannesbrief (EKK 23), Zürich, Braunschweig …, 1991

Vorschläge zur Liturgie

Lieder

Eine Durchsicht des Abschnittes ›Geborgen in Gottes Liebe‹ im EG (Nr. 396–411) lohnt sich hier. Dort finden sich auch geeignete Morgenlieder, die in die sommerliche Jahreszeit passen. Ferner:

EG 413 Ein wahrer Glaube (trotz der etwas heftigen ersten Strophe)
EG 638 Herr, deine Liebe ist wie Gras und Ufer (Regionalteil Bayern)
EG 650 Liebe ist nicht nur ein Wort (Regionalteil Bayern)
EG 651 Ubi caritas (Regionalteil Bayern)

Kanon ›Wer in der Liebe bleibt‹ von Fritz Baltruweit

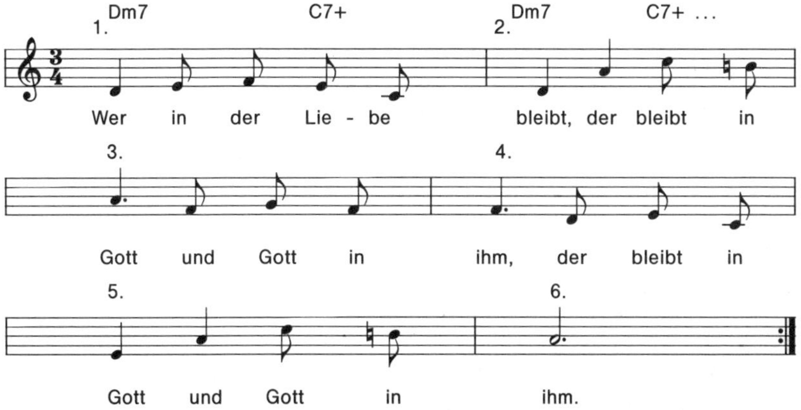

Text: 1. Johannes 4,16, Musik: Fritz Baltruweit, aus: Mein Kanonbuch, 1986, alle Rechte im tvd-Verlag, Düsseldorf

Thema des 13. Sonntags nach Trinitatis ist die Nächstenliebe/das Geben. Als biblisches *Votum* wäre abgesehen von Matthäus 25,40 (»Christus spricht: Was ihr einem von diesen meinen geringsten Brüdern getan habt, das habt ihr mir getan«) auch an 1. Johannes 4,16 als Einstimmung in Predigttext und evtl. Kanon (s. o.) zu denken: »Und wir haben erkannt und geglaubt die Liebe, die Gott zu uns hat. Gott ist die Liebe; und wer in der Liebe bleibt, der bleibt in Gott und Gott in ihm.«

Das *Evangelium* Lukas 10,25–37 (der barmherzige Samariter) weist auf die Korrelation von Nächstenliebe und geschwisterlicher Liebe hin. Die Epistel kann als der Predigttext angekündigt werden.
Dann wäre eine Paraphrase des Textes (siehe Kontexte) in der Predigt möglich.

Eingangspsalm
Ich möchte gerne den Psalm 113,5–12 im Wechsel singen/sprechen (EG Regionalteil Bayern Nr. 783)

Eingangsgebet
Die Welt ist voll Haß und Terror
voll Krieg und Gewalt
Wir bitten dich
Gott über Leben und Tod
Ergreif Partei für das Leben
Schmilz den Haß weg mit deiner Liebe
Vertreib die Gewalt
Mach die Welt zu einem Haus,
in dem Friede und Liebe wohnen
(nach: Anton Rotzetter: Gott, der mich atmen läßt, Verlag Herder, Freiburg 13. Auflage 1997.)

Sündenbekenntnis
So sehr hat Gott die Welt geliebt, daß er seinen eingebornen Sohn gab.
Im Licht dieser Botschaft erkennen wir,
wo wir es haben fehlen lassen an solcher Liebe,
wir blicken
auf unsere Beziehungen untereinander,
auf unsere Nächsten und Fernsten,
auf unsere Mitschwestern und -Brüder,
auf Gottes Schöpfung,
auf unsere Gemeinde,
auf die Generation, die nach uns kommt,
auf den Menschen, der uns im Augenblick am wichtigsten ist
und sprechen: Gott, sei uns gnädig

Gnadenzusage
So sehr hat Gott die Welt geliebt, daß er seinen eingeborenen Sohn gab, damit alle, die an ihn glauben, nicht verloren werden, sondern das Leben in Fülle haben.
Das verleihe Gott uns allen.

Schlußgebet
Die Liebe ist aus dir, Gott, und wer liebt, ist aus dir geboren ...
... wir vertrauen darauf und singen: ›Wer in der Liebe bleibt‹ (s. o.) oder ›ubi caritas‹
Wir bitten dich: Laß uns deine Liebe erfahren,
spüren, wo sie uns begegnet,
Worte, Gesten, Klänge, Bilder dafür finden, die uns und anderen deine Liebe vermitteln ...
... wir vertrauen darauf und singen: ›Wer in der Liebe bleibt‹ (s. o.) oder ›ubi caritas‹
Wir bitten dich: Laß uns einander als ›Geliebte in dir‹ begreifen,
als Gemeinde, die deine Liebe verkörpert und in dieser Welt darstellt, eintritt dafür, daß deine Liebe in dieser Welt erspürt wird ...
... wir vertrauen darauf und singen: ›Wer in der Liebe bleibt‹ (s. o.) oder ›ubi caritas‹
Wir bitten dich: Laß deine Liebe auch dort fließen, wo Menschen einander verbunden sind
Frau und Mann (ggf. Trauungen)
Eltern und Kinder (ggf. Taufen)
alt und jung (ggf. Beerdigungen) ...
... wir vertrauen darauf und singen: ›Wer in der Liebe bleibt‹ (s. o.) oder ›ubi caritas‹
Wir bitten dich: Laß sich deine Liebe auch in der Welt, in die du deinen Sohn gesandt hast, durchsetzen und Wege ermöglichen, Krisen (aktueller Bezug) beizulegen, Lebensmöglichkeiten für zukünftige Generationen zu erhalten, soziale Spannungen zu mildern ...
... wir vertrauen darauf und singen: ›Wer in der Liebe bleibt‹ (s. o.) oder ›ubi caritas‹
Darin ist deine Liebe erschienen, daß du deinen Sohn gesandt hast. Wir beten, wie er uns zu beten gelehrt hat ...

Vorschlag zur Predigt

Möglicher Anfang
Liebe Gemeinde! Ihr Lieben!
Überlegen Sie sich einmal eine Fortsetzung zu dem Satz: Liebe ist ... (kurze Pause – evtl. Dialog). Das Wort Liebe, mit dem wir es auch im heuti-

gen Predigttext zu tun bekommen, löst ganz unterschiedliche Gedankenverbindungen bei uns aus.

- Der wohlige Schauer in dem Moment, als aus Freundschaft mehr wurde.
- Das Handeln der Diakonie oder der Caritas unter dem Leitgedanken der Nächstenliebe.
- Romantische Literatur über Liebe und Sehnsucht, Leiden und Schmerz, Kitsch und Kunst.
- Vorabendserien (z. B. ›Verbotene Liebe‹, ›geliebte Schwestern‹(!) usw.), die Millionen vor dem Fernsehapparat versammeln.
- Das Gefühl des eigenen Scheiterns an der Forderung, Mitchristen, Nächste, ja gar Feinde zu lieben, wie es Jesus sagt.
- Die letzte oder nächste Ausgabe der Bravo und das Dr.-Sommer-Team.
- Glaube, Hoffnung, Liebe, die Liebe aber ist ...
- (auch an Perversionen von Liebe ist zu denken)
- Liebe, - was ist das?

Liebe ist ein Wort unserer Sprache, das so viel, aber auch oft so wenig sagen kann. Jeder Mensch kann etwas anderes damit verbinden und hineinlegen. Jede Biographie hat Schnittpunkte mit dem Ereignis ›Liebe‹. Schwierig, in der Kirche über Liebe zu reden!
Mir hat einmal jemand gesagt: Man sollte das Wort Liebe aus dem christlichen Sprachschatz für eine Zeit verbannen, um erst wieder richtig zu erkennen, was es bedeutet.
Wenn es in dem Predigttext für heute heißt: Gott ist die Liebe und Gott wird durch die Liebe erkannt - sind dann alle Spielarten, alle Gedanken, die uns durch den Kopf gehen, damit gemeint oder keine? Hören wir zu: *Lesung des Predigttextes.* Falls er bereits als Epistel gelesen wurde, wäre auch an die Paraphrase von Kautzky (vgl. Kontexte) zu denken.

Möglicher Fortgang
Wir sehen, es ist noch von einer anderen Liebe die Rede. Unser Briefschreiber wendet sich gegen Leute, die auch und viel von Liebe reden. Sie werden arrogant, hochmütig, glauben Gott zu erkennen und zu besitzen, aber das Wesentliche haben sie nicht begriffen. Gott ist nicht einfach so zu haben, ›pur‹. Er wird nur erkannt in der Liebe und daß er erkannt wurde, spüre ich, wenn ich lieben kann. Und warum?
Die Liebe, die Gott erkennt, ist die Liebe, mit der er den Menschen in Jesus Christus begegnet ist. Und es ist die Liebe, mit der Christinnen und Christen einander begegnen können. Daß es so ist, ist nicht beweisbar, aber Gottes Liebe schwingt in dieser Liebe mit, ist die Grundmelodie jeder Begegnung. Das Entscheidende liegt im Verborgenen.
Geschwisterliche Liebe unterscheidet sich vermutlich selten von all dem, was Liebe sein kann (Bezug zum Anfang). Es zeichnet sie aber etwas anderes aus.

Für denjenigen oder diejenige, die sie tun, wird sie zum Ereignis, in dem sie Gott sehen. Diese Liebe ist nicht meine Möglichkeit, sondern Gottes Geschenk und der Hintergrund und die Motivation allen Handelns, an Fernen, an Nahen und auch die Liebe zu mir selbst.
Sie ist Ereignis, wie wenn zwei Menschen einander lieben und der Funke überspringt und keiner weiß, warum.
So sind wir Geliebte in Christus, als die wir heute morgen angesprochen werden und das heißt: Wir sind liebenswert und das bekommt man doch gerne gesagt. So lebt man und fühlt man sich doch ganz ander, ›liebe‹ (= liebenswerte) Gemeinde!
Diese Liebe Gottes hat einen Ort, eine Bleibe, eine Herberge auf dieser Welt und das ist die Gemeinde, die an den Grund der Liebe glaubt. Hier ist der Anfang, die Quelle, der Ursprung, hier wird sie vorgelebt, beispielhaft vollzogen im Umgang der Christinnen und Christen miteinander. Wenn es in unserem Predigttext ›wir‹ heißt, dann sind auch ›wir‹ gemeint, ›du‹ und ›ich‹. Wir sind der Ort, an dem Gottes Liebe in der Welt vorgelebt wird.

Alternativen der Fortsetzung
A: Diese Aussage kann mit gutem Recht, aber sollte nicht zu sehr relativiert werden, um nicht zu sehr in (oft durchaus angebrachtes) Gejammer über die Kirche zu verfallen. Die theologische Qualifikation der Gemeinde als Ort von Gottes Liebe muß bei Hörerinnen und Hörern ›hängenbleiben‹.
B: Es kann hier auch ein Blick auf soziales Engagement außerhalb der Kirche oder andere Religionen geworfen werden mit dem Ziel: Gott ist dort, wo Liebe ist. Wir brauchen nicht zu entscheiden, wo das Ereignis stattfindet. Wir haben Grund zur Freude, den Zugang durch Jesus Christus erhalten zu haben. (Mehr Gelassenheit als noch zu Zeiten des 1. Johannesbriefs ist möglich. Eine Unterscheidung von ›Drinnen‹ und ›Draußen‹ kann und muß nicht getroffen werden).
C: Daß Gott nur in der Liebe erkannt wird, kann zur Einladung führen, sich als ›Geliebte in Christus‹ oder als ›liebe Gemeinde‹ auch dementsprechend zu betätigen (ohne dabei gesetzlich zu werden).

Möglicher Schluß
Zurück zum Anfang: Liebe kann viel bedeuten. Es ist ein Wort unserer Sprache, in das jeder Mensch etwas anderes legen mag, aber es ist auch ein Ereignis, das Menschen begeistert, überfällt, bereichert. Gott ist in dieser Liebe. Vielleicht mag nicht jede Spielform von Liebe Medium für Gottes Gegenwart sein. Es wird nicht immer heißen können: Diese Liebe ist Gott und wer in dieser Liebe bleibt, bleibt auch in Gott. Vielleicht wird nicht überall Gott erkannt werden, aber eines ist gewiß: Gott ist Liebe und in der Liebe wird er erkannt.

Wo aber keine Liebe ist, da wird Gott gewiß niemals erkannt werden. Darum also: Ihr Lieben: Laßt uns einander liebhaben; denn die Liebe ist von Gott, denn wer liebt, der ist von Gott geboren und kennt Gott. (1. Johannes 4,7)

1. Alternative

Gott ist die Liebe - Kann dieser Satz in einer Welt voller Liebesfeindlichkeit, Apathie, Fanatismus und Neid noch gelten? Ist Gott in dieser Welt zu finden?

Empfindungen Jugendlicher und Erwachsener sind ernst zu nehmen, können hier ihren Ort haben (vgl. die Annäherungen zum Predigttext) - Gott hat diese Welt scheinbar verlassen.

Aber seine Liebe hat einen anderen Grund und einen anderen Weg genommen. Sie hat sich am Kreuz offenbart.

Daher ist die Liebe auch als Liebe qualifiziert, die in Christus ist (V. 9). Kein ferner Gott liebt hier, sondern ein leidenschaftlicher, der im Leiden und durch das Leiden seine Liebe zu den Geschöpfen beweist.

Christus ist durch das Leiden gegangen, um den Weg für eine neue Welt zu eröffnen, die in die alte hineinragt. Die Gemeinde (›wir‹) ist die Keimzelle dieser neuen Welt und kann und wird Vorbild sein (Konkretionen).

2. Alternative (mit einem Medium)

Aus dem Gespräch mit einem Kollegen: Er erzählt mir von einer Taufe, bei der eine leere Verpackungshülse als Medium diente. Sie trug die große Aufschrift ›Liebe‹. Thema: Ist Liebe eine leere Worthülse? Wie läßt sie sich für das Kind bzw. für die Gemeinde heute füllen?

Kontexte

»Ama et fac, quod vis!« (Liebe, und tue, was du willst!)
(Augustinus)

Glücklich der Mensch
Der seinen Nächsten trägt
In seiner ganzen Gebrechlichkeit
Wie er sich wünscht
Von jenem getragen zu werden
In seiner eigenen Schwäche

Glücklich der Knecht
Der seinen Bruder ebenso liebt
Wenn er krank ist und es ihm nicht vergelten kann
Wie wenn er gesund ist und es ihm vergelten kann

Glücklich der Knecht
Der seinen Bruder ebenso liebt und fürchtet
Wenn er weit entfernt ist

Wie wenn er bei ihm ist
Der nichts hinter seinem Rücken sagt
Was er vor ihm in Liebe nicht sagen könnte

Franz von Assisi

Wir wollen einander in Liebe begegnen. Wer liebt, begreift, was ›Gott‹ bedeutet, wer es nicht tut, begreift es nicht. Denn ›Gott‹ und ›Liebe‹ sind eins. Das haben wir durch Jesus erkannt, der diese Lebenshaltung in einzigartiger Weise verwirklicht hat. Durch ihn haben wir erst gelernt, wirklich zu ›leben‹. Von uns aus waren wir dazu nicht in der Lage. Sein Leben und sein Tod haben uns aus einer Unterdrücker- und Konsum-Mentalität herausgerissen. Dieses Glück, meine Brüder, müssen wir dankbar annehmen, indem wir nun im Bewußtsein der Zusammengehörigkeit, in Vertrauen und gegenseitiger Achtung leben.

Niemand hat Gott je gesehen. Wenn wir uns aber so verhalten, verwirklichen wir das, was mit einem ›Leben aus Gott‹ gemeint ist.

(Rudolf Kautzky, in: Peter Härtling (Hrsg.), Textspuren, Bd. 2, © Radius-Verlag, Stuttgart 1991)

Liebe
    ungeliebte
        Sei geliebt in mir

Liebe
    feurige
        Brenne in mir

Liebe
    gesuchte
        Laß dich finden in mir

Liebe
    zärtliche
        Wirke in mir

(in: Anton Rotzetter: Gott, der mich atmen läßt, Verlag Herder, Freiburg 13. Auflage 1997)

»Gott ist wie ein glühender Backofen voll Liebe«
(Luther)

14. Sonntag nach Trinitatis

Annäherungen an den Predigttext
Brief an die Gemeinde in Rom 8, (12-13) 14-17

Bernd Ahrens

Etwa zehn erwachsene Gemeindeglieder treffen sich im monatlichen Rhythmus in unserer »Offenen Runde«.

Der Text wurde langsam vorgelesen, dann herrschte erst einmal ratlose Stille. -

- »Das ist aber sehr schwer; damit komme ich überhaupt nicht klar.«
- »Schon allein die Sprache verwehrt mir jeden Zugang zum Text.«
- »Das ist die Sprache unserer Kirchenordnung: spröde, steif, Fachchinesisch.«
- »Schon allein die Worte! ›Wenn ihr nach dem Fleische lebt‹ und ›Taten des Fleisches‹ ... so redet doch kein normaler Mensch!«
- »Wenn ich dem Text etwas abspüre, dann dies: Paulus scheint es hier offensichtlich um ein Spannungsverhältnis zu gehen.«
- »Ich hab' hier die Übertragung der ›Guten Nachricht‹ vor mir liegen. Wissen Sie, was mir da auffällt? Allein in den Versen 12 und 13 wird das Wort ›Fleisch‹ auf drei verschiedene Weisen wiedergegeben: menschliche Natur - eigener Wille - selbstsüchtiger Wille.«
- »Offensichtlich drückt dieses Wort all das aus, was der Mensch anstellt, um aus eigenen Kräften den Sinn seines Lebens zu finden.«
- »Ich denke, Vers 13 a macht deutlich, daß man darunter aber auch den Menschen in seiner ganzen kreatürlichen Hinfälligkeit verstehen muß, in seiner menschlichen Natürlichkeit eben.«
- »Wenn ich mir die Früchte des Fleisches in Galater 5 anschaue, dann werden da ja lauter negative Dinge aufgezählt. Paulus benutzt den Begriff also keineswegs wertneutral.«
- »Das hat ja Spuren hinterlassen. Ich erinnere mich noch sehr gut an Beerdigungen in meiner Jugend. Da hatten wir einen Pfarrer, der immer und immer wieder auf der Sündhaftigkeit des Menschen herumgeritten ist. Lange hat sich die Gemeinde das nicht bieten lassen, sondern jedesmal mit einem hörbaren Murren reagiert.«
- »Allmählich habe ich den Eindruck, als ob bei Paulus alles, was wir aus eigenem Antrieb tun, negativ gesehen wird.«

- »Das glaube ich nicht. Vergleichen Sie doch einmal die Früchte des Fleisches mit den Früchten des Geistes in Galater 5. Entscheidungskriterium scheint mir nicht der eigene Wille, sondern die Selbstbezogenheit des Menschen zu sein.«
- »Ich würde gern auf die zweite Hälfte des Textes zu sprechen kommen: Daß es bei Gott etwas zu erben gibt, das ist handfest, und das kann ich auch nachvollziehen. Was mir aber gar nicht gefällt, ist, daß wir als Voraussetzung dafür einen kindlichen Geist empfangen haben sollen. Ich bin doch froh, daß ich erwachsen bin und daß ich als Erwachsener vor Gott akzeptiert bin.«
- »Ist mit ›Kindlichkeit‹ nicht dasselbe gemeint wie ›Unbefangenheit‹?«
- »Für mich drückt dieses Wort ein großes Vertrauensverhältnis aus. Es steckt doch in jedem von uns auch ein Kind drin. Und dieses Kind macht mich als erwachsene Frau doch erst vertrauensfähig. Wenn die kleine Irmgard in mir nicht vertrauen kann, kann's die große auch nicht.«
- »Mit der Anrede Gottes als ›Vater‹ hatte ich immer schon Schwierigkeiten gehabt. Ich weiß nämlich gar nicht, wie das ist, wenn man einen Vater hat. Meinen habe ich nie gekannt.«
- »Mein Problem ist ein ganz anderes: Ich habe ein viel zu enges Verhältnis zu meinen Eltern. Jetzt, wo ich erwachsen werde, muß ich mich viel stärker von ihnen abgrenzen. Deshalb fällt mir der Zugang zu diesem Bild des Paulus momentan recht schwer.«
- »Aber auch wenn Sie sich von Ihren Eltern lösen, so bleiben es doch immer noch Ihre Eltern. Ihre Beziehung muß nur eine andere Qualität erreichen. Dabei ist doch nicht gesagt, daß Ihre Bindung dabei lockerer wird.«
- »Ich glaube auch, daß Paulus eher an das Verhältnis eines erwachsenen Kindes zu seinem Vater gedacht hat. Erinnern wir uns doch nur an den verlorenen Sohn in Lukas 15. Der Sohn trennt sich vom Vater, scheitert, kehrt zurück und will sich vor ihm niederwerfen. Da nimmt der Vater ihn in die Arme; das heißt doch: Die Augen bleiben auf der gleichen Höhe. Und dann passiert sogar noch mehr: Der Vater gibt dem Sohn den Siegelring; er verleiht ihm also Prokura. Dieses Vater-Sohn-Verhältnis hat doch nichts mehr mit Kindlichkeit im landläufigen Sinne zu tun!«
- »Wenn ich mir den Text als Ganzes anschaue, dann könnte ich ihn auch als Beschreibung einer gottesdienstlichen Gemeinde lesen. Vers 14 beschreibt die Gemeinde, Vers 15 das Gebet, Vers 16 die Predigt, Vers 17a die Taufe und Abendmahl und in Vers 17b wird dann der Bogen geschlagen in den Alltag der Gemeinde hinein.«
- »Das Gebet wird wohl als Voraussetzung für den Empfang des Geistes gesehen. Ich erinnere mich an das Märchen vom Sterntaler: Die Schürze muß hochgehoben werden, wenn der Geist herabfällt.«
- »Noch etwas fällt mir auf: Der Text wirkt ja recht enthusiastisch. Es ist der Enthusiasmus einer beschwingten Gottesdienstgemeinde. Doch

dann, in Vers 17 b, wirft Paulus geradezu kontraproduktiv das Leiden in die Waagschale. Ja, mehr noch: Er macht es geradezu zur Voraussetzung für die Teilnahme an der Erbschaft Gottes. Das ist nicht nur nüchterner Realismus; nein, auch hier gilt wieder: Die Auferstehung ist im Kreuz geerdet.« – »Und da sage noch einer, die steife Sprache des Textes erlaube uns keinen Zugang!«

Zum Gottesdienst

Ernst Arfken

Exegetisch-homiletische Skizze

Der erste Eindruck, den der Text hinterläßt, ist offensichtlich dieser: Hier wird in einer fremdartigen, schwierigen, altertümlichen Sprache geredet. Das bestätigen auch die »Annäherungen«; sie bestätigen zugleich, daß die Sprache nicht ein so großes Hindernis zum Verstehen ist, wie es zunächst den Anschein hat. Eine nähere Beschäftigung mit diesem inhaltsreichen, gewichtigen Bibelabschnitt läßt das Problem der Sprache sehr bald in den Hintergrund treten. – Es empfiehlt sich, den Text als Epistel nach Luther, vor der Predigt nochmals, aber nach einer heutigen Übersetzung zu lesen. Eine andere Möglichkeit besteht darin, den Luthertext beim Vorlesen durch kurze Verstehenshilfen zu unterbrechen (z. B. V. 12 »Schuldner nach dem Fleisch, d. h. nur unseren eigenen Wünschen gegenüber schuldig, sie zu erfüllen« ...).

Besteht das Thema des Römerbriefes in der Auseinandersetzung zwischen Judenchristen und Heidenchristen, oder besser gesagt darin, die Judenchristen und Heidenchristen in der römischen Gemeinde näher zueinander zu führen, so tritt dieser aktuelle Anlaß in den Versen 12–17 zurück zugunsten grundsätzlicher Fragen nach dem Wesen des Menschen, insbesondere des Christen. Paulus erreicht hier eine höhere Stufe der Überlegungen, die – mit einem philosophischen Modewort aus der Mitte unseres Jahrhunderts gesagt – »die ganze Existenz des Menschen betreffen«, unabhängig davon, ob er im Judentum oder im Heidentum beheimatet ist.

Bei der Angabe des Predigttextes sind die Verse 12–13 in Klammern gesetzt. Trotzdem schlage ich vor, mit Vers 12 zu beginnen. Der Einstieg ist weniger abrupt als mit Vers 14. Auch ist die Aussage, daß wir vor Gott »Schuldner« sind, alles Nachdenkens wert und für die Predigt sehr ergiebig. Andererseits bleibt auch die Möglichkeit, erst mit V. 15 einzusetzen.

Wer über diesen Text predigt, sollte nicht der Versuchung verfallen, alles ganz genau erklären zu wollen oder sich zu bemühen, den Text restlos auszuschöpfen. Dazu ist die Fülle der Gedanken und Bilder wie auch deren Gewicht zu groß. Hier gilt es, »Mut zur Lücke« zu haben und sich auf einzelne Themen zu beschränken.

Der ganze Abschnitt ist von Gegensatzpaaren durchzogen: V. 12ff. Fleisch - Geist; V. 13 sterben - leben, töten - leben; V. 15 knechtischer Geist - kindlicher Geist, fürchten - »lieber Vater« rufen; V. 17 leiden - erhoben werden. In dem hier gebotenen Predigt-Vorschlag wird versucht, diese Gegensätzlichkeit mit dem Bild eines Wegweisers zu veranschaulichen.

Der Begriff »Fleisch« - in der Theologie des Paulus eines der wichtigsten Schlüsselworte, heute dagegen nur noch als Nahrungsmittel verstanden - wird näher zu erläutern sein. Gute Hinweise dazu geben die »Annäherungen« vom fünften »Spiegel-Strich« an. Ebenso sollte man das Wort »Geist« nicht als bekannt und verstanden voraussetzen. Viele Hörer von heute werden es als einen Inhalt des menschlichen Gehirns mißdeuten. Es muß klar werden, daß es hier um eine Gabe Gottes geht, um die Kraft, die uns zum Glauben befähigt, weil wir »nicht aus eigener Vernunft noch Kraft an Jesus Christus, unseren Herrn, glauben oder zu ihm kommen können« (Martin Luther, Kleiner Katechismus II,3). An Auskünften, was der Heilige Geist bewirkt, fehlt es auch in diesem Predigttext nicht: Er gibt unserem Leben und Tun eine Richtung (V. 12ff.), treibt uns (14), gibt uns ein kindliches Vertrauen zu Gott und befreit uns von Furcht, hilft uns beten (15), bestätigt uns in unserer Überzeugung, Gottes Kinder zu sein (16), gibt uns die Hoffnung, das ewige Leben zu erben (17).

Die Struktur des Textes in Gegensatzpaaren gibt auch für die Form und den Inhalt der Predigt eine wichtige Anregung. Die Predigt sollte dazu auffordern, das Leben auf Gottes Willen hin und nicht bestimmt von den eigenen Wünschen auszurichten (der imperativische Teil) und aufzeigen, welche wichtige Hilfe für unser Leben uns durch den Heiligen Geist gegeben ist (Evangeliums-Teil).

Vorschläge zur Liturgie

Lieder

Eingangslied: EG 303,1–4 und 8 (Glortia-Patri-Str.) »Lobe den Herren, o meine Seele« oder 302, 1–4 (und 8) »Du meine Seele, singe«
(Beide Lieder sind Nachdichtungen des Sonntags-Psalms 146)
Graduallied: 365,1–5 Von Gott will ich nicht lassen
Lied vor der Predigt: 139,1–3 Gelobet sei der Herr
Lied nach nach der Predigt: 351,5–7 (7–9) Sein Geist wohnt mir im Herzen (Römer 8,15 nachgedichtet)
Lied zum Dankopfer: 127,4+6 Komm, Feuer Gottes, Heilger Geist
Lied zum Ausgang: 135,5 Gib zu allen Dingen Wollen und Vollbringen
(Weitere geeignete Strophen finden sich in den Pfingstliedern)

Vorschlag für ein Eingangsgebet
Gott, unser Grund und Ursprung, wir sind hier versammelt, weil du uns als deine Gemeinde zusammengerufen hast. Wir bitten dich: Segne unser Hören, Singen und Beten. Hilf uns durch dein Wort, unser Leben und Tun ganz auf deinen Willen auszurichten. Gib uns durch die Botschaft von deiner Liebe Kraft, alle Sorgen und Ängste zu besiegen, die uns mutlos machen wollen. Das bitten wir dich im Namen deines Sohnes Jesus Christus, der mit dir und dem Heiligen Geist lebt und herrscht in Ewigkeit.

Altkirchliches Kollektengebet (sprachlich überarbeitet)
Gott in Ewigkeit, befreie unseren Glauben von allem Irrtum und laß ihn täglich stärker werden. Gib uns Liebe und Hoffnung, dir und unserem Nächsten nach deinem Wohlgefallen zu dienen. Das bitten wir dich durch unseren Herrn Jesus Christus, deinen Sohn, der mit dir und dem Heiligen Geist lebt und regiert von Ewigkeit zu Ewigkeit. Amen.

Lesungen
Psalm 146 (EG 757) oder 50 oder 119,137-144
(Anmerkung: Das seit dem neuen Gesangbuch weithin üblich gewordene wechselweise Lesen eines Psalms im Anschluß an das Eingangslied beruht eigentlich auf einem Mißverständnis. Schon im alten Israel begann der Gottesdienst mit dem Psalmengesang. Das blieb auch in den Messen und Stundengebeten der Alten Kirche so. Luther ersetzte den Psalmengesang der Priester durch ein Psalmlied der Gemeinde. Danach erübrigt sich ein gesprochener Psalm. Andererseits ist der pädagogische Wert, der Gemeinde auf diese Weise die Psalmen näher bringen zu können, nicht zu übersehen.)

Alttestamentliche Lesung: 1. Mose 28,10-19 a (Die »Jakobsleiter«)
Epistel: Römer 8, (12-13) 14-17 oder 1. Thessalonicher 1,2-10 oder 5,14-24

Evangelium: Lukas 17,11-19 (oder Markus 1,40-45)

Vorschlag zur Predigt

»Wer sind wir?« Wollen wir diese Frage nicht einfach mit irgendwelchen Allgemeinplätzen abtun, dann lohnt es sich sehr, näher darüber nachzudenken. Wer sind wir? Was macht unser Wesen aus? Wodruch werden wir bestimmt, so zu sein, wie wir sind? Der Apostel Paulus gibt uns auf diese Frage eine merkwürdige Antwort, wie sie uns selbst wohl so leicht nicht einfallen würde. Er schreibt: »Wir sind Schuldner.« Das klingt ganz fremdartig und weit hergeholt. Aber so abwegig ist es gar nicht. Tatsächlich wird unser Leben Tag für Tag ganz entscheidend dadurch geprägt, daß wir ande-

ren etwas schuldig sind. Für unsere Nahrung müssen wir bezahlen. Für unsere Wohnungen müssen wir Miete entrichten, wenn wir nicht Hauseigentümer sind. Unseren Eltern schulden wir Dank für alles, was sie für uns taten, als wir noch nichts tun konnten und weit darüber hinaus. Dem Staat schulden wir Steuern. Paulus denkt noch weiter und überlegt: Schulden wir auch uns selbst etwas - und was sind wir Gott schuldig? Was schulden wir uns selbst? Paulus macht deutlich: Hier wird es gefährlich! »Gönnen Sie sich selbst etwas. Das sind Sie sich schuldig.« So will es uns die Reklame einreden. Es ist sicher nicht verboten, sich auch selbst etwas zu gönnen. Aber hinter solcher Reklame steht meistens nicht die Absicht, uns Gutes zu tun, sondern uns das Geld aus der Tasche zu ziehen. Paulus geht noch einen Schritt weiter und sagt: Am gefährlichsten wird es, wenn wir unsere eigenen Wünsche zum Herrn über uns selbst machen. In der eigentümlichen Sprache des Paulus klingt das so: »So sind wir nun, liebe Brüder (die Schwestern sind hier stillschweigend mit eingeschlossen), Schuldner nicht nach dem Fleisch, daß wir nach dem Fleisch leben ...« Mit »Fleisch« meint Paulus hier die negative Seite des Menschen, seinen Egoismus, seine Rücksichtslosigkeit, sein Immer-mehr-haben-wollen. Und nun spricht Paulus eine Warnung aus, die uns überraschen wird, weil sie überaus radikal ist. Er sagt nicht einfach: Das ist nicht gut für euch. Nein: »Wenn ihr nach dem Fleisch lebt, dann werdet ihr sterben müssen.« Wir möchten wohl entgegnen: »Aber Paulus, hast du da nicht reichlich übertrieben?« Mit unserer Kritik an Paulus sollten wir allerdings vorsichtig sein. Denken wir doch einmal an die vielen Menschen, die Opfer von Genußmitteln geworden sind, Menschen, die am Alkoholismus sterben, die vielen Verkehrstoten infolge Alkohol am Steuer, an die jährliche Statistik der Drogentoten, an die Politiker, denen die Macht zur Versuchung wurde und die wie Hitler und Stalin Millionen von Toten auf ihr Gewissen geladen haben. »Sterben müssen«, das kann auch heißen: Keinen Sinn im Leben gefunden zu haben; immer nur eigenen Wünschen nachgejagt zu haben und doch nie zufrieden geworden zu sein, wie es in einem Volkslied heißt: »Je mehr er hat, je mehr er will; nie schweigen seine Wünsche still.«
Um unserem Leben die richtige Richtung zu geben, stellt Paulus nun als Hilfe gewissermaßen einen Wegweiser vor uns auf. Er hat zwei Arme, die einander gegenüber stehen.

Zum weiteren Verlauf
Nun könnten die Arme des Wegweisers beschriftet werden, etwa: »Ich - Gott« oder »Eigene Wünsche - Gottes Wille« oder »Von Ichsucht getrieben - Vom Geist Gottes getrieben«. Der »Geist Gottes« ist schwerlich durch eine Defintion - wer oder was das ist - zu beschreiben, sondern durch seine Wirkungen. Dem Text entsprechend wird er hier vor allem als die Kraft zu deuten sein, die ein kindliches Gottvertrauen schenkt: »... durch welchen wir rufen: Abba, d.h. lieber Vater.«

Das Wort »rufen« hat viele theologische Diskussionen hervorgerufen, zumal es wörtlich übersetzt »schreien« heißt und hier in der Mehrzahl steht. So hat man an die Gebetsrufe der Gemeinde und sogar an die Zungenrede gedacht, von der aber im Römerbrief nie die Rede ist. Am einfachsten erscheint mir etwa folgende Erklärung: Das hebräische Wort »Abba« ist eines der Wörter, die die Kinder als erste lernen - wie »Papa und Mama« im Deutschen. Wenn ein Kind nach seinem Vater ruft, tut es das als eine Liebesbezeigung und als einen Vertrauensbeweis. Es empfindet dabei Freude, »Vater« sagen zu können.
Die Götzenbilder des Altertums sind zumeist abschreckende, Furcht erregende Gestalten. Jesus, in dessen Predigten das Wort »Abba« eine wichtige Rolle spielt, hat uns ein ganz anderes Gottesverhältnis geschenkt.

Möglicher Schluß
Die Bibellesungen und Lieder dieses Sonntags sprechen alle davon, daß wir Gott Lob und Dank schuldig sind. Gott loben ist aber nicht nur eine Verpflichtung, sondern auch ein großes Geschenk. Das wissen die jungen Menschen, die - oft unter großen Opfern an Zeit und Geld - Kirchenmusik studieren, um ihr ganzes Leben in den Dienst des Lobes Gottes zu stellen. Gott loben ist Freude; das wissen die Mitglieder unserer Kirchenchöre, die mindestens zwei Stunden jede Woche zum Übungsabend zusammenkommen, um Gottes Lob mehrstimmig zu singen. Gott loben ist eine sinnvolle Tätigkeit. Das wissen die Mitglieder unserer Posaunenchöre, die z. T. große und schwere Blasinstrumente durch die Gegend schleppen und geduldig darauf üben, damit Gottes Lob nicht nur innerhalb der Kirchenmauern zu hören ist.
Wer nichts vom Geist Gottes weiß, wird sagen: »Gott loben - welch ein Luxus! Da kann ich doch meine Zeit viel besser für mich gebrauchen!« Wir aber haben gesungen: »Lobt Gott mit Herz und Munde, welch's er uns beides schenkt. Das ist ein selge Stunde, darin man sein gedenkt. Denn sonst verdirbt all Zeit, die wir zubringn auf Erden. Wir sollen selig werden und bleibn in Ewigkeit.« So wollen wir auch jetzt Gott um seinen Geist bitten und ihn loben, indem wir miteinander einstimmen in das Lied ...

Kontexte

Als erstes sei hier die Erklärung zum 1. Glaubensartikel in Martin Luthers Kleinem Katechismus genannt, die anschaulich aufzählt, wofür wir Gott Dank und Dienst schuldig sind. Sie ist auch als Glaubensbekenntnis innerhalb der Liturgie geeignet. Man kann u. U. die Begriffe aus Luthers durch Landwirtschaft geprägter Umwelt (»Haus und Hof, Acker, Vieh und alle Güter«) durch Ausdrücke aus heutigen Lebensformen (Wohnung, Arbeit und Erholung, all mein Hab und Gut) ersetzen oder ergänzen.

Zeitgenössische Gedichte als Beitrag zum Thema des Sonntags finden sich in dem Lyrikband zum 27. Deutschen Evangelischen Kirchentag in Leipzig 1997 (Evangelische Verlagsanstalt).

Hier ein Lied, das sich am Sonntagspsalm und anderen Psalmversen orientiert:

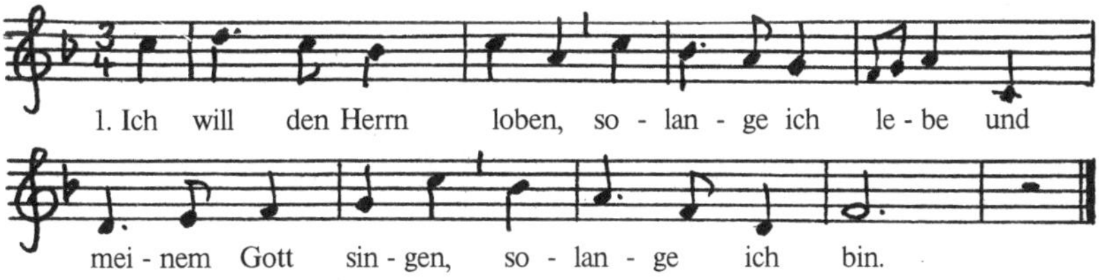

2. Das ist meine Freude, an Gott mich zu halten
und all meine Hoffnung zu setzen auf ihn.

3. Er führt mich auf Wege, die ich noch nicht kenne,
und bleibt mir stets nahe, wohin ich auch geh.

4. Und muß ich durch Tiefen der Traurigkeit wandern,
ich kann doch gewiß sein: Das Ende ist gut.

15. Sonntag nach Trinitatis

Annäherungen an den Predigttext 1. Petrus 5,5c–11

Bettina Naumann

Vorgelegt habe ich den Text einer Gruppe junger Erwachsener, die sich einmal wöchentlich zum Gespräch trifft – zum Gespräch über Fragen und Antwortversuche unserer Zeit. Der Dialog mit der Bibel spielt dabei eine wichtige Rolle.
Vor uns liegen Bibeln in den verschiedensten Übersetzungen – sie sollen Hilfe beim Suchen nach neuen Ausdrucksformen alter Worte sein.
Wir hören den Text gemeinsam ein erstes Mal nach der Übersetzung Martin Luthers.
Für den ersten Moment schreckt die Gruppe der Text ab. Das klingt nach Unterwerfung, so bekomme ich zu hören, nach Unterordnung, eben nach Demütigung und das hieße meistens: Gesichts- und Identitätsverlust.
Eine Meinung: Ich wünsche mir einen Gott, der sagt: Sei, die du bist – bei mir mußt du dich nicht wie sonst überall verbiegen. Bei mir kannst du aufrecht gehen, ich biete Raum zum Leben, ohne Forderungen, ohne Demütigungen, ohne Verletzungen. Warum, so dann ihre Frage, erwartet auch Gott unsere Verbeugungen und Verbiegungen, oder haben wir den Text an dieser Stelle falsch verstanden? Es sind in den ersten Versen des Abschnittes vor allem die Worte Hochmut und Demut, die uns diesen Text »verbittern«. So suchen wir nach möglichen anderen Übersetzungen.
Und wir finden: Stolz und Überheblichkeit auf der einen – Zuwendung, gering-von-sich-selbst-denken und miteinander-festhalten auf der anderen Seite.
Am griffigsten erscheint uns die Übersetzung von Jörg Zink: »Denn Gott widersteht denen, die ihr eigenes Licht von oben herableuchten lassen. Er ist aber denen, die von unten her zu ihm aufschauen, freundlich.«
Und nun bemerken wir: Hochmut und Demut haben mit Positionen und Blickrichtungen zu tun: von wo und wie Menschen einander anschauen und miteinander oder gegeneinander leben.
Ganz schnell sind da die Beispiele des Alltags parat:
- eine Leuchte sein zu müssen und bloß nicht das eigene Licht unter den Scheffel stellen, um in der Arbeitswelt und auf dem Arbeitsmarkt zu bestehen.

– in unseren Gedanken ist das Licht des westlichen Fortschritts, das seinen Schatten über die dritte Welt wirft.
– einer erwähnt den Konflikt zwischen den Generationen: Wer hat wieviel für wen geleistet und wer hat das Sagen, auf wen wird noch nicht oder nicht mehr gehört.
– und: In unserer Runde findet auch der Streit der Weltanschauungen und Religionen, um die rechte Wahrheit und um Macht und Einfluß, Erwähnung.
Etwas stiller wird es, als wir Beispiele für die Gegenposition suchen: Er ist aber denen, die von unten her zu ihm aufschauen, freundlich. Die Standortbestimmung fällt uns zunächst nicht schwer: Wo eigentlich ist Unten? Wir finden: da, wo Grundrechte bedroht sind: Wohnung, Arbeit, Nahrung, das Recht auf Bildung und Meinungsäußerung.
Bei denen, die von ganz unten zu Gott schauen, da ist er besonders – lesen wir und theoretisch wissen wir das längst.
Und natürlich kennen wir auch die prominenten Beispiele dafür: Frère Roger, Mutter Teresa und ein paar andere mehr.
Das ist immer die Stelle, sagt dann plötzlich eine aus der Gruppe, an der ich mich angeklagt fühle, weil ich nicht zu denen da unten gehöre.
Zu einfach ist es, und das spüren wir, jetzt zu antworten: ›Das ist dann auch schon so in Ordnung.‹ Denn wir ahnen: Das ist die große Anfrage des Textes an uns. Wo stehen wir und von wo nach wo schauen wir selbst?
Wo leben wir die Nachfolge Jesu Christi und wo umgehen wir sie in schnelle Antworten und bequeme Lebensweisen flüchtend?
Insgesamt, so wirft eine fast am Ende unseres Gespräches ein, hat dieser Text nicht nur mit Hochmut und Demut, sondern vor allem mit Mut zu tun. Mit dem Mut, von sich selbst weg auf andere zu schauen und mit denen Gottes Fürsorge zu entdecken – hat auch zu tun mit dem Mut zum Widerstand gegen das Teuflische, Krankmachende, Zerstörende in den Strukturen unserer Gesellschaft, in unseren Kirchen und in unserem ganzen Miteinander.
Dieses wachsam zu tun und nüchtern nach den Möglichkeiten und Grenzen von Handlungen und Entwicklungen zu fragen – und die Zeichen der Hoffnung erkennen und fördern – auch das entdecken wir als eine Forderung dieses Textes an uns.
Wir haben doch, das ist uns am Ende des Gespräches wieder einmal sehr klar, so viel als Christen in das Leben einzubringen. Und dafür werden wir, so das Versprechen Gottes, durch ihn vorbereitet und gestärkt und gekräftigt – denn am Schluß des Textes – so stellen wir erleichtert fest – stehen nicht Forderungen, sondern eine große Verheißung: »Ihm gehört die Macht in Ewigkeit«.

Zum Gottesdienst

Wolfram Braselmann

Exegetisch-homiletische Skizze

Die »Annäherungen an den Predigttext« weisen auf den zunächst befremdenden Gebrauch von Worten wie »Demut«, »Hochmut«, auf die Forderung nach »Unterordnung« hin.
Damit ist zugleich deutlich, wie der Text nicht nur der Sprache, sondern wahrscheinlich auch der Vorstellungswelt nach aus einer anderen Welt zu uns herüberkommt, und die Rede davon, daß der Teufel wie ein brüllender Löwe umhergehe, der sucht, welchen er verschlingt, kann fürs erste diesen Eindruck nur noch verstärken.
Warum ein solch fremd anmutender Text an einem solchen Sonntag? Was kann und wird es ausrichten, diesen Text zu lesen, zu hören und auszulegen. Wie ist die Welt, aus der er zu uns herüberspricht, und worin ist sie der unseren vergleichbar?
Die Exegeten (vgl. Goppelt, Meyer K.), nehmen als Adressaten des Briefes die Gemeinden in Kleinasien in der Zeit zwischen 65 und 90 an: Die Christen geraten, ohne daß sie schon planmäßig verfolgt werden, immer mehr unter Druck der Behörden, werden diskriminiert, benachteiligt und unterdrückt. Als Grund wird neben vielen anderem die Weigerung der christlichen Gemeinden, sich am sich ausbildenden Kaiserkult zu beteiligen, angenommen, darüber hinaus bleibt es für die Umwelt ein Ärgernis, daß die Christen in der multikulturellen und multireligiösen, grundsätzlich ja toleranten Welt der Spätantike an der einen Weltherrschaft ihres Herrn festhalten, neben und über den sie nichts und niemanden setzen wollen. So oder so ählich kann man sich die Situation der Gemeinde vorstellen, an die der Erste Petrusbrief gerichtet ist.
Und von da her lassen sich auch die Ermahnungen zur »Demut« erklären – Das Geschick der Christen wird von ihnen nicht als etwas Zufälliges, als Willkür der Geschichte oder der Umwelt verstanden, sondern sie sehen dahinter verborgen Gottes Hand am Werk, und deshalb bleiben sie hoffnungsvoll.
Umso mehr dann auch die Ermahnung, auf keinen Fall dem Teufel, der hier dann sehr konkret in der feindlichen Umwelt gesehen wird, zum Opfer zu fallen, indem man dem Druck der Umwelt nachgibt.
Man könnte sagen: Was sollten die Christen auch anders tun, als entweder in der weltanschaulichen und religiösen Vielfalt der Spätantike unterzugehen, als eine unter vielen religiösen Bewegungen, die aus dem vorderen Orient nach Westen wanderte, oder in aller granitenen Härte darauf zu bestehen, daß Christus der Herr ist, über alle Welt, auch über das römische Kaiserreich und Konflikte bis zur Verfolgung in Kauf zu nehmen?

Doch das ist - so reizvoll es erscheinen mag, Multikultur und Multireligion damals und heute in Beziehung zu setzen - zunächst eine fremde Welt. Was darüber predigen an einem beliebigen Sonntag nach Trinitatis, an dem die Gemeinde vermutlich auf nichts Besonderes gefaßt und eingestimmt ist?
Ich biete im »Vorschlag zur Predigt« drei Teile an, die je für sich, miteinander oder auch mit anderen Ergänzungen übernommen werden können, drei Teile, von denen ich hoffe, daß sie das Thema »Verfolgung - Widerstand - Gewißheit« aufnehmen:
1. Eine narrative Einführung in die Situation der Gemeinde des Ersten Petrusbriefs, durch die der Text überhaupt erst verständlich werden konnte.
2. Eine Reminiszens an den Kirchenkampf in unserer Gemeinde, soweit davon geredet werden kann: An den Kirchenkampf der dreißiger Jahre, um bewußt zu machen, daß es durchaus auch in späteren Zeiten für Christen Konflikte geben konnte. In unserer Gemeinde, um das Thema hautnah, verständlich und, wenn möglich, freier von der Verehrung berühmter, aber ferner Helden zu machen, die man zwar bewundern, denen man aber nie im Leben nacheifern möchte oder könnte.
3. Eine Überlegung zur Frage, wo und an welcher Stelle unsere Gemeinde auch gegen Widerstände von außerhalb in diesen Tagen Glauben gestalten und mit Leben erfüllen könnte.

Vorschläge zur Liturgie

Ich beginne den Gottesdienst nach dem Orgelvorspiel mit einer *Begrüßung:*
Liebe Gemeinde, ich begrüße euch zu diesem Gottesdienst.
Frei, und ohne daß einer uns etwas anhaben kann, sind wir heute hier in die Kirche gekommen, feiern wir diesen Gottesdienst. Das war - in vergangenen Zeiten, die lange her sind - nicht selbstverständlich. Menschen haben auch dafür leiden müssen, daß Gottesdienst gefeiert werden kann. Der Predigttext heute erinnert uns daran.
Auch in der Nachfolge dieser Menschen, die vor uns waren, sind wir heute hier und danken Gott dafür, daß wir hier sein können.

Als *Lesungen* sind vorgesehen: Als Episteltext der Predigttext. Gerade weil er so fremd ist, bietet es sich an, ihn hier mit der Ankündigung als Predigttext zu lesen.
Als Evangelium ist Matth 6,25-34 vorgeschlagen. Das Stichwort von der Sorglosigkeit nimmt ein wichtiges Thema der Predigt auf.

Eingangsgebet
Gott, so sind wir in Frieden zusammen in diesem Gottesdienst und danken Dir, daß Du uns diesen Raum des Friedens und der Freiheit gibst. Diesen

Ort, an dem wir Dein Wort hören. An dem wir erfahren, daß Du Dich öffnest, daß Du uns Dein Wort sagst, uns Mut und Hoffnung gibst für unser Leben.
Dich bitten wir: Laß uns das auch an diesem Morgen wieder erfahren. Und laß uns mutiger und hoffnungsvoller zurückkehren in unser Leben.

Fürbitte
Gott, zur Wachsamkeit hast Du uns, Deine Kirche gerufen.
So bitten wir Dich:
Daß deine Kirche immer wieder nach Deinem Willen fragt, daß sie mutig und furchtlos Dein Wort predigt und nach Deinem Willen handelt.
Daß sie allem Druck und aller Feindseligkeit widersteht, auch dann, wenn sie so handelt, daß sie Widerspruch auslöst.
So bitten wir Dich:
Daß wir in unserem Leben nach Deinem Willen fragen lernen, daß wir all das an Sorge, was uns umtreibt, aufgeben und loslassen können, daß wir trauen auf Dein Wort und Deine Verheißung.
Gib, daß wir füreinander da sind, daß wir miteinander auf Dein Reich, das kommt, hoffen, daß wir einander Mut machen, Dir nachzufolgen.
Gib, daß wir alle Worte des Bösen erkennen, daß wir Dein gutes Wort von all dem unterscheiden lernen, das uns in die Irre leitet.
Denn es ist wahr: Dein ist die Macht, und auf Dich können wir bauen.

Als *Lieder* schlage ich vor:
Zum Eingang EG 165,1,2,4 (Gott ist gegenwärtig)
Als Wochenlied das vorgesehene EG 369,1,2,7 (Wer nur den lieben Gott läßt walten)
Vor der Predigt EG 345,1,2,4 (Auf meinen lieben Gott)
Nach der Predigt EG 346,1,2,5 (Such, wer da will)
Zum Schluß EG 170,1-4 (Komm, Herr, segne uns)

Vorschlag zur Predigt

Möglicher Predigtanfang
Liebe Gemeinde, am Anfang, einige der Älteren konnten sich noch gut erinnern, am Anfang war alles viel einfacher, ja, viel ungefährlicher gewesen. Damals, als einer der Apostel die Gemeinde in jener Kleinstadt in Kleinasien gegründet hatte - sie wußten gar nicht einmal, war es Paulus, war es einer der anderen gewesen, jedenfalls, Schwierigkeiten mit der Stadtverwaltung, mit der Polizei, mit den Behörden, daran war damals nicht zu denken. Und daß einer aus der Stadtverwaltung entlassen wurde, nur weil er Christ war und das auch zugab, das hätte sich damals kaum einer vorstellen können.

Jetzt aber war es soweit: Alle Christen waren entlassen, und die Macht der Behörden reichte weit genug, dafür zu sorgen, daß sie nirgends anderswo eine neue Stelle bekamen. Seid froh, daß ihr nur entlassen werdet, so wurde ihnen gesagt, woanders geht es den Christen noch ganz anders. Ihr habt doch genug Verbindungen untereinander, wir wissen doch genau von den Briefen, die da hin und her gehen: Dann wißt ihr doch auch sicher, wie es denen in Rom gegangen ist: Da ist Blut geflossen, und nicht wenige von euren Leuten sind umgekommen. Woher wollt ihr so sicher sein, daß es hier nicht auch noch so sein wird?
Und wenn die Christen fragten: Aber warum denn, und was haben wir euch denn getan, dann hatten sie bald die Antwort, die immer wieder kam: Ihr seid nicht staatstreu genug, unsichere Kantonisten. Euer Glaube, eure Religon, das wäre ja eure Sache, wer will euch schon da reinreden? Aber wenn ihr nicht einmal den Kaiser als Gott und seine Macht als göttlich anerkennen wollt, wie soll man euch vertrauen? Ihr rüttelt an dem Fundament des Staates, wenn ihr sagt, euer Christus ist der Herr über alle Welt. Und ihr seid zu viele geworden, als daß man euch einfach übersehen könnte.
Und als der Vorstand der Gemeinde am Abend im Hinterzimmer des Vorstehers zusammen war und beriet, und als einer da diese Schriftrolle mit diesem Brief in der Hand hin- und herdrehte, und als er las: Der Teufel geht umher wie ein brüllender Löwe, da hielten sie erschrocken den Atem an: Mein Gott, daß das bloß keiner bei der Behörde zu lesen bekommt. Wißt ihr nicht, was für ein Bild vor dem Haus der Stadtverwaltung steht: Ein Löwe, in Stein gehauen, wie sie ihn jetzt in der ganzen Provinz vor allen Verwaltungsgebäuden stehen haben.
All diese Löwen: Da kann sich jeder denken, wer gemeint ist mit diesem Löwen, der herumgeht und sucht, welchen er verschlinge.
Und einer sagte tonlos: In Rom, da sollen schon welche von Löwen verschlungen worden sein. Jedenfalls weiß man wirklich nicht, was noch alles kommt. Vielleicht ist das wirklich erst der Anfang.
Was sollen wir bloß tun? Wie sollen wir uns nur verhalten? Was steht denn da noch in dem Brief, außer dem Satz von dem Teufel als brüllendem Löwen?
Etwas von der Demut, und daß wir unsere Sorge auf Ihn werfen sollen. Da muß Er aber viel tragen können, wenn wir alle Sorgen auf einmal auf Ihn werfen, so warf da einer ein.
Und? Kann Er das nicht? Und wird Er das nicht? Sie haben das Bild vom Löwen als ihren Götzen. Wir haben das Bild vom Kreuz.
Einem Löwen kannst du keine Sorge nachwerfen. Und deshalb werden sie spätestens dann, wenn es ihnen dreckig geht, am Ende sein - weißt du noch, wie das war, als sich der neue Kaiser durchgesetzt hatte und alle die Lakaien des alten zum Teufel gejagt wurden? Die glauben doch selbst nicht daran, daß ihr Kaiser ein Gott ist, deshalb dieser Terror überall!
Er aber, der Gekreuzigte, kann immer für uns Grund zur Hoffnung sein.

So oder ähnlich ließe sich vielleicht die Situation der Adressaten des 1. Petrusbriefs darstellen und verständlich machen, vielleicht erzähle ich weiter, wie sie bei einer Zusammenkunft all ihre Sorgen auf Ihn warfen, was ihre Hoffnung im kleinen und im großen ist, und wie sie demütig sind aus Hoffnung.

In einem zweiten Teil ließe sich sagen:
Liebe Gemeinde, nun liegt das alles weit weg und weit zurück, in Kleinasien und ist viele Jahrhunderte her, und unsereins weiß von nichts und niemand, der als brüllender Löwe umherläuft und sucht, welchen er verschlinge, Christenverfolgung ist, Gott sei Dank, nicht angesagt.
Und doch sind noch manche unter euch, die sich an Zeiten erinnern, in denen Selbstbewußtsein, Mut und eben auch Glaube, ein fester Glaube dazu gehörte, daß man sich zur christlichen Gemeinde hielt.
Denn in jenen Jahren des Dritten Reichs, an das sich manche unter euch noch erinnern, und von dem manche unter euch mehr wissen als ich.
Da hat es ja mehr als einmal geheißen: Ihr, die ihr noch zur Kirche geht, ihr seid doch von gestern, morgen wird es den ganz anderen, den deutschen Glauben geben.
Da wurde gesagt, daß die Bibel doch ein Judenbuch ist, das kein anständiger Deutscher in die Hand nehmen soll, und Pastor T. hat sich damit mehr als einmal auseinandersetzen müssen.
Da wurden die, die sich zur Bibelstunde versammelten, ganz bestimmt nicht mehr ernst genommen als solche, die etwas Wichtiges und für das Leben Bedeutsames taten, auch wenn sie für sich und miteinander dessen gewiß waren, daß das Zusammensein unter der Bibel einem fürs Leben helfen wird.
Da mußte Pastor T. bei der HJ immer wieder aufs neue durchsetzen, daß die Konfirmanden am Sonntagmorgen keinen Dienst hatten, und das hat Mut von ihm gefordert.
Und so hat sich in diesen Jahren wahrscheinlich in vielen kleinen Ereignissen immer wieder gezeigt, daß es nicht immer und nicht jederzeit selbstverständlich ist, daß eine oder einer den Glauben leben kann, und die, auch unter euch, die in den letzten Jahren treu zur Kirche sich hielten, werden sich nicht sagen, daß sie dem Teufel widerstanden hätten, der wie ein brüllender Löwe umhergelaufen sei, ich aber denke und sage euch: Ein Anfang, ein guter Anfang solchen tapferen Widerstehens war es eben doch.
Denn Sorge um die Zukunft muß da ja doch ein jeder gehabt haben, der sich zur Kirche hielt. Und ein gutes Stück dieses demütigen und hoffnungsvollen Glaubens, von dem hier im 1. Petrusbrief geschrieben ist.
So oder so ähnlich ließe sich – in jeder Gemeinde natürlich anders – beschreiben, wie Christen sich in jenen Jahren verhalten haben. Meist ja gar nicht als Helden, aber die Heldengeschichten lösen ja oft auch Abwehr aus – wer hätte schon das Leben aufs Spiel gesetzt?

Aber in vielen Gemeinden gibt es sicher Geschichten eines stillen, mutigen und hoffnungsvollen Festhaltens am Glauben, das in manchem gerade dem Bild von der Demut und Sorglosigkeit entspricht, das der Text zeichnet.

In einem dritten Teil führe ich aus:
Liebe Gemeinde, und nun sagt ihr mir: Auch das ist lange her, und wie ist es heute, da kein Löwe brüllt, sondern sich allenfalls lähmende Gleichgültigkeit über die Kirche und das Wort vom Glauben legt?
Und da erinnere ich euch an unsere Geschichte, an das, was wir in diesen Monaten miteinander erlebt haben, als es galt, ein klares Wort zur Kirche, ein klares Wort unserer Gemeinde zu sagen:
Ich erinnere euch an unsere Geschichte mit der Familie E. F., die als Asylanten zu uns kamen, die wir in unserem Dorf aufgenommen haben, und die wir behalten wollen.
Ich erinnere euch daran, wie der Sportverein uns sagte: Sie sollen hier bleiben; denn wir haben sie liebgewonnen, und ihr als Kirche müßt uns helfen; denn eurer Wort wird gelten.
Ich erinnere euch daran, wie die Frauen im Frauenkreis sagten: Wir helfen mit, und wie die Konfirmanden sagten: Wir sind dabei, wenn es um Unterschriften geht.
Und wie viele von uns beim Verwaltungsgericht in Hannover dabei waren, als es ums Ganze ging, um zu sagen: Die Sorge dieser Leute ist unsere Sorge, und wir werden klar sagen, was wir als Kirche hier für richtig halten, und wir werden auch dafür einstehen, mag es dem Oberkreisdirektor und dem Landtagsabgeordneten passen oder nicht; denn Kosten ist eins und Menschlichkeit etwas anderes, wir aber stehen für die Menschlichkeit, und als Kirche stehen wir dafür ein.
Auch das, liebe Gmeinde, ist sicher noch keine Heldengeschichte, aber ich bin gewiß, daß es ein Anfang dessen ist, daß Christen einer verbreiteten unguten Stimmung widerstehen und so miteinander lernen, was es heißt, aus dem Glauben zu handeln. Und ich denke, viele von uns haben das gespürt.
Das erzähle ich aus unserer, aus meiner Gemeinde, vielleicht noch von Schwierigkeiten und von Zuspruch, die der eine und die andere erfuhren im Verlauf dieser Aktion, und hoffe, daß sich auch in anderen Gemeinden Ähnliches und Vergleichbares erzählen läßt.
Alle drei vorgeschlagenen Predigtteile lassen sich sicher noch variieren: Ich kann mir vorstellen, daß es Gemeinden gibt, deren Reformationsgeschichte sich ähnlich, als Geschichte vom Glauben gegen Widerstände erinnern läßt, wichtig ist mir der konkrete Anhalt an der örtlichen Geschichte.

16. Sonntag nach Trinitatis

Annäherungen an den Predigttext 2. Timotheus 1,7-10

Hans Hermann Blettgen

Die folgende Textcollage geht auf zwei Gespräche zurück, die in einem Kreis von Lehrerinnen, Wirtschaftlern, Erzieherinnen u. a. geführt wurden.

I.

»Timotheus fürchtet sich! Fürchten wir uns? Wovor fürchten wir uns? Wir werden nicht wegen unseres Glaubens verfolgt. - Verfolgung gehörte zur normalen Lebenssituation der ersten Christen. Furcht zu ihrem Lebensgefühl.« / »Und Ohnmacht bis hin zur Depression!« / »Und Scham wegen ihres Glaubens an den Gekreuzigten!«

»Unser Lebensgefühl ist ein anderes. Unsere christliche Normalität ist eine andere. Angstgefühle gehören aber auch zu meinem Leben. Die tief in mir verwurzelte Lebensangst, die mich aktiv macht, wach und sensibel. Und daneben meine »hündische Ängstlichkeit« (André Glucksmann), die mich immer wieder neu überfällt und lähmt, die mich schweigen macht, wenn ich reden sollte, die mich schließlich - alles und jeden fürchtend - vereinsamen und erstarren läßt. Vor meiner Ängstlichkeit fürchte ich mich. Sie entmenschlicht mich.«

»Ich schlage vor, daß wir zwischen ›Angst‹ und ›Furcht‹ unterscheiden!« / »Gott hat uns zwar den Geist der Angst gegeben, aber nicht den Geist der Furcht. Nach Paulus zählt er nicht zu unserem unvergänglichen Wesen.« / »Furcht ist unser unwürdig.« / »Zweifle nicht an dem, der Dir sagt, er hat Angst, aber hab Angst vor dem, der Dir sagt, er kennt keine Angst« (Erich Fried).

»Jesus von Nazareth hat sich gefürchtet. Zitternd und zagend vertraut er in Gethsemane Gott seine Todesfurcht an und sucht zugleich die Nähe, die Liebe seiner Jünger, um von ihren Kräften mitzuzehren. Sie erweisen sich jedoch als kraft- und lieblos. Sie halten seiner - und ihrer eigenen Todesfurcht nicht stand. Sie flüchten sich in den Schlaf. Jesus dagegen stellt sich seiner Furcht und bewältigt sie, indem er sich ins Gebet flüchtet. Dort findet er die Kraft, souverän seinen Weg bis ans Kreuz zu gehen. So nimmt er dem Tod die Macht über sein Leben. Seine Freunde dagegen bleiben durch ihre Furcht im Machtbereich des Todes gefangen. Sie setzen sich selber gefangen, indem sie sich auf einem Dachboden verkriechen.« / »Ich entdecke in den Jüngern mein Spiegelbild. Lerne aber zugleich von ihnen, mit meiner Furcht umzugehen. Die Jünger versagen zunächst, besinnen sich aber mit Blick auf den Auferweckten schon bald auf ihr eigenes unvergängliches Wesen und finden in sich die Kraft, erneut der Liebe Gottes zu den Menschen - und damit ihrer Berufung - nachzufolgen.«

II.

»Timotheus fürchtet sich vor Verfolgung. Mich verfolgen Lübeck und Solingen, Ruanda und Tschetschenien, Tschernobyl und die Nuklearversuche auf Mururoa, das Ozonloch und die Bevölkerungsexplosion, das Ansteigen der Weltmeere und das Artensterben. Ich fürchte mich mit Christen und Nichtchristen vor unserer Zukunft.« / »›Der Spiegel‹ titelt sein erstes Heft in 1996: ›Am Rande des Abgrunds!‹« / »Kulturkritiker entdekken ›Die Gesellschaft des Verschwindens‹ oder generell das ›Ende der Geschichte‹.« / »In Kevin Costners Schreckensszenario ›Waterworld‹ fristen die Menschen schließlich nur noch auf künstlichen Inseln ihr Leben.«

»Mich verfolgt unsere Mitschuld an der grassierenden Endzeitstimmung. Unsere Mitschuld sehe ich vor allem in der unterlassenen Hilfe gegenüber der leidenden Erde und der unter der wachsenden Gewalt leidenden Menschheit. Wir haben uns entweder gar nicht oder zu wenig oder zu leise oder zu spät für die Erhaltung der Schöpfung eingesetzt. Am Mitleiden hindert uns nicht Unwissenheit oder mangelnde Phantasie, uns hindert unsere ›hündische Ängstlichkeit‹.«

»Ich behaupte, daß wir historisch gesehen sogar ursächlich Mitschuld tragen an der allgemeinen Furcht vor der Zukunft. Mich beschäftigt der wirtschaftliche Aspekt. Max Weber hat auf den engen Zusammenhang zwischen Christentum bzw. Calvinismus und Kapitalismus hingewiesen. Der Kapitalismus hat als weltweit vernetztes System der Vermehrung des Geldes durch das Geld seine bösen Seiten. Er zerstört allmählich die noch gültigen inneren Bindungskräfte von Freiheit und Demokratie einzelner Nationen. Genauer: Er zerstört rücksichtslos alle politischen oder gesellschaftlichen Bindungen, die dem Fluß des Kapitals im Wege stehen. Aber nicht nur das: Er zerstört bisher gültige menschliche Verhaltens- und Wertmaßstäbe. Mehr: Zum ›Gott‹ erhoben ›schafft‹ er Individuen, die hemmungslos flexibel dem frei flottierenden Kapital nachfogen: globale - und lokale - ›Spieler‹ (Hans-Georg Gadamer). Dieser neue Menschentyp ist nur noch clever. Er opfert Liebe und Besonnenheit und Mitleiden skupellos dem Götzen Ertragsmaximierung. Das ist zum Fürchten. Für diese nur schwer zu kontrollierende sogenannte Elite im Weltwirtschaftssystem ist das Christentum als Geburtshelfer mitverantwortlich. Deshalb sind wir von unserer Vergangenheit her geradezu verpflichtet, auch in diesem Bereich Verantwortung für die Zukunft wahrzunehmen.«

»Ich glaube, daß neben all dem auch die schlichte Magie der Jahreszahl 2000 Endzeithysterie weckt. Vor tausend Jahren zogen die Menschen bei

Augsburg in Scharen auf die Felder, um das Weltende zu erwarten. Vor hundert Jahren verwandelte sich das kulturelle Leben in Wien zum ›Experiment Weltuntergang‹ (Werner Hofmann).
»Paulus sucht Timotheus zu ermutigen. Wer oder was könnte uns ermutigen?« / »Ich bemühe mich, zusammen mit meinen Schülern Zeichen der Hoffnung zu entdecken bzw. selbst zu setzen. Es gibt diese Zeichen. Es gibt »österliche« Menschen, die für eine andere oder neue Art zu leben eintreten. Menschen, die uns zur Besinnung bringen könnten. Die Akteure von ›Amnesty International‹ und von ›Greenpeace‹ zähle ich dazu. Und die Mitarbeiter des ›Friedensdorfes‹ in Oberhausen, die wir kennengelernt haben. In Lübeck sind es die Bürger, die mit Kerzen und Blumen in ihren Händen auf die Straße gehen. Wir schreiben Briefe an die Opfer von Brandanschlägen. Wir packen Pakete. Zu mehr Besonnenheit verhalfen uns auch Ernst Ulrich von Weizsäcker und Amory und Hunter Lovins mit ihrem Buch: ›Faktor vier ...‹ und Edward Wilson mit seinem Buch: ›Den Wert der Vielfalt ...‹. Ihre Argumente haben uns zugleich furchtloser und freier und damit mutiger werden lassen. Wir sind begeistert bei der Sache. Ich bin davon überzeugt, daß es zwischen unserer Begeisterung und dem Geist Gottes eine Verbindung gibt. Solange wir diesen Geist in uns und unter uns spüren, sind wir uns gewiß, daß Gott seine Hoffnung mit uns noch nicht aufgegeben hat. Das läßt uns hoffen.«

Zum Gottesdienst

Reiner Jansen

Exegetisch-homiletische Skizze

Die Abtrennung der Perikope überzeugt mich nicht. Auch wenn ich - mit den meisten Kommentatoren - nicht annehme, daß Paulus diesen Brief geschrieben hat, so kommt gerade am Anfang etwas von der fiktiven Person des Apostels und seiner Beziehung zu Timotheus zum Ausdruck. Und in V. 5 werden einmal nicht die Väter, sondern die Mütter des Glaubens erwähnt. Sie stehen in der »Sukzession« des Glaubens am Anfang! (vgl. Eva Renate Schmidt in: Predigtstudien II/2, 1986, Seite 221 f.).
Der zweite Timotheusbrief gibt sich als Testament des Apostels, dessen Tod bald bevorsteht (vgl. 4,6–8). Auch wenn Paulus zur Zeit der Abfassung dieses Briefes wahrscheinlich schon den Märtyrertod erlitten hatte, möchte ich vom fiktiven Charakter des Testamentes ausgehen. Ein Testament verbindet verschiedene Generationen miteinander. Auch in unserem Text geht es um die Weitergabe des Evangeliums an die nächste Generation.

Der Brief beginnt mit einer Danksagung (ähnlich wie Römer 1,8–11). Thematisch erinnert manches an die sogenannte Testamentsliteratur, die im hellenistischen Judentum verbreitet war (z.B. Testamente der 12 Patriarchen). »Einem religiösen Führer wird eine Rede in den Mund gelegt, mit der er angesichts seines bevorstehenden Todes seine Nachkommen oder seine Gruppe dazu verpflichtet, sich weiterhin an seinem Vorbild und an seiner Lehre zu orientieren; er sagt auch künftigen Abfall von der Tradition voraus, und diese Vorhersage bezieht sich natürlich auf die Zeit des wirklichen Verfassers der Schrift.« (H. Merkel, Die Pastoralbriefe, NTD 9/1, 1991, Seite 11). Vergleichbar im Neuen Testament wären etwa die johanneischen Abschiedsreden (Joh 14–17) und die Abschiedsrede des Paulus vor den Ältesten in Ephesus (Apostelgeschichte 20,17–35).
Der Brief beginnt mit einer Danksagung des Paulus. V. 3 erweckt den Eindruck, als stünde Paulus in einer langen ungebrochenen Tradition des Glaubens. Das steht zweifellos im Widerspruch zu Philipper 3,4–10, wo der Apostel seinen eigenen Weg vom Jude- zum Christsein ganz anders sieht: als Umwertung aller Werte.
Der Verfasser dieses Briefes dürfte zur dritten Generation des Urchristentums gehören. Die Gottesdienstbesucher sind zumeist auch nicht »Neuchristen«, sondern Menschen, die »den Glauben« von ihren Müttern oder Vätern übernommen haben und dafür dankbar sind.
Ich nehme also das Bild dieses fitiven Paulus auf, der sich Sorge macht um die Weitergabe des Evangeliums an die nächste Generation. Ich sehe in Timotheus nicht nur einen einzelnen Schüler des Paulus, sondern zugleich den Repräsentanten der nächsten christlichen Generation. Zentrales Thema ist die Überwindung der Zaghaftigkeit und die Bereitschaft zum Leiden für das Evangelium nach dem Vorbild des Paulus.
Auch wenn V. 6 Bezug nimmt auf die Handauflegung durch Paulus und die damit verliehene Gnadengabe, scheint es mir nicht nötig, in der Predigt speziell darauf das Schwergewicht zu legen, außer, es handle sich um einen Gottesdienst zur Ordination oder eine Amtseinsetzung.
In V. 7 übersetze ich »deilia« mit Verzagtheit (wie die Zürcher Bibel und die Einheitsübersetzung). F. Stier übersetzt sogar mit »Feigheit«, was wohl dem ursprünglichen Sinn nahe kommt, zugleich aber auch stark moralisierend klingt.
V. 9–10 klingen sehr feierlich und entstammen möglicherweise einer Taufliturgie. Im sogenannten Revelationsschema von V. 9b–10a geht es um die Offenbarung des seit ewigen Zeiten verborgenen Geheimnisses Gottes. Dieser Hymnus wird hier vermutlich zitiert wegen seines Schlusses. »Weil Christus den Tod vernichtet und unvergängliches Leben hat aufleuchten lassen, brauchen die Christen keine Angst vor dem Märtyrertod zu haben. Es fällt auf, daß hier schon als vollendet gilt, was Paulus erst am Ende der Zeit erwartet (1. Korinther 15,26).« (J. Rothermundt, GPM, 1986, Seite 428). Um die Predigt nicht thematisch zu überladen, gehe ich in meinem

Entwurf nur ganz am Schluß auf die Überwindung des Todes ein. Es ist freilich auch möglich, mit dem Schluß anzufangen. Dann wäre das Thema der Predigt: das gegenwärtige Heil, die Überwindung des Todes und unser Umgang mit dem Tod - kein leichtes Thema!

Vorschläge zur Liturgie

Eingangsvotum
Wir feiern diesen Gottesdienst im Namen Gottes,
Gott ist unsere gemeinsame Quelle.
Jesus Christus hat dem Tod die Macht genommen.
In der Geisteskraft Gottes können wir heute glaubwürdig leben.

Lieder:
Komm, o komm, du Geist des Lebens (EG 134)
Freunde, daß der Mandelzweig wieder blüht und treibt (EG 620, Ausgabe für Niedersachsen und Bremen)

Fürbittengebet

Gott,
oft schwanken wir zwischen Verzagtsein und neuer Hoffnung.
Laß uns immer wieder deine Nähe erfahren.
Schenke uns einen kraftvollen Glauben,
der unseren Blick weitet,
der uns in Bewegung setzt.
Gib uns Besonnenheit und den langen Atem, den wir brauchen für die Aufgaben, die auf uns warten.
Laß uns erfahren, daß wir nicht vergeblich leben und arbeiten.

Wir bitten dich für alle Menschen,
die für sich keine Zukunft mehr sehen,
die niedergeschlagen oder verzweifelt sind,
für alle, die im Streit festgefahren sind,
und für die Opfer von Gewalt und Unterdrückung:
Schenk ihnen einen neuen hoffnungsvollen Anfang.

Vorschag zur Predigt

Einführung zum Predigttext
Wer älter oder alt wird, fragt sich immer wieder: Wie geht es mit den nächsten Generationen weiter? Sorgen und Zweifel kommen auf. Mancher denkt: Hat das, was mir wichtig und heilig war, überhaupt noch einen guten

Boden in der Generation der Kinder und Jugendlichen? Oder entwickelt sich alles abwärts zum Negativen, zum Schlechteren hin?
Solche Fragen überfallen uns oft besonders dann, wenn wir viel Zeit haben, wenn uns Hände und Füße gebunden sind, wenn wir vieles nicht oder nicht mehr aktiv gestalten können. Wenn wir krank oder schwach sind, im Spital liegen ...
Der Brief, aus dem ich jetzt einige Sätze vorlesen möchte, ist in einer vergleichbaren Situation geschrieben. Nicht im Spital, sondern im Gefängnis in Rom. Ob Paulus selbst diesen Brief geschrieben hat oder ein Späterer in seinem Namen, ist nicht ganz sicher. Angeredet wird Timotheus, ein treuer Mitarbeiter des Apostels. Vorausgesetzt ist jedenfalls folgende Situation: Paulus ist im Gefängnis in Rom. Er ist bereits das erste Mal angehört worden und rechnet nun damit, bald den Märtyrertod zu sterben. So ist sein zweiter Brief an seinen Mitarbeiter so etwas wie ein Vermächtnis.
Was schreibt einer, der gefangen ist, der sich nicht frei bewegen kann, der mit dem Schlimmsten rechnen muß? Wird er klagen? Verzweifeln? Um Hilfe bitten? Oder was sonst?
Lesung 2. Tim 1,3–10

Möglicher Predigtanfang
Paulus beginnt mit dem Dank an Gott und mit dem guten Gewissen, das ihn mit seinen Vorfahren verbindet. Ein gutes Gewissen ist ein sanftes Ruhekissen – sagt das Sprichwort. Aber wir wissen auch, daß es Situationen gibt, wo man trotzdem nicht schlafen kann, wo uns vieles bewegt, beschäftigt und vielleicht auch überfällt.
Er beginnt mit dem Persönlichen. Wie er bei Tag und Nacht an Timotheus denkt. Wie er Sehnsucht hat, ihn wieder zu sehen, um sich von Herzen freuen zu können.
Und dann? Ich würde erwarten, daß er ein wenig über seine Lage klagt ... Wie schwierig es ist, gefangen zu sein! Und wie gerne er reisen würde, um noch anderen Menschen das Evangelium zu bringen. All die Pläne, die er noch hatte.
Nichts davon. Der Brief beginnt mit dem Dank, nicht mit den Klagen. Die überspringt Paulus sozusagen. Er wendet sich sofort dem Timotheus zu. Und man spürt, wie er sich Sorgen macht um Timotheus. Er sagt: Ich weiß, du hast ja deinen aufrichtigen Glauben. Deine Großmutter und deine Mutter haben ihren lebendigen Glauben an dich weitergegeben. Die Mütter, von denen wir Menschen soviel mitbekommen haben, manches, was uns bewußt ist und manches, was wir vielleicht unbewußt weiterpflegen ...

Zum weiteren Verlauf
Wenn ich über diese Sätze des Apostels nachdenke, dann wird mir klar: Es geht hier letztlich gar nicht um einen privaten Brief, der vor 1900 Jahren geschrieben wurde. Timotheus – das heißt »Fürchte Gott« oder »Ehre

Gott«. Gemeint sind alle Christen. Und so wird aus diesem scheinbar privaten Brief eine Anfrage an uns Christinnen und Christen heute.
»Entfache die Gnade Gottes wieder, die dir doch zuteil geworden ist.« Laß deinen Glauben nicht dahinserbeln wie ein Funke, der unter dem verbrannten Holz noch ein wenig weiterglüht. Gib ihm neue Nahrung, frische Luft, daß das Feuer wieder entfacht wird, daß es brennt, leuchtet und knistert.
Wir merken: Es geht um uns, es geht um die Gemeinde, um die Kirche als Gemeinschaft und als Organisation. Und es geht um jede einzelne Christin, jeden einzelnen Christen. Wo spüren wir etwas vom Feuer des Glaubens, der Liebe und der Hoffnung? Wo wird der Glaube lebendig?
Wir könnten jetzt antworten: »Ja, lieber Paulus, du hast gut reden im Gefängnis. Aber leb du einmal in unserer modernen Welt mit soviel Hektik, so vielen Anforderungen, so vielen Ängsten. Und da sollen wir auch noch begeisterte Christen sein, eine aktive Gemeinde mit einem lebendigen Glauben? Gib uns mal ein paar Rezepte, wie wir das machen können – Rezete für heutige Christen. Rezepte, die begeistern und Begeisterung aufkommen lassen!«
Paulus gibt keine Rezepte und er hat sie vielleicht genau so wenig wie wir heute. Stattdessen weist er uns hin auf den Geist Gottes.
»Denn Gott hat uns nicht einen Geist der Verzagtheit gegeben, sondern den Geist der Kraft, der Liebe und der Besonnenbeit.«
Nicht einen Geist der Verzagtheit. Ist das nicht das Grundübel, daß wir so oft verzagen?
Es geht nicht um die Angst, die wir haben. Ängste gehören zum Leben auf allen seinen Stufen, vom kleinen Kind bis in das Alter. Wir werden nie ganz ohne Angst leben. Aber wir dürfen darauf vertrauen, daß wir immer wieder einen Beistand finden, der uns in und durch die Angst hindurch führt.
Der Geist der Verzagtheit, das ist noch etwas anderes als die Ängste, die uns manchmal quälen. Wir spüren so viele Anforderungen. Wir sehen und hören täglich soviel, das schiefgeht: Gewalt und Unterdrückung. Stellen werden gestrichen: Menschen verlieren ihre Arbeit. Und gleichzeitig steigen die Aktienkurse, je mehr Menschen ihre Arbeit verlieren. Dazu kommt manches im persönlichen Bereich, das nicht so gelingt.
Wir fragen vielleicht: »Wie soll denn das bloß weitergehen?« Und nach und nach schleicht sich bei vielen dieses Gefühl ein: Es hat ja doch keinen Wert! Der Geist der Verzagtheit nimmt uns in den Besitz. Wir fürchten uns. Und dann verschließen wir uns, weil uns der Mut und die Freude abhanden gekommen sind. Alles wird so schal und leer. Das ist der Geist der Verzagtheit. Er lähmt. Warum noch glauben, lieben? Wozu noch hoffen? Ist es nicht einfacher, sich treiben zu lassen?
Paulus kennt dieses Verzagen. Und doch spricht er Timotheus und uns auf den Glauben an, der uns von unseren Müttern und Vorfahren weitergege-

ben wurde wie ein kostbares Erbe. Gott will diesen Glauben neu entfachen. Er gibt uns den Geist der Kraft: Leben, Freude, sich Einsetzen trotz allem, Friede und Gerechtigkeit nicht aus den Augen zu verlieren, Versöhnung nicht nur zu predigen, sondern auch zu leben.
Und diese Kraft wirkt in der Liebe, in der aktiven Zuwendung zum andern, zu den Mitmenschen. Es sind oft kleine Zeichen und Taten im Alltag. Vielleicht auch kleine Zeichen, daß wir Widerstand leisten in einer Welt, wo nur Geld und Erfolg zu zählen scheint. Nicht überall mitzumachen. Sich zu fragen: Will ich das wirklich? Widerstand zu leisten, gegen den Strom zu schwimmen dort, wo wir überzeugt sind, daß etwas wirklich in die falsche Richtung führt, das gibt Kraft. Das stärkt. Das macht Hoffnung.
Glaube, wie ihn die Bibel beschreibt - hat etwas zu tun mit widerstehen, heißt nicht verzagt alles sofort anzunehmen. Heißt etwas zu wagen: trotzdem!
Der Geist der Kraft und der Geist der Liebe - die können schon etwas bewirken. Wer sich für Gottes Geist der Liebe und der Kraft öffnet, bewirkt mehr als der, der sich dem Geist der Verzagtheit überläßt.
Freilich - das muß ich jetzt auch hinzufügen: ER bewirkt nicht alles. Gottes Geist ist nicht ein Zaubermittel oder eine Methode, mit der alles Unrecht, alles Schwere und Traurige sofort besiegt werden kann. Und darum wird (als drittes) auch noch der Geist der Besonnenheit genannt. Wer blind drauflos lebt und handelt, der ist sicher sehr spontan. Er erlebt wahrscheinlich auch viel an Auf und Ab. Aber hat er auch den langen Atem?
Es braucht auch den Geist der Besonnenheit. Wir müssen uns besinnen auf das rechte Maß. Nicht alles auf einmal wollen, aber dafür stetig vorwärtszugehen, ohne die Wirklichkeit aus den Augen zu verlieren. Und damit rechnen, daß es neben uns auch noch andere Menschen gibt. Nicht vergessen, daß es vor uns schon Menschen gegeben hat und nach uns noch Menschen geben wird, die aus einem lebendigen Glauben leben und manches positiv beeinflussen.
Aus diesem Geist der Kraft, der Liebe und der Besonnenheit versucht Paulus aus dem Gefängnis heraus Timotheus und anderen Christen Mut zu machen. Und er weiß, daß es Mut braucht, wenn er fortfährt:
»Schäme dich also nicht, dich zu unserem Herrn zu bekennen; schäme dich auch meiner nicht, der ich seinetwegen im Gefängnis bin, sondern leide mit mir für das Evangelium. Gott gibt dazu die Kraft.«
Wenn uns der Geist der Verzagtheit in den Griff bekommt, dann fangen wir an, uns zu schämen, dann wird uns der Glaube an Christus als Versöhner peinlich. Wir müssen nicht einmal direkt verfolgt werden. Schon wenn der Mehrheitstrend in eine ganz andere Richtung geht, ist es nicht immer ganz einfach, wirklich dazu zu stehen, daß wir an Jesus als den Weg Gottes zu uns Menschen glauben, daß unser Glaube uns Kraft gibt und einen langen Atem - trotz allem.

Möglicher Schluß
Der Weg Jesu endet irdisch gesehen am Kreuz. Er ist jedenfalls nicht der Weg zum weltlichen Erfolg. Und wenn unser Brief vom Leiden um des Evangeliums willen spricht, dann nicht, weil die Christen damals leidenssüchtig waren. Aber: Wer wirklich aus einem tiefen Glauben zu leben versucht, der wird erfahren, daß ihm Leiden nicht erspart bleibt, auch wenn nicht jeder dabei ein Märtyrer wird.
Für alle Menschen, die nur den sichtbaren und handfesten Erfolg suchen und lieben, für die ist der Tod Jesu am Kreuz Scheitern und Schande. Etwas, dessen man sich schämen muß. - Das Evangelium zeigt uns, daß nun dem Tod die Macht genommen wurde. Er ist zwar noch da und wirkt noch. Aber seine Macht ist begrenzt. Denn in der Auferstehung Jesu sind Leben und Unvergänglichkeit ans Licht gekommen. Darum hoffe ich, daß Gott uns besonders dann, wenn wir verzagen wollen, immer wieder seinen Geist der Kraft, der Liebe und der Besonnenheit schenkt.

Kontexte

Eine alte jüdische Geschichte, die Mut macht (eignet sich auch als Lesung im ersten Teil des Gottesdienstes):

Ein Weiser mit Namen Choni ging einmal über Land und sah einen Mann, der einen Johannisbrotbaum pflanzte. Er blieb bei ihm stehen und sah im zu und fragte: »Wann wird das Bäumchen wohl Früchte tragen?« Der Mann erwiderte: »In siebzig Jahren.«
Da sprach der Weise: »Du Tor! Denkst du ins siebzig Jahren noch zu leben und die Früchte deiner Arbeit zu genießen? Pflanze lieber einen Baum, der früher Früchte trägt, daß du dich ihrer erfreust in deinem Leben.«
Der Mann aber hatte sein Werk vollendet und sah freudig darauf, und er antwortete: »Rabbi, als ich zur Welt kam, da fand ich Johannsbrotbäume und aß von ihnen, ohne daß ich sie gepflanzt hätte, denn das hatten meine Väter getan. Habe ich nun genossen, wo ich nicht gearbeitet habe, so will ich einen Baum pflanzen für meine Kinder oder Enkel, daß sie davon genießen. Wir Menschen mögen nur bestehen, wenn einer dem anderen die Hand reicht. Siehe, ich bin ein einfacher Mann, aber wir haben ein Sprichwort: Gefährten oder Tod.«
(aus: W. Hofsümmer, Geschichten wie offene Türen, Mainz, 2. Aufl. 1993, Seite 44)

Erntedankfest

Annäherungen an den Predigttext
2. Brief an die Gemeinde in Korinth 9,6-15

Wolfhart Koeppen

Widersprüchliche, ja gegensätzliche Reaktionen ruft der Predigttext hervor, kein kopfnickendes Einverständnis. Das jedenfalls war das Ergebnis von zwei ausführlichen Gesprächsrunden.
(1) In einem kirchlich kaum verbundenen Kreis junger Erwachsener kamen fast nur kritische Einwände zum Thema »Kirche und Geld«.
(2) Zustimmung und kreatives Weiterdenken hingegen kennzeichneten die Diskussionen einer Mitarbeiterrunde, zu der auch das Prädikantenteam gehörte.
Ich habe die Gesprächsergebnisse zusammengefaßt, ohne in jedem Fall wörtlich zu zitieren.

(1) Typisch Kirche! So ein Aufwand an großen Worten - Segen, Gott, Gnade, Gerechtigkeit, Ewigkeit. Und das alles um einer Kollekte willen! Frommes Gerede um eine höchst unfromme Sache: das liebe Geld. - In der Tat: Hinter den hochgestochenen Worten des Paulus steckt ein einfacher Appell: Ich brauche Geld! Ich will Spenden für die Gemeinde in Jerusalem. Zur »Begründung« wird großes theologisches Geschütz aufgefahren. Aber: Weder wird eine Situation plausibel beschrieben, noch wird die Bedürftigkeit der Adressaten nachgewiesen, noch ein konkretes Projekt benannt. Stattdessen geht's, wie bei Kirchens so üblich, gleich ums Bekenntnis zum Evangelium oder gar ums ewige Leben. Ideologie statt Argumente. Aber auch das mit dem Dank zieht als Motivation nicht mehr so recht. Für heutige Menschen jedenfalls ist der Dank der Adressaten kein hinreichender Grund, ihre Taschen zu öffnen - und noch weniger die Behauptung, daß sie damit Gott loben. Spenden um Gotteslohn? Frühere Generationen mögen das so gesehen haben; für uns hat das jedenfalls nichts (mehr) miteinander zu tun.
In der Tat, bei Paulus fehlt vollkommen, was wir von jedem Spendenaufruf zu Recht erwarten: Er gibt weder einen genauen Einblick in die Situation derer, denen die erbetene Hilfe zugute kommt, noch eine präzise Information darüber, wie das gesammelte Geld verwendet werden soll. Wo die

selbstverständlichen Grundsätze eines ordentlichen Spendenmarketing mißachtet werden, darf sich die Kirche nicht wundern, wenn die Leute mauern.
Das Problem ist ja nicht, daß niemand mehr bereit wäre zu spenden, sondern die Art und Weise, wie von Institutionen wie der Kirche oder der Diakonie mit den Spenden der Leute umgegangen wird. Zu viel bleibt undurchsichtig. Wie viele gut gemeinte Spenden versickern in dunklen Kanälen, sind den Verwaltungsaufwand nicht wert, der um sie gemacht wird! Wer garantiert, daß sie bei denen ankommen, für die sie bestimmt sind, und wirklich dem Zweck dienen, für die sie erbeten wurden? In der Tat: Wenn's ums Geld geht, sind präzise Sachinformationen nötig, nicht theologische Schlagworte. Schließlich: Was ist gewonnen, wenn normale Kirchenchristen ihre Spende nur deshalb geben, weil sie überredet worden sind? Oder weil sie keinen schlechten Eindruck machen und sich vor anderen nicht lumpen lassen wollen? Dann ist etwas faul. Freigiebigkeit als Aushängeschild? Die kirchliche Gabenstatistik als Erfolgsbeweis? Das Spendenaufkommen als Zeichen geistlichen Lebens? Moralischer Druck war, zumindest auf Dauer, noch niemals gut für die Spendenfreudigkeit. Zuletzt: Muß denn das Thema »Geld« ausgerechnet am Erntedanktag verhandelt werden? Wer hat sich nur einfallen lassen, für diesen Tag einen solchen Predigttext zu bestimmen?! Auch das: typisch Kirche! Die Gottesdienstbesucher am Erntedankfest sind - so darf unterstellt werden - trotz Rezession und Steuerschraube durchaus bereit, Gott für seine Gaben zu danken, statt sich alles selbst zuzuschreiben. Aber was geschieht? Sogar die Predigt muß dafür herhalten, die kirchliche Zahlungsmoral einzuschärfen und die Leute zur Kasse zu bitten. Geht es denn nicht *einmal* ohne die Erinnerung, an die Armen zu denken und zu spenden? Ist der Gottesdienst etwa nur ein Vorwand fürs Kollektesammeln? Ist unsere »Ernte« nur dann was wert, wenn wir sie in Spenden umsetzen?

(2) Gut, wenn es einmal so deutlich ausgesprochen wird: Auch das Profanste hat etwas mit Gott und dem Glauben zu tun: das Geld. Ein Beispiel dafür, daß nichts so »weltlich« ist, daß daran nicht unsere Gottesbeziehung und unsere Glaubenseinstellung deutlich werden könnte.
Zu Unrecht gilt die Kollekte, die Geldsammlung in der Kirche (jedenfalls, wenn sie nicht für die eigene Gemeinde bestimmt ist) als lästiges Übel. Viele Kirchenvorstände (Presbyterien) würden sie gerne abschaffen, wenn sie nicht zwingend vorgeschrieben wäre. Paulus hingegen macht deutlich: Spenden ist eine Form des Bekenntnisses, nicht nur eine lästige Störung des Gottesdienstes. Ein »fröhlicher Geber« gibt zu erkennen, wieviel er Gott verdankt. Wer freiwillig abgibt, bekennt öffentlich, daß er reich beschenkt ist und keine Angst haben muß, zu kurz zu kommen. Wer austeilt, ohne daß »die Rechte weiß, was die Linke tut«, legt Zeugnis ab für die Sorglosigkeit, die sich auf Gottes Güte verläßt. Wer hingegen knickert und

knausert, legt *auch* ein Bekenntnis ab - aber eines gegen Gott; er sagt: Ich muß sehen, wie ich allein zurechtkomme; ich muß meinen Besitz zusammenhalten und kann allenfalls abgeben, was nach Abzug aller Unkosten und Spesen übrigbleibt.

Das »lästige Übel« Kollekte als Testfall des Glaubens! Wenn unser Leben nur darin besteht, zu verwalten und zusammenzuhalten, was wir selbst geschafft, erreicht und erwirtschaftet haben, müssen wir es wohl oder übel hüten und im Verteilungskampf gegen Habenichtse aller Art verteidigen - gegen Asylbewerber und Arbeitslose, gegen Osteuropa und gegen die Entwicklungsländer. Wenn jedoch das Wesentliche im Leben Geschenk ist, ist das Teilen eigentlich selbstverständlich; wir geben uns damit sozusagen selber Nachhilfeunterricht in der Erkenntnis, daß wir im Grunde »in allen Dingen allezeit volles Genüge haben«. Konsequenz? Wir können kreativ mit den gegenwärtigen wirtschaftlichen und finanziellen Engpässen umgehen, statt sie nur zu beklagen, nach Schuldigen zu suchen und einfallslos die (kirchlichen und gesellschaftlichen) Besitzstände zu verteidigen. Besitzende sind gefährdet, Beschenkte sind frei.

Auch abgesehen von der Kollektenfrage ist deshalb der Predigttext eine Ermutigung zur Selbstprüfung: Wieviel haben wir, was wir nicht uns selbst verdanken? Vielleicht läßt sich über diese Frage das zum Theologenjargon verkommene Wort »Gnade« mit neuem Leben, weil mit Erfahrung füllen. Und vielleicht läßt sich dann die Aufforderung zu einem wirklichen, spürbaren Opfer nicht nur als Appell an die Spendenfreudigkeit hören - sondern als Ermutigung, den Reichtum des eigenen Lebens dankbar zu bejahen und öffentlich zu bestätigen.

Auf die Grundeinstellung kommt es an. Das Bild von der Saat, die Segen bringt, macht deutlich: Wenn wir anderen abgeben, dann tun wir's im Grunde nicht - jedenfalls nicht nur - für andere, für die Bedürftigen, sondern für uns selbst. Wer immer gleich »Verzicht« oder »Einschränkung« denkt, hat offenbar noch keine anderen Erfahrungen gemacht, den Reichtum des eigenen Lebens gar nicht so richtig wahrgenommen. Allein die Tatsache, daß wir abgeben können, erinnert uns daran, daß wir - trotz Rezession, trotz Arbeitslosigkeit, trotz Steuerlast - im Durchschnitt immer noch mehr als genug zum Leben haben.

Erst wenn wir's probieren, werden wir merken, wieviel uns bleibt. Wir werden nicht ärmer, wenn in unserem Ausgabenplan auch andere vorkommen, nicht zuletzt die Menschen, die unsere ganz praktische, materielle Hilfe brauchen. Vielleicht gewinnen wir dann wieder den Blick für den Reichtum, der uns von vielen anderen Menschen unterscheidet, und erfahren, daß sich Gottes Gaben vermehren, wenn wir sie teilen. Wer wenig oder nur gezwungenermaßen gibt (etwa, um Steuern zu sparen oder das eigene Image aufzupolieren), macht damit deutlich, daß er nichts empfangen hat. Wer aber weiß, daß das meiste im Leben Geschenk ist (jedenfalls die entscheidenden Dinge), wird auch anderen diese Erfah-

rung gönnen: die Freude derer, denen das Nötige zufällt, auch ohne eigenes Zutun.
Zuletzt, aber nicht nur am Rande vermerkt: Das Opfer, das Paulus heute vielleicht erbitten würde, wäre womöglich ein Anteil von dem, wovon wir nach allgemeiner Erfahrung und Überzeugung ständig zu wenig haben und was offenbar immer knapper wird: Zeit. Zeit haben: Das ist in einer Zeit, in der wir alles wirklich Lebensnotwendige haben, der wahre Reichtum.

Zum Gottesdienst

Reinhard Kirste

Texte und Themen des Sonntags

Vom Evangelium her geht es eigentlich nicht um Erntedank, sondern um das Haben und die Habgier (Lukas 12,15-21). Formal läßt sich natürlich immer eine Verbindung zu den anderen Texten herstellen. Ich würde aber statt des Evangeliums mehr die alttestamentliche Lesung bevorzugen (Jesaja 58,7-12), diese allerdings um die Verse 2-6 erweitern.
Die Thematik des Sonntags in Verbindung mit einer Bitte um Geld hat - wie schon bei den Annäherungen vermerkt - etwas Problematisches. Das wird auch dadurch nicht besser, daß angesichts sinkender Kirchensteuereinnahmen die freiwilligen Spenden wieder höhere Bedeutung gewinnen. Die Kopplung dieses Textes mit dem traditionellen Erntedankfest bringt in Schräglagen, die sich besonders im Vergleich der finanziellen Möglichkeiten deutscher Kirchen mit anderen Kirchen Europas zeigen, von der sogenannten Dritten Welt gar nicht zu reden. Von daher scheint mir die kritische Haltung im ersten Teil der »Annäherungen« insgesamt stimmiger zu sein. Im Blick auf die Thematik sehe ich die Rechtfertigung für diesen Text als Predigttext zum Erntedankfest darin, daß nach dem eindeutigen exegetischen Befund Paulus nicht für sich, seine Lieblingsgemeinden (z. B. Philippi), sondern für eine Gemeinde sammelt, die kulturell mit den Korinthern nicht gerade üppig viele Gemeinsamkeiten haben dürfte, man könnte fast sagen: Jerusalem ist für die Korinther eine fremde Gemeinde.

Exegetische Skizze

Die Missionstätigkeit des Apostels Paulus war weitgehend erfolgreich, aber die Gemeinden hatten sehr unterschiedliche Strukturen, gerade wenn man Jerusalem (vgl. Kap 8) und Korinth gegeneinanderhält. Aber immerhin scheinen schon früher ähnliche Arten der Geldsammlung für finanziell schwache Gemeinden durchgeführt worden zu sein. Aufgrund des Konflikts, den die korinthische Gemeinde noch nicht allzu lange hinter sich hatte (vgl. 2. Korinther 1,12–2,11 und 6,11–7,15) ist der Mut des Paulus schon bemerkenswert, an die christliche Mitverantwortung der reichen und armen Korinther zu appellieren. Um die Willigkeit der Christen zu verstärken, nutzt er biblische Belegmöglichkeiten (Sprüche Salomos 11,24 f. und 19,27 in V. 6), ja zitiert sogar in Vers 9, Ps. 112,9 und baut diese Texte zu theologischen Argumenten auf, so daß sich fast eine zwingende Glaubens-Logik ergibt: Allerdings ist sich Paulus nicht so ganz sicher, ob dieser »Bettelbrief« wirklich den Erfolg haben wird, den er gern möchte (V. 3–5). Darum schickt er einige Vertraute vorweg, die die Geldsammlung imgrunde schon erledigt haben sollten, wenn Paulus kommt. Er bräuchte dann das Geld nur noch zu übernehmen.

Die Argumentationsstruktur für die »Kollekte« baut sich folgendermaßen auf:

1. Angst ist nicht nur ein schlechter Ratgeber, sondern auch ein schlechter Geldgeber. Wer seine kleinen und großen Schätze hortet, vertreibt die Freude aus seinem Leben und macht den Geiz zu seiner Lebensmitte.
2. Geben ist eine Form der Umverteilung: Reichtum ist dazu da, um Armut abzuschaffen, wie der ehemalige Staatspräsident Julius K. Nyrere von Tansania immer wieder betonte. Das hatten die Korinther schließlich selbst erlebt, daß Reichtum und Armut (das Hafenviertel von Korinth gegen das Villenviertel) auch bei Christen keine Gemeinsamkeit aufkommen läßt.
3. Entscheidend ist nicht die Höhe der Summe, sondern die innere Einstellung. Man fühlt sich unwillkürlich an Jesu Geschichte vom »Scherflein der Witwe« erinnert (Markus 12,42–44//Lukas 21,1–4). Die innere Haltung macht die Gabe nicht »moralischer«, aber wertet sie auf: Aus Kleinem kann Großes wachsen, das ist das Geheimnis des Segens, den sich der Mensch bekanntlicherweise nicht selbst »spenden« kann, aber man kann »im Segen säen« (V. 6).
4. Christliche Gemeinden können nicht nur für sich leben. Diakonie oder »weltlicher« ausgedrückt, Solidarität gehört zu ihren Kennzeichen und Echtheitskriterien.
5. Geiz als eine besondere Form des Egoismus, Habgier als eine besondere Form der Skrupellosigkeit hindern, über den eigenen Tellerrand zu blikken und von sich selbst hinwegzukommen. Wer freizügig gibt, erfährt selbst Freiheit, Freiheit vom Haben, hin zum Sein (vgl. Erich Fromm: Haben oder Sein). Die Dankbaren weisen von sich weg auf Gott, sie erleben Freude, die sich im Lob Gottes ihren Weg bahnt (freisprengt, freisingt, freitanzt).

V. 12 und 13 scheinen nun der Zielpunkt des gesamten Argumentationsganges zu sein: Wer so handelt, wie der Apostel Paulus empfiehlt, der hat die

Freiheit zu geben. Durch solch befreites Geben (»geben in aller Einfalt«) kommt ein Dank zustande, der auf Gott als den Geber aller guten Gaben gerichtet ist. Die Gabe entlastet nicht nur die beschenkten Gläubigen, sondern verstärkt die Danksagung an Gott, weil die Christen in Jerusalem nicht nur für das Geld danken, sondern auch für die Dienstleistung (= treuer Dienst), die sich als Gehorsam gegenüber dem Evangelium Christi und als wahre christliche Gemeinschaft interpretieren läßt. Wirken hier schon die theologischen Begründungen etwas weit hergeholt, so wird die Spitze dadurch erreicht, daß sich nun die Jerusalemer in ihrem Gebeten und durch ihre Gebete noch mehr nach den Korinthern sehnen (wobei offen bleiben muß, ob sie das bisher überhaupt getan haben).
Wir wissen nicht, wie diese Geldsammlung ausgegangen ist, dennoch läßt sich der Verdacht nicht ganz von der Hand weisen, daß Paulus hier Theologie instrumentalisiert hat - verständlicherweise, denn seine Mission der Geldsammlung für die Jerusalemer Gemeinde war doppelt heikel: Von Korinth aus, wo der alte Konflikt wohl kaum endgültig begraben war, und von Jerusalem aus, in dessen Gemeinde Paulus auch nicht der Angesehenste war. Man muß davon ausgehen, daß das sogenannte Apostelkonzil in Jerusalem faktisch die Spaltung in juden- und heidenchristliche Gemeinden bewirkte (Apostelgeschichte 15). Dennoch gilt, daß aus der globalen Weltsicht des Paulus, die er immer wieder gern mit dem »in Christus-Sein« (vgl. 2. Korinther 5,21) überschreibt, Korinth und Jerusalem nicht auseinanderdividiert werden können. Wie unterschiedlich auch Gemeinden sein mögen, wie zerstritten sie auch gewesen sein mögen - in sich und mit anderen: »in Christus« gehören sie zusammen. Da entsteht Handlungsbedarf: Die Geldsammlung für Jerusalem ist nur ein Beispiel dafür, und Beispiele haben nie einen Idealcharakter, sondern sind aus der jeweiligen Situation entstanden - Fehler eingeschlossen. Aber es gilt zu säen im Segen, den Acker kann man sich meist nicht heraussuchen ...

Zugänge für Predigende und Hörende

Hermeneutische Krücke oder hermeneutische Brücke: Die Kirche und das (ihr?) Geld

Gerade die Problematik dieses Textes schon in seiner historischen Situation macht den hermeneutischen Reiz aus, eine Übertragung auf kirchliche Verhaltensmuster zu wagen. Dabei kann es nicht angehen, mit diesem Abschnitt, die Gebefreudigkeit der (Kern-)Gemeindeglieder zu steigern. Die anderen werden sich sowieso nicht durch den Kollektenbeutel aus ihrer bisherigen Haltung (vgl. Annäherungen) aufschrecken lassen. Das muß gerade deshalb gesagt werden, weil das Wort »einen fröhlichen Geber (maskulin!) hat Gott lieb« bis heute zur Motivation besonders der Kirchgängerinnen (feminin) dienen soll, das Portemonnaie für die Kollekte weit

zu öffnen, so muß man sich doch in einer Wohlstandsgesellschaft (trotz Armut und Arbeitslosigkeit) fragen, ob nicht grundsätzlich das Verhalten von kirchenleitenden Gremien, Presbyterien und einzelnen Christinnen und Christen nicht nur neu durchdacht, sondern auch neu strukturiert werden muß (vgl. »Annäherungen«). Gibt dazu dieser Text wirklich etwas her oder benutzt man ihn nun auf etwas verschlungeneren Wegen doch wieder für die eigene Rechtfertigung, bestimmte Projekte über Spenden zu finanzieren?
Ein wichtiger Hinweis sollte nicht außer acht gelassen werden: Paulus bittet die Gemeinde in Korinth für eine Gemeinde zu sammeln, die in ihrer Struktur (als judenchristliche Gemeinde) erheblich von der Multikulturalität und Buntscheckigkeit Korinths abweicht.
Wäre also die Konsequenz: Nicht sammeln für die eigene Kirche, sondern für Christen, die es dringend brauchen? Ist das in Richtung »Brot für die Welt« oder »Kirchen helfen Kirchen« gedacht, oder bedeutet es nicht vielmehr die grundsätzliche Verantwortung der einen Gemeinde für die andere? Also: Partnerschaft, die nicht nur Paten schafft... Aber kann dann solche Solidarität auf Christen beschränkt bleiben?

Predigtbeispiel aus dem Jahre 1963

»Das ist das entscheidende Hindernis einer wahrhaft humanen Wirtschaft: diese eigentümliche Kargheit des Herzens, dieses beständige Sich-unter-Zwang-Wissen, dieser chronische Mangel an Freude und Freudigkeit. Man mag es eine Mangelkrankheit des seelischen Organismus, eine Unterernährung des inneren Menschen nennen. - Hebbel schreibt von seinem Vater »Die Armut hatte die Stelle seiner Seele eingenommen.« In diesem schrecklichen Satze spiegeln sich die großen sozialen Nöte und Unterlassungssünden des 19. Jahrhunderts. Aber die Mangelkrankheit, von der wir sprachen, kommt nicht nur aus sozial-ökonomischen Fehlern und Versäumnissen. Sehen wir den reichen Gutsbesitzer Lukas 12 an: War seine Seele dank der großartigen Erfolge seiner Landwirtschaft etwa gesünder und freier? Keineswegs; die Erfolge steigerten nur das Fieber seiner Sicherheitssucht, sie sperren ihn von allen anderen Menschen ab. Vielleicht war er nicht einmal hartherzig gegen die Bedürftigen; ich glaube, er sah sie einfach nicht, er sah nichts anderes mehr als seine Baupläne und Zukunftsphantasien. Es stimmt nicht, daß die Herzenskargheit nur die Folge einer verkehrten Wirtschaftsordnung wäre. Diese innere Krankheit erfaßt Reiche und Arme ohne Unterschied, und es gibt auch keinen »gesunden Mittelstand«, der vor ihr besser geschützt wäre.«

(Martin Doerne: Die Finsternis vergeht, (Seite 149), in: K.-H. Bieritz/M. Ulrich (Hrsg.), Gottesdienstgestaltung. Ein ökumenisches Werkbuch, Vandenhoeck & Ruprecht, Göttingen 2. Auflage 1987)

Das Reizvolle an diesem Predigtauszug ist, daß diese Predigt gute 35 Jahre alt ist. Auf den ersten Blick merkt man nicht, daß es keine Predigt der Gegenwart ist. Manche Probleme schleppen wir in Gemeinde und Kirche wohl als Dauerprobleme mit uns herum ...

Vorschläge zur Liturgie

Eingangsbesinnung
Im Kreislauf des Jahres
reifen die Körner heran.
Von der Leben stiftenden Sonne beschienen,
reifen heran
zu täglichem Brot
und nähren so viele;
könnten die ganze Welt nähren,
wenn die Menschen,
denen die Sonne scheint,
allen die Sonne scheinen ließen.

Psalmgebet
Psalm 145 im Wechsel zu sprechen

Gebet

Gott, still will ich werden
in geschenkter Zeit,
wegblicken will ich von mir
und aufblicken auf dich,
du beginnst in mir
deine neue Schöpfung.

Gott, loslassen möchte ich lernen,
loslassen die Sachzwänge,
die mein Leben bestimmen.
Folgen möchte ich dir,
deiner Menschlichkeit, deiner Freiheit,
in der du los-gingst,
um Fesseln zu lösen,
besonders die unsichtbaren,
um goldene Käfigtüren zu öffnen.

Ich danke dir Gott,
daß du mich freigesetzt hast.
Freigesetzt nicht in die Hoffnungsosigkeit,
sondern zum Dienst deiner Schöpfung.

Ich will sehen auf dich
und die Welt anders sehen,
sehen auf dich
und deine Welt anders behandeln,
sehen auf dich,
damit Versöhnung kein leeres Wort bleibt.

Segen
Wir können Gott danken. Gott öffnet uns die Augen, so daß wir nicht mehr auf uns selbst zu blicken brauchen, auf unsere Probleme, auf unsere Nöte, auf unsere leeren Kassen. Wir wollen Gott danken, aber nicht stehenbleiben beim Dank, sondern uns einlassen auf Segen, damit wir selbst Segen werden können.
In dieser Weise segne uns Gott, Ursprung des Lebens, Ermutigung zur Menschlichkeit, Geisteskraft der Versöhnung.

Liedvorschläge
EG 502: Nun preiset alle Gottes Barmherzigkeit
EG 324: Ich singe dir mit Herz und Mund
EG 571: Unser Leben sei ein Fest (westfälischer Regionalteil)
EG 140: Brunn allen Heils

Predigtvorschlag: Dank und Engagement

1. Das Danken fällt schwerer

Wer die Faktoren: Umweltschutz, Wirtschaftswachstum, Standort Deutschland, Arbeitslosigkeit, Steuerreform im letzten Jahr verfolgt, dessen Danken wird verunsichert. Die Armut hat zugenommen, Flüchtlinge werden noch rigoroser abgeschoben, die Spardiskussionen scheinen auch in der Kirche jegliche Kreativität zu hemmen. Man sitzt wie das Kaninchen vor der Schlange und kürzt ohne Konzept, um irgendwelche ständig größer werdenden Löcher zu stopfen.
Dennoch Firmenzusammenbrüche, Abschwung Ost (statt »Aufschwung Ost«) und vieles andere mehr können nicht darüber hinwegtäuschen, daß wir in Deutschland Verhältnisse haben, die gegenüber manchen Ländern der sogenannten Dritten Welt nur als paradiesisch zu bezeichnen sind. Auch die Kirchen haben jahrelang davon bestens profitiert und die Kirchensteuer war Garant, daß mehr und mehr Arbeitszweige eingerichtet und finanziert werden konnten. Inzwischen aber merken die meisten, daß Wohlstand im Leben keine Selbstverständlichkeit ist. Und Kürzungen um 20% oder 30% im kirchlichen Haushalt eines laufenden Jahres haben viele nachdenklich gemacht. Aber ist Panik angebracht?

2. Mut zum Spenden oder Mut zum Loslassen?

Wenn die Kassen nicht mehr so gut gefüllt sind, merken das auch die Spendenorganisationen, merkt das auch die Kirche. Also sollen wir betteln wie der Apostel Paulus und uns dazu der schönen Worte bedienen, wie Gott die Geber so lieb hat und »Geben bringt Segen« noch viel öfters sagen? Das kann doch wohl nicht gemeint sein, daß wir angesichts geringerer Kassenstände versuchen, Besitz festzuhalten, wo es irgend geht. Außerdem geht es nicht um die eigene Arbeit, sondern um die Solidarität mit anderen Menschen. Schließlich setzt der Apostel Paulus keine Kollekte für Korinth, sondern für Jerusalem an. Und Jerusalem hatte mit Korinth damals ungefähr so viel zu tun wie der Vatikan mit Rostock.

Die liebevoll mit Feldfrüchten aufgebauten Altäre am heutigen Tage können nur leicht die Problematik gerade des Erntedanks verstellen, weil wir in einer Welt leben, in der die wirtschaftliche Verflechtung des einen Reichtum und des anderen Armut ist. Zwar kann mancher schon nicht mehr die Hinweise auf die sogenannte Dritte Welt und die Entwicklungshilfe »Brot für die Welt« und »Misereor« hören, aber Erntedank geschieht nun einmal (ob wir das wahrhaben wollen oder nicht) auf Kosten von anderen. Auch wenn es uns nicht mehr »Gold« geht, so geht es uns dennoch so gut, daß Billionenbeträge auf Privatkonten in Deutschland lagern, während der Hunger in der Welt immer noch nicht besiegt ist. Die Weltgesundheitsorganisation (WHO) hat auserechnet, daß sich mit 80 Milliarden Mark die schlimmsten Hungerschäden und Armutsfolgen weltweit beseitigen ließen, aber diese Milliarden fließen um die Welt, um ihren Anlegern satte Gewinne zu bringen.

Aber auch wir, die sogenannten kleinen Leute profitieren von diesen Geldkreisläufen, denn wie ließe es sich sonst erklären, daß ein Fruchtjoghurt im Sonderangebot des Supermarkts durch halb Europa gekarrt wurde, ehe es im Kühlregal landet. Und es wird durch halb Europa gekarrt, damit einige immer noch daran verdienen und wir unser Schnäppchen machen können. Ich will gar nicht reden von den in Asien geknüpften Teppichen, für deren Preis man in einem Nobelrestaurant noch nicht einmal mit der Familie etwas Anständiges auf den Teller bekommt. Die Reihe ließe sich fortsetzen ...

3. Weltverantwortung als Dienst in Christus

Die Geldsammlung des Paulus für Jerusalem lehrt uns, über den eigenen Tellerrand zu schauen. Es geht nicht um die eigene Glaubenssicherung, sondern um weltweite Verantwortung, und die fängt im Kleinen an ...
Das nötigt zu kritischer Überprüfung des eigenen, auch gerade des frommen Verhaltens. Erntedank einfach so, das geht nicht. Darum haben wir auch Reissäckchen auf den Altar gelegt, haben auf den üblichen und auch wirklich schönen Obst- und Gemüseschmuck dieses Jahr verzichtet. Wir

haben darauf verzichtet, weil wir ohne Nachdenken auf Kosten von anderen danken würden. Darum wollen wir uns des Nachdenkens nicht entziehen.
Dazu allerdings gehört auch der Aufruf zur Buße. Wir sind aufgefordert, uns als Beschenkte, und zwar weitgehend als zu Unrecht Beschenkte zu verstehen. Warum geht es uns gut und den anderen schlecht? Was kann jemand dafür, daß er oder sie 500 km weiter östlich oder dreitausend Kilometer weiter südlich das Licht der Welt erblickt hat? Also was ist mit unserem Dank? Aus diesem Grunde erhalten Sie die auf dem Altar liegenden Reissäckchen am Ausgang. Diese Beutelchen machen unübersehbar deutlich, mit wie wenig ein großer Teil der Menschheit an diesem Tage auskommen muß, an dem wir Erntedankfest feiern und immer noch aus dem Vollen schöpfen. Dieses Reissäckchen enthält nämlich eine Tagesration Reis, mit der diese Menschen auskommen müssen. Wie lange das jemand durchhält, läßt sich sehr schnell ausrechnen.
Wie reagieren wir also als nachdenklich und aufmerksam gewordene Dankbare? Was machen wir mit unserem Dank? Wohin wenden wir ihn? Der Apostel Paulus macht mit seiner Spendensammlung für Jerusalem sehr schön deutlich, daß der Dank nicht nur das Dankgebet aus sich entläßt, sondern die Dank-Aktion: Der Dankbare gibt den Dank weiter. Wenn sich der Dankbare nun noch als Christ versteht, einer der »in Christus« ist, wie der Apostel Paulus gern sagt, dann wird er und sie sich als Diener und Dienerin Christi verstehen. Das verstehen aber andere und man selbst nur dann richtig, wenn die Diener auch wirklich dienen und nicht ihre eigene (wenn auch vielleicht bescheidene Pfründe) absichern. Wenn es aber ums Dienen geht, steht nicht die Leistung im Vordergrund, sondern die Ermutigung, sich der Segensfülle Gottes anzuvertrauen und sie weiter zu verbreiten (V. 6). Das heißt dann: dem Säemann Samen geben, dem Arbeitslosen Arbeit, dem Obdachlosen Obdach, dem Mutlosen Mut, dem Gehetzten Zeit, dem verzweifelten Hoffnung.
Es gibt genügend Beispiele und Geschichten aus Jesu Leben, wo er deutliche Signale setzt: Die Welt ist von Gott her nicht auf Untergang programmiert, sondern auf die erneuerte, die neue Schöpfung, in der Harmonie und Happy-end nicht das Privileg von Seifenopern sind, sondern wo die Dienerinnen und Diener mitarbeiten an dieser Schöpfung: Da sind Wunder an der Tagesordnung, Wunder, daß Menschen wieder in Ordnung kommen, ganz und heil werden.

4. Die neue Welt-Sicht

Wer sich ehrlich eingesteht, daß unsere Lebensqualität in vielen Fällen auf Kosten der Lebensqualität, der Gesundheit und oft genug des Lebens von anderen geht (am deutlichsten sichtbar, wenn Menschen um die Erhaltung von Betrieben demonstrieren, in denen Waffen oder waffenfähige Gegenstände für den Export produziert werden), braucht eine neue Blickrich-

tung. Er stellt dann fest, daß er/sie offensichtlich die falsche Brille aufhat. Wir brauchen also Linsen, die eine ehrlichere Weltsicht ermöglichen, damit Erntedank nicht zur frommen Heuchelei wird.
Dies wäre eine Welt-Sicht, die vom Denken her die undankbare Aufgabe hat, die Ungerechtigkeiten und Brutalitäten nicht so zu lassen, wie und wo sie sind.
Wohlgemerkt: Wer um-denkt und von Jesus her denkt, wohlgemerkt wer nach-denkt, der dankt für jedes Zeichen, für jede Spur, die ihn zu diesem neuen Handeln »in Christus« führt, er/sie dankt für jeden Ort, wo der Geist Jesu eine Chance hat, neues Leben zu stiften, die neue Schöpfung einzuleiten. Es gibt genügend Orte auf der Welt, wo auch wir Zeichen der neuen Schöpfung setzen können, wo unser Danken sich umwandelt in denkendes Handeln.
Dann werden die Kürbisköpfe, Äpfel und Gemüsearrangements nicht ins nächste Altersheim abgeschoben, sondern, da ist der Altar schon so geschmückt, daß es Freude macht, Dank in die Tat der Hoffnung umzusetzen.
Ich kann es auch im Bilde sagen. Wer im Sinne des Paulus Erntedankfest feiert, wird intensiv daran mitarbeiten, daß für die vielen Hungernden mehr als eine Handvoll Reis zum Essen herauskommt. Da würde dann im Segen gesät und im Segen geerntet, wenigstens ansatzweise ...

Aktion: Verteilen von Reissäckchen

Es folgt nun die Aktion, sich die Reissäckchen vom Altar abzuholen, was auch mit den entsprechenden Worten eingeleitet werden kann. Dazu hat die Predigt zumindest die Richtung angegeben:
Nicht mehr als eine Handvoll Reis ist die Tagesration vieler Menschen. Statt an den festlich geschmückten Altar zu treten, gehen wir nach vorn, holen uns Reissäckchen ab, in dem Wissen darum, daß unser Mittagessen heute reichhaltiger als diese Tagesration ausfallen wird.
Vielleicht aber sind einige ermutigt, sich in der nächsten Woche einen Tag zu suchen, an der die Tagesration Reis das Nachdenken über den Sinn von Erntedank dadurch fördert, daß es nur dieses eine Säckchen Reis zu essen als einzige Tagesmahlzeit gibt. So können wir uns symbolisch unsere Verantwortung als Reiche für die Armen deutlicher machen.

18. Sonntag nach Trinitatis

Annäherungen an den Predigttext Brief an die Gemeinde in Rom 14,17–19

Christian Fuhrmann

Im Kreis der nachweihnachtlichen Runde unserer Gemeindekirchenräte und -rätinnen von zwei kleinen Gemeinden kommen wir ins Gespräch. Grundsätzlich wird dieser Abschnitt als spröde empfunden, drei Aussagen, die auf den ersten Blick einfach nebeneinader zu stehen scheinen. »Ein Abschnitt, der beim Verlesen im Gottesdienst schon mal die Augenlider herunterziehen kann.«

Bewegung kommt in unsere Runde, als ein Ältester darauf hinweist, daß Menschen eben schon immer vor allem »Materialisten« sind. Selbst die ersten Christen haben das Reich Gottes schnell mit dem »Schlaraffenland« verwechselt. Offenbar war doch der große Anspruch des gemeinsamen Teilens, der Nächstenliebe und Nächstenhilfe mehr Anspruch als Realität – schon damals. Heute verhalten sich wir Christen und unsere Kirche ja auch nicht viel anders.

Protest ruft das »sondern« hervor. Gehört nicht gerade zu einem gerechten Reich unabdingbar hinzu, daß Menschen genug Essen und Trinken haben? Sind die Befriedigungen der sogenannten menschlichen Grundbedürfnisse nicht ein Aspekt von Gerechtigkeit und Frieden? Kann also das »sondern« so ausgrenzend verstanden werden?

Das »sondern« kann hier gar nicht ausschließend verstanden werden, weil Gottes Reich ja ein geistliches Reich ist – vielleicht haben unsere Grundbedürfnisse heute in dem Reich mit dem Merkzeichen »Heiliger Geist« keine Bedeutung. Folglich wird hier von einem ganz anderen Reich gesprochen, von einem Reich, das wahrscheinlich erst noch kommt.

Und so stehen wir vor der Frage, wie das mit Gottes Reich zu verstehen ist. Kommt es also erst auf uns alle zu? Eine jüngere Teilnehmerin protestiert gegen diese »spitzfindige« (!) Fragestellung. Gott hat doch diese Welt und mein Leben geschaffen, er ist doch schon als Lebensschöpfer der Herr der Welt und damit ist doch schon sein Reich heute bei uns. Wie kann man unsere Welt als Gottes Schöpfung verstehen und ihm gleichzeitig sein Herr-Sein absprechen? Gott wirkt eben immer weiter in seinem Reich, durch Jesus wie durch seinen Geist. Sein Reich ist unsere Welt!

Christsein ist Pflichterfüllung – so wird Vers 18 kurz charakterisiert. Unsere mittlerweile lebendige Runde kommt nach dieser Versumschreibung etwas ins Stocken. Die Pflicht besteht darin, als gerechter Mensch zu leben. Und diese Pflicht legt Gott uns auf in Geboten und anderen Forderungen. Bezeichnenderweise bekommt unsere Runde wieder Schwung, als über die negative Bewertung von »Pflicht« in heutiger Zeit nachgedacht wird. Wir sprechen lieber von dem, was und wie etwas richtig gemacht wird, aber daß es eine Pflicht, eine christliche Pflicht gibt, sich so und nicht anders zu verhalten, dieser fordernde Sprachgebrauch ist auch aus unserer Kirche ausgezogen. Haben die Kirchen in den vergangenen Zeiten ihren Gliedern zu viele Pflichten auferlegt? Vielleicht haben sie selbst dieser Pflicht »gar nicht gehorcht«?
Wird das Dienen für Christus nicht zu einem Kriterium, an dem die Menschheit auseinanderdividiert wird? Denn heute sprechen unsere Predigten doch vor allem von Gottes Liebe zu allen Menschen.
Sicherlich wird niemand zum Schuldigwerden aufgefordert, doch Gott kennt doch immer einen Weg zurück! Macht Gott alle Menschen gleich? Ist das nicht eine zentrale Aussage unseres Glaubens? Hier jedoch wird sehr konsequent die Menschheit unterschieden. Einige weisen auf die Erzählung vom großen Weltgericht hin – Gott wohlgefällig sind die, die Jesus als Richter zu sich nimmt.
Ein Einwurf von einem bisher Schweigenden aus unserer Rnde weist darauf hin, daß doch alle Menschen, egal welchen Glauben sie haben, verpflichtet sind, als gerechte Menschen durch das Leben zu gehen. Von daher ist doch diese Forderung selbstverständlich und nicht weiter aufregend, denn: »Kann Gott denn Kriegsverbrecher lieben können?« Als Vorschlag zur Lösung dieser Problematik versteht eine Gesprächsteilnehmerin den Hinweis, daß Gott an jedem Menschen »Wohlgefallen« haben möchte, unsere Handlungen jedoch sehr häufig dem Urteil Gottes nicht standhalten können.
Gefragt wird dann, ob es denn wirklich so ist, daß die Menschen, die bei Gott »Wohlgefallen« finden auch unter uns Menschen geachtet werden? Solange es bei den »bürgerlichen Pflichten« bleibt scheint dies zu stimmen, sobald aber Jesu kompromißlose Zuwendung zu allen Menschen geübt wird und wir diese wahre Gerechtigkeit einklagen, ist mit der Achtung aus den Reihen unserer Mitmenschen nicht mehr zu rechnen.
Vers 19 hat offenbar nicht mehr die Kraft, das Gespräch mit neuem Impuls zu versehen. Dem Frieden laufen doch eh alle auf ihre Weise nach, ob dabei wirklich Frieden wird, das liegt oft nicht in unserer menschlichen Hand. »Erbauung« wird mit Glaubensstärkung umschrieben.
Unser Glaube braucht friedliche Mitmenschen – unsere eigene Friedfertigkeit ist herausgefordert.

Zum Gottesdienst

Ulrich Tietze

Exegetisch-homiletische Skizze

Worum es Paulus in dieser Perikope geht, wird erst durch die Beachtung des Zusammenhangs erkennbar - unterbleibt diese, wird der Text letztlich farblos, fast schon unerträglich allgemein; und er könnte sogar, seinem »Sitz im Leben« widersprechend, im Sinne einer nicht selten vorzufindenden »christlichen Gesetzlichkeit« verstanden werden, wie schon einige Äußerungen in den »Annäherungen« aufzeigen (siehe die Bemerkung dort zu Beginn, schon die ersten Christen hätten das Reich Gottes schnell mit dem »Schlaraffenland« verwechselt). Daß Lebensfreude und die Predigt vom Reich Gottes nicht im Widerspruch zueinander stehen, zeigt gerade die Predigt Jesu, und zwar die unzweifelhaft authentische Betonung des Feierns und auch leiblicher Genüsse. Es ist wohl kaum ein Zufall, daß den Synoptikern zufolge Jesus als »Fresser und Weinsäufer« bezeichnet wurde. Um eine solche Problematik geht es in Röm 14 nicht. Vielmehr ist die Fragestellung die nach dem Verhältnis zwischen »Schwachen« und »Starken« im Glauben. Die zentrale Frage scheint mir damals wie heute zu sein: Christsein - wie lebt sich das? Wie können Ausdrucksformen des Glaubens aussehen?

Es ist spannend, wie sehr von Anfang an um diese Fragen gerungen wurde. Eine »Streitkultur«, die wir doch wohl dringend brauchen könnten, hat sich freilich von da aus kaum entwickelt. Aber Paulus weicht den Fragen, die zu Streit führten, auch nicht aus - und dies im Römerbrief, der zugleich den »Frieden mit Gott« (5,1) hervorhebt! Offenbar bedeutet also »Frieden« nicht »Friedhofsruhe«, Verzicht auf Auseinandersetzung.

Wichtig erscheint mir: Paulus realisiert, daß auch eine solche Zusage wie in Röm 5,1 nicht die Problematik christlichen Zusammenlebens im Alltag einfach lösen kann. Verschiedene Gruppen in den Gemeinden, damals wie heute, fordern immer wieder ein Aufeinander-Eingehen. Hilft hier die Fragestellung Karl Barths in seinem Römerbrief-Kommentar: »Dürfen wir, was wir müssen, oder müssen wir, was wir dürfen?« Die Frage nach christlicher Freiheit ist gestellt, wobei Freiheit nicht Willkür meint. Den in der Predigt Jesu zentralen Begriff »Reich Gottes«, »Gottesherrschaft«, bringt Otto Michel im KEK auf die Formel: »Die Gottesherrschaft ist hier für Paulus Inbegriff des ›Heiles‹ und gegenwärtiges Geschehen.«

Paulus, der sich selbst in seinen Briefen eher den »Starken« im Glauben zuordnet, will diejenigen, die z. B. Opferfleisch essen, lieber den Verzicht darauf nahebringen, als daß die Konflikte immer weiter geschürt werden. Dabei sagt er, dies sei »besser« - nicht, dies sei die einzige Möglichkeit.

Eine Quintessenz des exegetischen Befunds lautet für mich: Streit ist unvermeidlich, muß sein - will aber gelernt sein.
Bislang habe ich nur einmal über Röm 14,17-19 gepredigt, und zwar nach einer heftigen Auseinandersetzung mit dem Geistlichen Rüstzentrum Krelingen. Von dort hieß es, die Pastoren der Landeskirche Hannovers predigten nicht ernsthaft, spielten ihren Gemeinden Theater vor, seien vollständig unglaubwürdig. Meine gepredigte Antwort darauf war sicherlich kein Beispiel für eine Streitkultur im guten, von Liebe getragenen Sinn. Aber eben diese bleibt Lernziel.
Die Situation in meiner Gemeinde ist die weitgehend übliche: Kontakt zur Kirche am ehesten über Kasualien und Besuchsarbeit, Wunsch nach Kirche als Bewahrerin des Bewährten mit einer allerdings großen Akzeptanz neuerer Formen (Familiengottesdienste, Einbeziehung von Kindern, von Gemeindegliedern aller Generationen in die Gestaltung der Gottesdienste). Eine ganze Reihe von Gruppen (Chöre, großer Posaunenchor, Offene Jugendarbeit), Jugendbildungsstätte in unmittelbarer Nachbrschaft, bestimmt die Diskussion um heutiges Christsein. Generationen begegnen sich, prallen auch aufeinander, entdecken verschiedene Zugänge zum Glauben. Das, was in den »Annäherungen« mit Blick auf Röm 14,18 gesagt wird (»Christsein ist Pflichterfüllung«), würden sicherlich auch hier viele formulieren können. Das macht einerseits den verständlichen Wunsch nach christlicher Verbindlichkeit deutlich, aber ein gesetzliches Mißverständnis liegt hier nahe.
In meinem Gottesdienstentwurf möchte ich sowohl hinsichtlich der Lieder als auch der Gebete und der anderen Bestandteile - selbstredend auch der Predigt - ein Stück evangelischer Freiheit zu vermitteln suchen. Dabei darf allerdings nicht der Eindruck entstehen, es gäbe keinerlei Verbindlichkeiten in bezug auf »gelebten Glauben«. Freiheit mit Beliebigkeit zu verwechseln - eine Gefahr, in der wir im Rahmen zunehemnder Individualisierung oft stehen -, kann nicht die Antwort in Predigt und Gottesdienstgestaltung sein.

Vorschläge für die Liturgie

Lieder

Wochenlied: EG 397 (»Herzlich lieb hab ich dich, o Herr« oder EG 494 (»In Gottes Namen fang an«)
EG 263 (»Sonne der Gerechtigkeit«)
EG 612 (»Herr, gib mir Mut zum Brückenbauen«)
EG 182 (»Halleluja« - ebenso gut, eher noch besser die Textfassung der Nr. 740 aus dem Kirchentagsliederbuch '83: »Ihr seid das Volk, das der Herr sich ausersehn«)
EG 395 (»Vertraut den neuen Wegen«)

Zum wichtigen Stichwort »Frieden« (in Röm 14,17-19 zweimal enthalten!):
EG 425 (»Gib uns Frieden jeden Tag«)
EG 430 (»Gib Frieden, Herr, gib Frieden«)
sowie diverse Kanons, etwa EG 436 (»Herr, gib uns deinen Frieden«)

Wochenspruch
»Dieses Gebot haben wir von ihm, daß, wer Gott liebt, daß der auch seinen Bruder liebe.« (1. Jh 4,21) - Hier dürfen die »Schwestern« sicherlich hinzugefügt werden.

Eingangsvotum
Matth 6,33 »Trachtet zuerst nach dem Reich Gottes und nach seiner Gerechtigkeit, so wird euch alles andere zufallen.«

Lesungen
Psalmlesung: Psalm 1
Evangelium: Markus 12,28-34
Epistel: Der im Perikopenbuch als Marginaltext vorgeschlagene Abschnitt 1. Tim 1,5-9 a (»Das Ziel aller Ermahnung ist Liebe aus reinem Herzen ...«) scheint mir geeignet; ebenso die eigentlich für den 5. Sonntag nach Epiphanias vorgesehene Epistellesung 1. Kor 1,4-9.

Gnadenzusage
Gott schafft und erhält unser Leben. Gott spricht: »Ich tilge deine Missetat wie eine Wolke und deine Sünden wie den Nebel. Kehre dich zu mir, denn ich erlöse dich.« (Jes 44,22).

Eingangsgebet
Gott des Lebens, Gott der Liebe,
du hast uns hineingestellt in diese Welt mit ihren Problemen und Gefährdungen, mit all ihren Hoffnungen und Ängsten.
Du stellst unsere Füße auf weiten Raum. Wir finden viele Möglichkeiten, unseren Lebensweg zu gestalten. Du hältst auch da an uns fest, wo wir Um- und Irrwege gehen.
Laß uns deine Nähe spüren - heute im Gottesdienst und in den Tagen der Woche. Du willst uns zu freien Menschen werden lassen. Deshalb bitten wir dich: Laß uns freier als zuvor atmen, wenn dieser Gottesdienst vorüber ist.

Fürbitten
Gott der Barmherzigkeit und der Güte,
du willst freie Menschen, keine Marionetten, die an den Fäden der Mächtigen und Einflußreichen hängen und zu keiner eigenständigen Bewegung fähig sind.

Du gibst uns die Möglichkeit zu eigenen Entscheidungen, zu eigenen Schritten, auch zum Innehalten und zur Überprüfung unseres Weges. Aber unser Hochmut und unser Eigenwille verhindern oft, daß wir innehalten. Wir sind stolz auf unsere Selbständigkeit und wollen nicht von Irrwegen ablassen. Hilf uns, es dennoch immer wieder zu versuchen.
Gemeinsam rufen wir zu dir (mit Gemeinde): Gott, erbarme dich!
Wir sehen uns um auf dieser Erde. Wir sehen, daß deine gute Schöpfung bedroht ist, weil Menschen ihre Macht mißbrauchen. Denen, die über andere bestimmen können, fällt es oft schwer, ihren Kritikerinnen und Kritikern, ihren Gegnerinnen und Gegnern Freiheit zuzugestehen.
Vielleicht haben wir Angst davor, daß auch unsere eigene Freiheit immer mehr beschränkt wird.
Deshalb rufen wir zu dir (mit Gemeinde): Gott, erbarme dich!
Hilf uns, Gott, daß wir uns nicht in die Bilder einsperren, die wir oft voneinander haben. Hilf uns, das Anderssein unserer Mitmenschen auszuhalten. Sei bei uns mit deiner Zusage unbegrenzter Liebe, wenn wir meinen, den Wert anderer herabsetzen zu müssen. Sei bei uns und hilf uns, zu erkennen: Für dich ist jeder Mensch gleichviel wert.
Gemeinsam rufen wir zu dir (mit Gemeinde): Gott, erbarme dich!
Hilf uns, unsere eigenen Schwächen ebenso auszuhalten wie die anderer Menschen. Laß nicht die Stärke und das Sich-Durchsetzen das letzte Wort behalten, wo Menschen einander begegnen. Hilf uns auch in unseren Kirchen, uns gegenseitig zu tragen und zu ertragen. Hilf uns, das Gemeinsame und Verbindende zu sehen und zu leben.
Gemeinsam rufen wir zu dir (mit Gemeinde): Gott, erbarme dich!
Und was immer uns noch bewegen mag an Fragen, an Hoffnungen, an Ängsten, an Inhalten aller Art, wollen wir zusammenfassen in dem Gebet, das Jesus die Menschen lehrte:
Vater unser ...

Segenswort
Geht in der Zusage Gottes, daß wir freie Menschen sein sollen, getragen von seiner Liebe, in allen Fragen gehalten von seiner Nähe. Gott segne dich und behüte dich ...

Vorschlag zur Predigt

Möglicher Anfang
Streit gehört zum Leben! Das kann und darf auch in den christlichen Gemeinden nicht anders sein. Heute ebenso wenig wie in den Urgemeinden, von denen manchmal ein Idealbild gezeichnet wird. In der Apostelgeschichte heißt es ja einmal wörtlich, sie wären »ein Herz und eine Seele« gewesen. Diese Redewendung ist sprichwörtlich geworden, und sie ist

wirklich schön und ermutigend. Nur: gestimmt hat sie in der Christenheit kaum einen Tag lang.

Liebe Gemeinde, Streit gehört zum Leben. Er ist sogar ein notwendiger Lebenselixier. Sie kennen ja die Redensart: »Gewitter reinigt die Luft.« Mit der Funktion des Streites ist es ähnlich. Besser ist es, daß die Luft einmal gründlich gereinigt wird - auch wenn dabei ein kräftiger Wind uns durchpustet -, als daß wir dauernd schlechte Luft atmen, weil wir den Wind scheuen!

Streit - das ist doch wohl kaum etwas anderes als die Auseinandersetzung mit anderen. Mit Menschen, Meinungen, Vorstellungen. Das war die Situation des Paulus in der Zeit, als die christlichen Urgemeinden entstanden. Da herrschte nicht eitel Sonnenschein. Da mögen manchmal sogar die Fetzen geflogen sein, weil grundverschiedene Traditionen, Gedanken, Glaubensformen aufeinanderprallten. Der Hintergrund unseres heutigen Predigttextes kann wohl so gesehen werden: Streit, Auseinandersetzung, wahrscheinlich sogar Abbruch des Gesprächs zwischen den verschiedenen Gruppen. Es ging um die Frage, ob es vom christlichen Glauben her erlaubt sei, bestimmte Speisen zu essen, oder ob hier ein Verbot bestehe. Und ebenso stand zur Diskussion, ob der christliche Glaube es fordere - oder im Gegenteil sogar verbiete -, bestimmte Tage besonders zu beachten, etwa dadurch, daß man an ihnen fastete.

Paulus hörte von diesen Streitigkeiten. Und er antwortete auf sie im Römerbrief. Ein kleiner Ausschnitt seiner Antwort ist der heutige Predigttext. In ihm heißt es:

- Textlesung -

Zum weiteren Verlauf

Ich möchte durch Konkretionen verdeutlichen, daß es in christlichen Gemeinden Auseinandersetzungen geben kann und soll.

Beispiele dafür könnten sein:

- Die Vorstellungen der Jugendlichen (in meiner Gemeinde: Offener Jugendtreff!), wie kirchliche Arbeit in ihrem Sinne aussehen sollte, also z. B. Gottesdienste mit Rockmusik, Engagement für die »dritte Welt«.
- Frage nach Lebensvorstellungen bei Angehörigen verschiedener Generationen; Verdrängung der Auseinandersetzung mit den eigenen Eltern, mit »Autoritäten« etc. bei den Älteren in ihrer eigenen Jugend; Verdrängung der Frage nach Veränderung von Lebensumständen in zunehmendem Alter bei den (noch) Jüngeren.

  Auch politische oder »kirchliche Konflikte« (siehe das gleichnamige Buch von Ernst Käsemann!) können hier thematisiert werden: Gezänk oder Hören auf das Gegenüber, Überbewertung der eigenen Position.

Denkbar ist es auch, nach der Betonung des Streits als einer Lebensnotwendigkeit im Einstiegsteil der Predigt jetzt die im Röm 14 enthaltenen wichtigen Begriffe »Frieden«, »Gerechtigkeit« und »Freude« zu beleuchten.

Dies könnte gut vom alltäglichen Umgang mit ihnen her geschehen (z. B.

wäre es spannend, einmal herauszuarbeiten, wie sehr »Friede« oft mit »Friedhofsruhe« gleichgesetzt wird), ebenso aber auch von Definitionen bekannter Autorinnen/Autoren her, beispielsweise A. Huxley: »Friede ist erlangte Freiheit, Freiheit und zugleich Wahrheit.« (Zit. n. »Schlagfertige Definitionen. Von Aberglaube bis Zynismus«, ausgewählt von Lothar Schmidt Hamburg 1974).
In jedem Falle erscheint es mir als wichtig, in einer heutigen Predigt über bzw. mit Röm 14,17–19 zu verdeutlichen, daß auch die biblischen Antworten keine Patentrezepte sein können und wollen. In der Predigt könnte das folgendermaßen ausgedrückt werden: »Paulus konnte damals nur den Weg aufzeigen, der zur Konfliktlösung führen konnte. Den Weg gehen muß man dann schon selbst - damals wie heute. Und es mag auch ohne weiteres geschehen, daß wir unseren christlichen Glauben in großer Eigenständigkeit gehen müssen, manchmal sogar in deutlichem Widerspruch zu einzelnen biblischen Aussagen. Gott will keine Marionetten, die sich Autoritäten - gleichgültig welcher Art - blindlings und ohne ernsthaftige Auseinandersetzung mit ihnen unterwerfen.«
Hier könnte auch Platz sein für die Unterscheidung zwischen Sekten (z. B. Zeugen Jehovas: uneingeschränkte Gültigkeit mancher Regeln, z. B. Ablehnung von Blutübertragungen, auch wenn diese Ablehnung Menschenleben kosten kann) und der Volkskirche.

Möglicher Schluß
Liebe Gemeinde, Streit gehört zum Leben. Ihm aus dem Weg zu gehen, ist keine christliche Tugend. Aber der Streit, den wir als Nachfolgerinnen und Nachfolger Jesu Christi zu führen haben, ist kein Streit um seiner selbst willen. Es ist ein Streit, eine Auseinandersetzung um den besten Weg zu den Dingen, die Paulus im Reich Gottes sieht: Gerechtigkeit und Frieden und Freude in dem Heiligen Geist.
Das meint nicht: Vermeidung aller Konflikte. Das meint nicht Friede, Freude, Eierkuchen - wie gern scherzhaft gesagt wird, wobei hier eigentlich nur noch der Eierkuchen zählt, nicht mehr Friede und Freude im tieferen Sinne. Und das meint ganz gewiß keine Friedhofsruhe. Sondern ein gemeinsames Unterwegssein, getrieben vom Wunsch, daß Gerechtigkeit, Friede und Freude zwischen uns sein mögen. Wir wollen gleich ein Lied singen, dessen verschiedene Strophen zu völlig unterschiedlichen Zeiten entstanden sind - das Lied »Sonne der Gerechtigkeit«. Was auch immer in der Zeit der Entstehung der einzelnen Strophen geschehen sein mag: Dieser Wunsch nach einer Welt, in der die Kirche für Gerechtigkeit, für Frieden und Freude einsteht, blieb zu allen Zeiten. Er galt damals wie heute, und so ist es gut, wenn wir Gott, die »Sonne der Gerechtigkeit«, mit den Worten dieses Liedes bitten:
»Brich in deiner Kirche an,
daß die Welt es sehen kann.«

Kontexte

Die Geschichte »Gleichberechtigung« von Peter Spangenberg (in: Der Stein der tanzenden Fische, 4. Aufl. 1983, Gütersloher Verlagshaus, Seite 70 f.) eignet sich m. E. sehr gut als literarisch-humoristische Umsetzung der Frage nach dem Umgang mit Andersartigen. Dabei könnte der Begriff »herrscht« sinnvollerweise durch »regiert« ersetzt werden, und »Frieden« wäre m. E. auch mit »Liebe« austauschbar:
»In einem Satz wohnten zu einer bestimmten Zeit einige Wörter, ganz so, wie etwa Menschen in einer Straße wohnen. Also, in einer solchen Satzstraße wohnten etliche Wörter. Ich erinnere mich noch genau an den Satz:
›Bei uns herrscht Friede.‹ Es war ein wunderbarer Satz, und jedes Wort war glücklich, daß es zu dem ganzen Satz beitragen konnte. ›Bei‹ sagte zu den andern: ›Können wir nicht froh sein, daß wir miteinander leben?‹ Und ›uns‹ sagte zu seinen Freunden: ›Ich bin froh, daß ich alles zusammenfüge.‹ So ging es auch den übrigen, und sie bildeten eine richtige Gemeinschaft.
Eines Tages kamen zwei neue Wörter; sie kamen von weit her und hießen ›for ever‹.
›Igittegitt‹, sagten die Einheimischen, ›das sind ja fremde Wörter, das sind ja reineweg Fremdwörter.‹
›Die riechen schon so komisch‹, sagte ›Frieden‹,
›Die sehen auch so anders aus‹, sagte ›bei‹.
›Die können wir nicht brauchen!‹ sagte ›uns‹.
›Wir müssen sie höflich, aber bestimmt verabschieden‹, meinte ›herrscht‹.
So taten sie sich zusammen und versuchten den beide Fremden klarzumachen, daß sie hier nichts zu suchen hätten. ›Wissen Sie, bei uns ist jede Stelle im Satz besetzt. Und außerdem kann Sie ja niemand verstehen. Und schließlich und überhaupt haben Fremdwörter hier nun wirklich nichts zu suchen. Verstehen Sie bitte recht, es ist kein böser Wille, aber …‹
Und während sie noch so scheinheilig argumentierten und dabei ihre Plätze verließen, huschten andere Wörter an ihre Stelle: In die Wohnung von ›bei‹ zog ›Gegen‹, in das Appartment von ›uns‹ zog ›alle‹, in das Zimmer von ›herrscht‹ zog sein Großvater ›wütet‹, und in das Haus von ›Frieden‹ hielt ›Haß‹ Einzug. Ehe sich die Einheimischen richtig besinnen konnten, war aus ihrer Satzstraße eine fürchterliche Fratze geworden: ›Gegen alle wütet Haß!‹ Da weinten sie und erkannten, wie schön es gewesen wäre, wenn sie die Fremdwörter aufgenommen hätten: ›Bei uns herrscht Frieden, for ever!‹ Nun war es zu spät, und seit diesem Ereignis wohnen sie nur noch zur Untermiete, jederzeit kündbar.«

»Christ und Welt«

Dem Christen ist, wie mancher glaubt,
im Leben beinah nichts erlaubt.
Er soll nur immer still und brav sein,
soll so geduldig wie ein Schaf sein,
darf niemals ein Vergnügen haben,
soll jede Form von Lust begraben;
er soll sich keine Freude gönnen,
nur Anstand, Zucht und Ordnung kennen.
Und immerzu ruft er: »Fatal –
die Welt ist voller Unmoral!«
(Verfasser unbekannt)

Adresse an einen »rechtgläubigen« Theologen

Du predigst gern, daß diese Welt verdammt ist,
verworfen, fehlgeleitet, voller Schuld.
Du predigst gern, daß Gottes Zorn entflammt ist -
verspielt sei durch die Ketzer seine Huld.
Doch schon allein, daß du so lang im Amt bist,
zeigt auf: Gott hat erstaunlich viel Geduld.
Ulrich Tietze

19. Sonntag nach Trinitatis

Annäherungen an den Predigttext
Brief an die Gemeinde in Ephesus 4,22-32

Klaus Reblin

Ich habe den Predigttext Epheser 4.22-32 in voller Länge bei einem monatlichen Treffen »meines« Hauskreises, bestehend überwiegend aus Ehepaaren, zur Diskussion gestellt. Der Kreis trifft sich seit zehn Jahren regelmäßig »rundherum in den Häusern«. Die Mitglieder, zwischen 50 und 60 Jahre alt, haben alle einen akademischen Beruf: zwei sind Rechtsanwälte, zwei sind Lehrerinnen, zwei Journalisten (»Die Woche« und »Der Spiegel«), einer ist Verwaltungsjurist, einer Getreidekaufmann, einer Erwachsenenbildner in der Ölbranche, eine ist Malerin, und schließlich haben wir zwei Kunststudentinnen unter uns, die, nachdem die Kinder aus dem Hause sind, noch einmal etwas für sich selbst tun wollten.
Wir haben keinen vollen Abend auf den Text verwandt, da die Runde ein langfristig geplantes Programm hat. Aber mir zuliebe wollte man den Text zumindest andiskutieren. Ich, der ich den Kreis in der Regel »moderiere« und gegebenenfalls auch behutsam steuere, habe in diesem Fall dem Gespräch ohne jeden Eingriff freien Lauf gelassen. Hier das Ergebnis:

1. Die Gruppe war überhaupt nicht interessiert an den konkreten Paränesen des Textes: Legt die Lüge ab - stehlt nicht, arbeitet lieber - hütet euch vor faulem Geschwätz. Sie empfand sie als »schreckliche Moralpredigt«. Man sei ohnehin schon die ganze Woche unter moralischem Druck, umstellt von hunderterlei Maximen und Imperativen, da wolle man - wenn überhaupt - zumindest am Sonntag etwas anderes hören.

2. Wirklich zur Sache dagegen ging die Gruppe bei dem einleitenden Bild vom Ablegen des alten und vom Anziehen des neuen Menschen, wiewohl die Grundhaltung gegenüber dem Text auch hier kritisch war. »Keiner kann aus seiner Haut« - das war die erste, durchgängige Reaktion. »Niemand kann über den eigenen Schatten springen.« Eine sehr selbstbewußte Lehrerin, eine Powerfrau, wie sie im Buche steht, setzte dieser Reaktion noch das i-Tüpfelchen auf: »Ich will mich auch gar nicht ändern, ich will so bleiben, wie ich bin, ich finde mich gut.« Und sie findet darin - freilich auf ganz andere Weise - Unterstützung bei der Malerin: »Für mich ist die Forde-

rung, einen neuen Menschen anzuziehen, eine Überforderung, die mir mehr zutraut als ich mir selbst zutraue.« Freilich, in dieser Bemerkung steckt schon ein bißchen Melancholie, vielleicht auch ein bißchen Sehnsucht, denn, so meint die Frau, die Aufforderung sei doch »zu schön, um wahr zu sein«. Ihre melancholische Skepsis belegt die in Holland aufgewachsene, streng reformiert erzogene Frau - sie hat eine Bibelkenntnis, bei der selbst ich neidisch werde - mit dem Hinweis, selbst Gott habe schon nach der Sintflut die Hoffnung aufgegeben, als er sagte, »das Dichten und Trachten des menschlichen Herzens sei böse von Jugend auf« (Gen 8).

3. Dann schalten sich die Juristen ein. Sie erinnern an die augenblickliche Hamburger Diskussion über die sogenannten »Crash-kids«, Jugendliche, die ein Auto nach dem anderen knacken, immer wieder von der Polizei gefaßt werden, aber gleich darauf wieder auf freien Fuß kommen, nur um das nächste Fahrzeug zu entwenden. Da gibt es einen siebzehnjährigen Dennis, der mit seiner zwanzigjährigen Freundin schon seit vier Jahren die Szene beherrscht und allein in einem Monat zwei Dutzend Autos stahl und einmal sogar einen schweren Unfall verursachte, bei dem ein fünfzehnjähriger Komplize ums Leben kam. Der Jugendrichter, der Meinung, der Junge habe genügend Chancen gehabt, er werde sich kaum ändern, jedenfalls gebe es keine Anzeichen dafür, fordert harte Maßnahmen. Die Jugendbehörde dagegen will ihm auch jetzt noch Chancen einräumen. Sie hat ihn in der Vergangenheit schon des öfteren zusammen mit einem Sozialpädagogen nach Finnland und Brasilien geschickt und plant jetzt einen Aufenthalt in Nepal. Inzwischen ist der Junge inhaftiert - der Richter hat sich durchgesetzt. Die Frage der beiden Anwälte aus unserem Kreis: Wie steht es mit der Fähigkeit des Menschen, sich wirklich zu ändern? Und wie verhalten sich Realitätssinn und Hoffnung? Eine der Studentinnen: »Wenn es um grundsätzliche Änderung geht, ist es mit dem bloßen Willen nicht getan.«

4. Ein Gruppenmitglied hat während des Gesprächs geschwiegen: die andere Studentin. Sie ist geschieden, war früher alkoholabhängig, ist aber jetzt seit fünf Jahren »trocken«. Sie ist ziemlich neu in der Gruppe. Als wir nach Hause gehen, sagt sie beim Verabschieden unten am Auto zu mir: »Wissen Sie, wenn man nicht ganz neu werden könnte, wäre ich heute nicht mehr.«

Zum Gottesdienst

Barbara Heller

Exegetisch-homiletische Skizze

Die Abgrenzung der gewählten Perikope erweist sich als problematisch. Im griechischen Text bilden die Verse 20 und 21 mit den folgenden einen einzigen Satz, so daß zu überlegen ist, ob sie auch im Deutschen zumindest mitzulesen wären.
Die Verse 22 bis 24 verwenden eindrücklich das Bild vom »Ablegen« des alten und »Anziehen« des neuen Menschen und erinnern damit an den frühchristlichen Taufritus: das Ablegen der alten Kleider, das Untertauchen und »Untergehen« des alten Menschen, das Auftauchen und »Wiedergeborenwerden« des neuen Menschen, das Anziehen der neuen Taufkleider.
In den folgenden Versen wird in Einzelermahnungen das »neue Leben« umrissen, an das die einst Getauften sich erinnern, das sie führen sollen.
Das eindrückliche und ursprünglich anschauliche Bild vom Anziehen einer neuen Identität dürfte heute einige Schwierigkeiten bereiten. Auch spätere »Einkleidungen« in weltliche oder geistliche Ämter sind eher historische Reminiszensen. Wo wäre heute erfahrbar, daß mit dem Kleiderwechsel ein Existenz- und Identitätswechsel vollzogen wird? In einer Zeit, in der es zwar unterschiedliche Moden, nicht mehr aber z. B. eine ständische Kleiderordnung gibt, die nach Stand, Geschlecht und Alter bestimmte Kleidung vorschreibt und die so Gekleideten gleichzeitig identifizierbar macht. Auch im Märchen geschieht eine Identifikation über ein bestimmtes Kleid (Aschenputtel, Gänsemagd, Allerleirauh). Das Kleid oder der Schuh weist »die Richtige«, die wahre Prinzessin aus, - ohne das Kleid verliert sie ihre königliche Würde und wird zur armen Magd, die von den anderen herumgestoßen wird.
Während wir die Zuordnung zu einer bestimmten Sphäre durch »Einkleidung« nur auf die eine oder andere Weise »vermittelt« kennen, eben durch historische oder fiktive Erzählungen und Darstellungen, dient Kleidung nach der alltäglichen Erfahrung eher dem individuellen Selbstausdruck. Allerdings kann auch die Suche nach dem Kleid, das zu mir paßt, sehr existentiell verstanden werden, - davon lebt die Modebranche. Die Wahl und Entscheidung liegt dabei aber bei der/dem einzelnen.
All dies könnte für ein heutiges Verständnis des Textes eine Schwierigkeit darstellen. Nicht mehr eine Einkleidung im Sinne einer Zueignung wird assoziiert, sondern vielmehr die individuelle Veränderungsfähigkeit und -bereitschaft.
Das zeigt auch die Diskussion der »Annäherungen«, in der die Fähigkeit des/der einzelnen zur Veränderung oder gar zur Besserung zur zentralen Frage wird.

Zur Liturgie

Psalm
Psalm 147,1; 2–7

Aufforderung zu Bittruf und Lobpreis
Oft fühlen wir uns zerschlagen und krank.
Unser Herz ist unruhig und unsere Seele verletzt.
Gott kann heilen.
Zu ihm rufen wir: ...

Gottes Wort macht uns gesund. Er spricht:
»Ihre Wege habe ich gesehen, aber ich will sie heilen
und sie leiten und ihnen wieder Trost geben.«
Wir vertrauen darauf und singen: ...

Lesung
Mk 2,1–12 Heilung eines Gelähmten

Fürbittengebet
Gott mit deiner heilenden Kraft,
du kannst Schwerhörigen die Ohren öffnen.
Wir bitten dich: Öffne uns die Ohren,
daß wir hören, was du uns sagen willst,
deine Zusagen und deine Weisungen,
dein Wort im Munde deiner Boten
und die Stimme unseres Gewissens.
Wir rufen: ...

Du kannst Verblendeten die Augen auftun.
Wir bitten dich: Tue uns die Augen auf,
daß wir die Welt sehen, wie sie ist,
das Schöne und das Schreckliche,
unsere Möglichkeiten und unsere Grenzen,
was wir verderben und was du wieder gut machst.
Wir rufen: ...

Du kannst harte Herzen erweichen.
Wir bitten dich: Erweiche unsere Herzen,
daß wir die Not des Nächsten wahrnehmen
und anderen ihr Glück nicht neiden,
daß wir froh sind mit den Fröhlichen
und mit den Weinenden weinen.
Wir rufen: ...

Du kannst Verstummten die Zunge lösen.
Wir bitten dich: Löse unsere Zungen,

daß wir, auch wenn es schwerfällt, die Wahrheit sagen,
Worte finden, die Hoffnung wecken,
freimütig unseren Glauben bekennen
und dein Lob singen in der Gemeinde.
Wir rufen: ...

Du kannst müde Hände stärken,
Wir bitten dich: Stärke unsere Hände,
daß wir tätig bleiben in deinem Dienst,
ohne Seufzen unserer Arbeit nachgehen,
Ungeliebten Liebe erweisen
und unser Leben mit anderen teilen.
Wir rufen: ...

Für uns und andere bitten wir dich:
Heile du uns, Gott, so werden wir heil;
hilf du uns, so ist uns geholfen.

(nach: Liturgische Texte aus: Agende II der Evangelischen Kirche von Kurhessen-Waldeck)

Lieder
Nun laßt uns Gott dem Herren Dank sagen, EG 320
Erneure mich o ewigs Licht, EG 390
Brunn alles Heils, EG 140
Ich bin getauft auf deinen Namen, EG 200

Vorschläge zur Predigt

Möglicher Anfang
Ein seltsames Bild vom »Ablegen« des alten Menschen und vom »Anziehen« des neuen Menschen. Da steckt noch mehr drin als die Assoziation »Modenschau«. Ausgehkleidung, Berufskleidung, Uniform, Verkleidung ...? Was ist gemeint?
Das Fernsehen wiederholte kürzlich »Charly's Tante« - die Komödie vom Mann in Frauenkleidern und von den amüsanten Verwicklungen, die das mit sich bringt. Das Motiv ist beliebt: der Kinofilm »Tootsie« ist eine Neuauflage; ein arbeitsloser Schauspieler hofft, als Frau ein Engagement zu bekommen. Oder »Mrs. Doubtfire« - ein als Gouvernante verkleideter geschiedener Vater sorgt für seine Kinder. Und umgekehrt: In »Yentl« schlüpft ein jüdisches Mädchen in Männerkleider, um zur Schule gehen zu können. Die Älteren erinnern sich noch an »Gustav Adolf's Page«. Die Verwandlung ist stets verblüffend: Da wird jemand geschminkt, bekommt eine Perücke, wahlweise Hosen oder ein schickes Kleid angezogen und schon ist er oder sie jemand anders. Aus dem Mann ist eine Frau geworden und umgekehrt.

Zunächst erbringt das auch wirklich die erhofften Erfolge. Der oder die Verwandelte macht erstaunliche Erfahrungen. Menschen schütten ihm ihr Herz aus. Er ist als Ratgeber oder Freundin gefragt. Als Frau darf der Mann sich traurig oder freudig zeigen und anderen zärtliche Zuneigung bekunden, was ihm als Mann verwehrt zu sein schien.
Und der Zuschauer darf mitträumen: Wer wäre nicht gern einmal ein ganz anderer Mensch und möchte sein Leben noch einmal ganz neu und anders beginnen? Traumhaft wäre es, könnte man durch eine wunderbare Wandlung alle Unzulänglichkeiten und Fehler, alle ungeliebten Eigenschaften und Charakterschwächen hinter sich lassen. »Ein anderer Mensch sein! Ja, wer wäre es nicht gern?«
– Aber bevor einen die Resignation einholt, kommt es im Film zu verzwickten und komischen Situationen, die es dem Schauspieler immer dringlicher werden lassen, sich schleunigst zurückzuverwandeln. Das Happy-End bleibt nicht aus, und man ist damit zufrieden, daß nun doch wieder alles beim Alten ist.
»Ein anderer Mensch sein! Ja, wer wäre es nicht gern?«
Aber hat denn die Vorstellung nicht auch Erschreckendes an sich, man wäre plötzlich ein ganz neuer, anderer Mensch? »Ich bin doch auch wer! Nicht besser, aber auch nicht schlechter als andere.«

Mögliche Fortsetzung
Warum also sollen wir »den alten Mensch ablegen« und wieder »den neuen Mensch anziehen«, wie es der Predigttext fordert? Hier geht es ja sicher nicht um eine Maskerade oder Mummenschanz. Ein radikaler Bruch ist gemeint.
Der Epheser-Brief begründet die Notwendigkeit dieses Bruchs, indem er den alten und den neuen Menschen charakterisiert: »Legt von euch ab den alten Menschen mit seinem vorigen Wandel, der durch trügerische Lüsten sich verderbt.« Diese Formulierungen scheinen den alten Menschen vornehmlich bei seinem unsoliden Lebenswandel zu behaften. Aber es steckt mehr hinter diesen Worten. »Der durch seine trügerischen Lüsten sich verderbt«, heißt: der dem Verderben preisgegeben ist, durch ein Verlangen, das trügt, das ihn enttäuscht. Salopp ausgedrückt: Der alte Mensch ist auf dem Holzweg. Er jagt einer Fata Morgana nach, erschöpft sich bei seiner sinnlosen Jagd und geht jämmerlich zugrunde.
Über den neuen Menschen wird gesagt, er sei »nach Gott geschaffen in rechtschaffender Gerechtigkeit und Heiligkeit«. Und auch dieser neue Mensch ist mehr als einfach ein rechtschaffender Bürger. Wie zum Beispiel »traurig« bedeutet »voll Trauer sein«, so meint »heilig« »voll des Heils«. Und Heil ist das Gegenteil von kaputt und beschädigt. Wer würde sich nicht wünschen, ganz heil zu sein?
Der neue Mensch ist nach Gott geschaffen, nach Gottes Bild und zu Gottes Gegenüber, zum Leben mit Gott. Rechtschaffende Gerechtigkeit und

Heiligkeit meint ein Leben, das Gott recht ist und gerade darin dem Menschen zutiefst entspricht, weil es ihn nicht kaputt macht, sondern heil sein läßt.
Wenn ich mir diese Gegenüberstellung des alten Menschen, der zugrunde geht, und des neuen Menschen, der leben kann, vor Augen halte, dann leuchtet mir die Notwendigkeit ein, diesen alten Menschen abzulegen und den neuen Menschen anzuziehen.
Wie aber sollte diese Erneuerung vonstatten gehen?
Es fällt auf, daß vom neuen Menschen gesagt wird, daß er nach Gott geschaffen ist in Gerechtigkeit und Heiligkeit. Diese Formulierung weist den Leser oder Hörer zurück in die Vergangenheit. Die Aufforderungen, den alten Menschen abzulegen und den neuen Menschen anzuziehen, waren damals der urchristlichen Taufliturgie entnommen. Es wurden fast ausschließlich Erwachsene getauft. So fühlte sich jeder der damaligen Leser an seine eigene Taufe erinnert. Es war gesagt worden, daß mit dem Eintauchen ins Wasser sein alter Mensch gestorben und mit dem Auftauchen aus dem Wasser der neue Mensch erstanden sei. So wurde den Christen verkündigt, daß sie nach der Taufe Anteil bekämen am Sterben und am Auferstehen Christi. Auf dieses Geschehen hin werden sie jetzt angesprochen.
Auch wir wurden getauft. Die meisten von uns wohl als Säuglinge. So kann logischerweise an unsere Taufe keine Erinnerung anknüpfen. Aber später, bei der Konfirmation, da haben wir uns mit dem Glaubensbekenntnis bekannt. Und wir wurden gefragt: »Wollt ihr durch die Gnade Gottes in diesem Glauben bleiben und wachsen, so bezeugt das vor Gott und der Gemeinde und sprecht: Ja, durch Gottes Gnade.«
An diesem Punkt treffen wir uns mit den Ephesern. Wir alle werden erinnert: Wißt ihr nicht mehr, daß ihr diesen Glauben bekannt habt? Ihr habt den neuen Menschen angezogen, wolltet Menschen sein, die im Glauben vor Gott leben. Ihr habt den alten Menschen abgelegt. Wie steht es damit? Wenn ihr müde geworden seid, vergessen habt, so erneuert euch.
Was wäre, wenn wir diesen Mut hätten - den Glauben so ernst nähmen, wie vielleicht bei unserer Konfirmation? Wir sind dazu aufgefordert, ja herausgefordert. Wir haben es ja schon einmal öffentlich bekundet, daß wir daran glauben, daß es möglich ist und wir es uns persönlich vornehmen, im Glauben ein Leben im Sinn Gottes zu führen. Und das heißt nichts anderes, als ein neuer Mensch zu leben.

Mögliche Fortsetzung
Der Epheserbrief läßt uns dabei nicht allein. Er betont, daß sich menschliches Leben immer in Gemeinschaft vollzieht. Wir werden darauf angesprochen, daß wir auch als neue Menschen zusammenleben und zu dieser Gemeinschaft als Erneuerte beitragen sollen. Der Briefschreiber hat sich genau angesehen, was dem Zusammenleben dienlich und was ihm schäd-

lich ist, wie wir miteinander umgehen und als neue Menschen umgehen sollten.

»Legt die Lüge ab und redet die Wahrheit. Ein jeglicher mit seinem Nächsten, weil wir untereinander Glieder sind.« – Wir hängen voneinander ab, können uns das Leben gegenseitig vergellen oder es uns leichter machen. Die Lüge will den anderen irreführen, ihm etwas vorspiegeln.

– Zum Wesen des Zusammenlebens der neuen Menschen gehört das Offensein füreinander.

»Zürnt ihr, so sündigt nicht, laßt die Sonne nicht über euren Zorn untergehen und gebt nicht Raum dem Teufel.«

– Die Warnung vor dem Zorn spielt eine große Rolle. Es wird gesagt, daß wir im Zorn dem Teufel Raum geben. Wir sind also in Gefahr. Deshalb die Mahnung, daß die Sonne nicht über unseren Zorn untergehen sollte. Wer im Zorn sich zum Schlafen niederlegt, kann böse Träume bekommen. Die bösen Gedanken, die sich über den vermeintlichen Gegner gedacht werden, vergiften den Zornigen selbst.

So muß gemeinsames Leben kaputtgehen. Deshalb der eindringliche Wunsch: Wo auch immer ihr euch gerade in so einer Zorngeschichte befindet, brecht sie ab. Und dazu der Rat: Versöhnt euch noch an diesem Tag. Laßt die Sonne über eurem Zorn nicht untergehen. So kann unser gemeinsames Leben neu und heil werden.

»Wer gestohlen hat, der stehle nicht mehr, sondern arbeite und schaffe mit seinen Händen etwas Gutes, auf daß er habe zu geben den Bedürftigen.« – Hier fühlen wir uns vielleicht nicht so angesprochen. Zornig waren wir schließlich alle schon. Aber wer möchte sich als Dieb ansprechen lassen? Geht diese Aufforderung also nur »Kriminelle« an?

Und wie ist es mit unserer Arbeit, dem von uns erwirtschafteten Gut, dem Bankkonto, dem eigenen Haus? Gehört es uns etwa nicht zu Recht, daß wir gleich aufgefordert werden, mit unserem Geld die Bedürftigkeit anderer zu stillen?

Es wird nach unserem Verhältnis zum Eigentum und zu anderen Menschen gefragt. Das Eigentum kann so ein »Holzweg« sein, den der alte Mensch einschlägt. Und viele Wegweiser deuten uns in die Richtung. Die Werbung hat einen festen Platz im Fernsehen, Rundfunk und Zeitung. Da wird uns gesagt, was wir brauchen, um lebenswert zu leben und daß es nötig ist, Sicherheiten zu haben. Garantien werden versprochen, – und wer möchte nicht gern gleich eine Lebensgarantie haben? Andere Menschen werden zu Konkurrenten. Im harten Kampf streitet jeder für seinen »Platz an der Sonne«. – So soll es zwischen den neuen Menschen nicht mehr sein. Die neuen Menschen haben Verantwortung füreinander.

Das soll auch darin zum Ausdruck kommen, wie und was wir miteinander reden. »Lasset kein faul Geschwätz aus eurem Munde gehen, sondern was gut ist und das Nötige fordert, das redet, auf das es Segen bringe denen, die es hören.« – Dazu muß man gar nicht viel sagen. Ich finde den Gedanken sehr schön, einmal zu überlegen, was von dem, was ich sage, gut und das Nötige fordert. Wir freuen uns ja alle darüber, wenn uns jemand ein gutes Wort gibt. - Und hier wird unseren Worten eine große Bedeutung und Macht zugemessen, wenn gesagt wird, daß unser Reden denen Segen bringen kann, die es hören.

Möglicher Schluß
Wir sind aufgerufen, als solche neuen Menschen miteinander zu leben. Als Menschen, die miteinander die Wahrheit reden, die bereit sind, sich miteinander zu versöhnen und füreinander mit Tat und Wort Sorge zu tragen. Wir müssen daran erinnert werden, weil wir es offensichtlich immer wieder vergessen. In diesem Vergessen werden wir auch hin und wieder schuldig aneinander, wenn wir uns gegenseitig die Gemeinschaft der neuen Menschen versagen und schuldig an Gott, wenn wir ihm den Glauben und das Leben der neuen Menschen nach seinem Willen versagen. Wir sind darauf angewiesen, daß wir uns gegenseitig vergeben und daß Gott uns in Christus schon vergeben hat und wieder vergeben will.
Das weiß auch der Epheserbrief, wenn er uns mit der tröstlichen Mahnung entläßt: »Seid aber miteinander freundlich, herzlich und vergebt einer dem anderen, gleich wie Gott euch vergeben hat in Jesus Christus.«

Kontexte

Wenn mein Vater die Farbe seines Anzuges oder seine Tabaksorte wechselte (denn er trug seinen Tabak wie seine Kleidung), so konnte das bei seinen Kindern größte Bestürzung hervorrufen. Während der Wirtschaftskrise war der Anzug meines Vaters grau, und ich erinnere mich noch gut, daß ich stundenlang die Thames Street auf und ab lief, um ein Geschäft zu finden, das eine Spule grauen Zwirn vorrätig hatte, der zum Stoff von Dads Anzug paßte. Als er nach der Wirtschaftskrise zu Marineblau überwechselte, brachte uns das ebenso aus der Fassung wie damals, als Mutter sich die Haare abschneiden oder sich ein falsches Gebiß einsetzen ließ. In einem Leben, in dem die Menschen nur wenige Kleidungsstücke besaßen und ein Mann nur einen einzigen Anzug und einen einzigen Mantel hatte, war die Kleidung Teil seiner Haut, wie das Fell eines Tieres.
Janet Frame, Ein Engel an meiner Tafel, München 1994/3. Aufl., Seite 185 f.

Und sie zogen mir das Strahlenkleid aus,
Das sie in ihrer Liebe mir gemacht hatten,
Und meine scharlachfarbene Toga,
Die meiner Gestalt angemessen gewebt war,
Und machten mit mir einen Vertrag
Und schrieben ihn mir in mein Herz, daß ich ihn nicht vergessen sollte:
»Wenn du nach Ägypten hinabsteigst
Und die eine Perle bringst,
Die im Meere ist,
Das der schnaubende Drachen umringt,

Sollst du dein Strahlenkleid wieder anziehen
Und deine Toga, die darüber liegt,
Und mit deinem Bruder, unserm Zweiten,
Erbe in unserem Reiche werden.«
(Perlenlied in den Thomasakten, in: Hennecke-Schneemelcher, Neutestamentliche Apokryphen, Band II, J.C.B. Mohr (Paul Siebeck) Tübingen)

20. Sonntag nach Trinitatis

Annäherungen an den Predigttext
1. Brief an die Gemeinde in Thessalonich 4,1–8

Gert Hartmann

Die Gruppe, der ich den Text vorgelegt habe: Drei Frauen und vier Männer (drei Ehepaare), 55–60 Jahre alt. Ich kenne sie aus dem Kirchenvorstand und dem Männerkreis der Herborner Kirchengemeinde und bin z. T. mit ihnen befreundet.

Ich bat die Beteiligten, sich zunächst unmittebar nach dem Hören des Textes spontan Notizen zu machen.

Dazu drei Leitfragen:

1. Was geht Ihnen beim Hören des Textes zuerst durch den Kopf?
2. Welche weiteren Gedanken stellen sich ein?
   (nach einiger Zeit:)
3. Was wünschen Sie sich nun von der Predigt?

Die Antworten auf die dritte Frage enthielten meistens allgemeine homiletische Tips (›möglichst aktuelle Beispiele bringen‹, ›der erste Satz muß sitzen‹ u. ä.)

Deshalb zitiere ich die Antworten auf die beiden ersten Fragen und füge die Reaktion auf die dritte Frage nur in den beiden Fällen an, in denen ein pesönlicher Wunsch ausgedrückt wurde:

- Herr A: Tja, die Zeiten gleichen sich. Es ist eine Ermahnung, eine Richtschnur für die Gemeinde, die paßt überall hin.
- Frau B: Ich wollte nicht Paulus sein und so etwas so direkt sagen müssen. Ich lasse es mir auch selbst nicht gern sagen. Der will mir an's Leder. Wunsch: Das Unbehagen muß aufgegriffen werden, ich finde den Text ja selbst gut und vernünftig.
- Frau C: Ich habe mich gleich über die typische Anrede ›liebe Brüder‹ geärgert. Die schließt mich aus. Deshalb habe ich vom weiteren nicht viel mitgekriegt.
- Herr C: Das ist die Anklage menschlicher Unzulänglichkeiten und die Forderung nach einem idealen Zusammenleben. Da spürt man, daß man den eigenen Ansprüchen nicht gerecht wird. Man fühlt sich fremdbestimmt.

- Frau D: Es war damals wie heute. Vorschriften müssen sein. Ich brauche eine Richtung.
- Herr D: Da ist von ›Reinheit‹ und ›Heiligkeit‹ die Rede. Wenn ich das heute höre, denke ich an die ganz Frommen. Dann bin ich sehr vorsichtig.
  Wunsch: Bitte keine ausführliche Darstellung aller Unzulänglichkeiten in der Gemeinde, sondern wirkliche Probleme aufzeigen, nur das kann mich persönlich erreichen. Ich haue normalerweise keinen übers Ohr.

Als vorläufiges Ergebnis stellten wir fest: Zwei Beteiligte hatten uneingeschränkt zugestimmt: ›eine gute Richtschnur‹. Die anderen hatten auf subtile, noch zu klärende Weise zwiespältige Empfindungen. Nur einer hatte auf die Stichworte ›Reinheit‹ und ›Heiligkeit‹ reagiert, die anderen dachten eher an bürgerliche Moral. Niemand hatte vorwiegend an andere gedacht nach dem Motto: ›Denen muß es mal gesagt werden‹ (was ich nicht erwartet, aber für möglich gehalten hatte).

Einige Ausschnitte aus dem anschließenden Gespräch:
- Das Nachdenken über den Zwiespalt von Herrn C (eigene Ansprüche – fremdbestimmt) führte zu der Frage: Wann lasse ich mir von wem etwas sagen? – Manchmal wirkt die Bekräftigung moralischer Ansprüche als Vergewisserung eigenen Bestrebens, manchmal als Aufdeckung eigener Unzulänglichkeit. Das hängt u. a. davon ab, wer uns damit konfrontiert.
- Frau C wünschte eine zweite Lektüre des Textes und fragte dann: Gab es damals in der Gemeinde besondere Probleme?
  Ich: Davon läßt der Brief nichts erkennen. Im Gegenteil, Paulus lobt die Gemeinde und bestätigt sie auch im vorliegenden Text (›was ihr ja auch tut‹, V. 1). Das gilt doch auch für Euch. Wie ich Euch kenne, liegt euch weder am häufigen Partnerwechsel, noch seid Ihr Betrüger. Was regt Euch also auf?
  Darauf Frau B, die einen ähnlichen Zwiespalt empfunden hatte wie Herr C (will nicht Paulus sein – findet es gut): Jetzt fällt mir was ein: Wir haben doch auch gelernt, daß wir nicht Moral predigen sollen (70er Jahre)!
  Ich: Also legen Sie einerseits auf moralische Maßstäbe für sich und andere Wert, zugleich sagt Ihnen ein anderes Gebot: Bleib mir weg mit Moral!
  Es folgte ein Gedankenaustausch über den zusätzlich verwirrenden Sachverhalt: Nicht nur, daß moralische Appelle zugleich überzeugen und entlarven, Zustimmung und Unbehagen auslösen; hinzu kommt der Einfluß der 70er Jahre mit seinem anti-autoritären, Moralismus diskriminierenden, Impulsen (die ihrerseits als moralische Appelle daherkommen).
- Frau C, die die exklusive Anrede (Brüder) verständlicherweise kränkend gefunden hatte, wies ich darauf hin, daß Paulus immerhin die Männer verpflichtet, ihren Frauen ›in Heiligkeit und Ehrerbietung‹ zu begegnen.

Tut dir nicht wenigstens das gut? – Wir sind keine Heiligen, war die Antwort. Hier war also ein Reizwort an die Stelle eines anderen getreten. Ich versuchte zu erklären, daß ›Heiligkeit‹ weniger moralische Vollkommenheit meine, sondern eher eine unbedingt zu achtende, von Gott verliehene Würde.
Zum Thema ›Heiligkeit‹ habe gab es dann einen aufschlußreichen Gesprächsgang mit Herrn D (selbständiger Handwerksmeister), der schon zu Anfang auf dieses Stichwort reagiert hatte. Er sagte sinngemäß: Er sei eben nicht heilig und werde es nie werden, und die besonders Frommen seien ihm höchst verdächtig. Darauf ich: Einerseits ist also Heiligkeit für dich ein hohes Ideal, das du erreichen willst und nicht kannst. Andererseits fallen dir dabei gleich Leute ein, mit denen du nicht verwechselt werden willst. Das muß einen ja verrückt machen. (Es gelang allerdings nicht, diesen psychisch und spirituell destruktiven Mechanismus durchschaubar zu machen.) Er erzählte daraufhin von einem ›heiligen‹ Kollegen, dem in Geldangelegenheiten nie zu trauen sei. Darauf ich: Jetzt redest du über den wie Paulus von den Leuten, die auch er verächtlich findet. Er sprach daraufhin mit Hochachtung von einem anderen Kollegen, der immer eine Bibel auf der Werkbank liegen hat und sich mit ihr in kritischen Situationen zurückzieht – was nun seine Frau abwegig fand: Das will ich bei dir aber nicht haben!

- Als die Verwirrung gegen Ende immer größer wurde, versuchte ich eine theologische Deutung und sagte sinngemäß: Paulus hat es gut mit den Leuten gemeint und sie auch keineswegs beschimpft. Später aber hat er selbst beschrieben, daß es so nicht funktioniert. Was er in Röm 7 beschreibt, hat er mit seinen wohlmeinenden Ermahnungen auch hier unter uns angerichtet: ›Das Gute, das ich will, tue ich nicht, usw.‹ Moralpredigten bewirken also wenig Gutes. Darauf Frau C: Willst du etwa die Moral abschaffen? Ich: Nein. Nur leider führt eine Moralpredigt nicht zur Moral. Sie verwirrt eher, wie ihr selbst hier seht.

Fazit: Die Reaktionen auf den Text und der Gesprächsverlauf gaben mir ein anschauliches Beispiel für das, was Luther sekundus usus legis (usus elenchticus) nennt: Das Gesetz überführt uns, macht uns unserer Unzulänglichkeit bewußt, gerade wenn es – wie im 1. Thess – maßvoll und überzeugend bekräftigt wird. Heilsame Wirkung (im Sinne des tertius usus) kann es wohl nur haben, wenn vorher von Heiligkeit als uns schon gegebener, nicht erst zu erlangender Würde geredet worden war.
Deshalb wiederhole ich als Empfehlung an die PredigerInnen den Wunsch, den Frau B schon zu Anfang formuliert hatte: Das Unbehagen muß aufgegriffen werden, ich finde den Text ja selber gut und vernünftig.

Zum Gottesdienst

Christian Kollath

Exegetisch-homiletische Skizze

Unter den Exegeten herrscht weitgehende Übereinstimmung: Wir haben es mit einem echten Paulusbrief zu tun, den er relativ bald nach Gründung dieser vorwiegend heidenchristlichen Gemeinde schrieb. Timotheus hatte Paulus Befürchtungen aus der Gemeinde überbracht, die die junge Gemeinde verunsicherten. Im Vordergrund stand die Frage, ob diejenigen, die nun schon verstorben waren, überhaupt Anteil an dem Heil der bald erwarteten Endzeit hätten. Bei dem hier vorliegenden Predigttext handelt es sich allerdings um einen paränetischen Abschnitt. Dazu schreibt E. Lohse: »Die Paränese der paulinischen Briefe nimmt in manchen Abschnitten traditionelles Gut auf: alttestamentlich-jüdische Spruchweisheit, Sätze aus der kynisch-stoischen Popularphilosophie, Herrenworte, urchristliche Lebensregeln und katechismusartige Zusammenhänge (so 1. Thess 4,1–12 ...). Dabei wird kein Programm zur Umgestaltung der Welt entfaltet, sondern es werden Anweisungen zum rechten Umgang mit den Mitmenschen gegeben.« (E. Lohse: Grundriß der neutestamentlichen Theologie. Kohlhammer 1974. Seite 99) Schon die Form der Paränese ist eine Sache für sich und eine Predigt wert, wie auch die »Annäherungen an den Predigttext« zeigen. Die erste und spontane Reaktion der Zuhörer gilt dem Stilmittel »Ermahnung«. Selbst wenn man daraus nicht eigens eine Predigt macht, so muß doch in irgend einer Weise darauf eingegangen werden.
Ausgehend von diesen Vorüberlegungen halte ich folgende Zugänge zu einer Predigt für sinnvoll:

a) zum Stichwort Ermahnung
Es gibt genügend Anlässe zu mahnen – aber unter welchen Umständen sind Ermahnungen fruchtbar? Ich kann mir eine Predigt vorstellen, in der Ermahnungen an sich – von dieser Paulus-Stelle ausgehend – problematisiert werden. Wann greife ich zu Ermahnungen? Wen ermahne ich? Unter welchen Umständen sind Ermahnungen wirksam, wann verpuffen sie, und wann kann ich mit Protest rechnen? »Fahr' vorsichtig, gerade jetzt, wo Du es eilig hast, ich hab' Dich nämlich lieb und ich brauche Dich noch. Komm' heil wieder.« Diese, meine ermahnende Bitte wird eventuell von meiner Frau gehört. Mein 19jähriger, mit Ablösung vom Elternhaus beschäftigter Sohn hingegen könnte bei sich denken: »Schleimer, der Alte hat doch nur Angst um sein Auto.«
Ob Ermahnungen ankommen, hängt von der bestehenden Beziehung ab. Und so nehme ich an, daß Paulus eine sehr gute, gegenseitig akzeptierende

Beziehung zu seinen Gemeindegliedern in Saloniki hatte - natürlich Frauen und Männern, ich hoffe, wir können seine Formulierungen in großer Selbstverständlichkeit dahingehend erweitern. Deshalb geht es ihm um aufmunternde Ermutigung bei dem Bemühen, meinem Nächsten in Liebe zu begegnen, seine Ehre und Würde zu achten, weil bei jeder Begegnung mit anderen Menschen immer zugleich mein Umgang mit Gott auf dem Spiel steht - das scheint mir die wesentliche Aussage dieses Abschnittes zu sein.

b) zu den Stichworten »Zusammenleben von Mann und Frau« und »Gerechtigkeit«
Als Beispiele greift Paulus das Zusammenleben in einer Partnerschaft heraus und den fairen Umgang in Geschäftsbeziehungen. Beide Bereiche könnten das Thema für eine Predigt bestimmen. In der Literatur zeigt sich, daß die meisten Prediger dann das Thema Ehe/Partnerschaft aufgreifen. An einem Fallbeispiel - vor 20 Jahren war es das Beziehen der gemeinsamen Wohnung eines nicht verheirateten Paares; heute ist ähnlich diskutiert die Segnung/Eheschließung homosexueller Paare - ließe sich unsere »herrschende Moral« an dem paulinischen Maßstab überprüfen: Ist das gegenseitige Zusammenleben geprägt von Ehre, Würde und Liebe, weil ich in meinem Gegenüber auch immer Gott sehe und erlebe?
Allerdings beschleicht mich das unangenehme Gefühl, daß ich mit einer derartigen Predigt eher die kirchenleitenden Gremien anpredigen möchte, als meine real existierende Gemeinde. In ihr gibt es nämlich klare, sehr unterschiedliche Festlegungen und Bewertungen, aber umgetrieben wird davon kaum jemand.
Das Thema »Umgang in Geschäftsbeziehungen« ist unter Einbeziehung der erschreckend vielen Arbeitslosen und weltweiter wirtschaftlicher Verflochtenheit für die meisten weit bedrückender und existentieller, als Predigtthema also außerordentlich sinnvoll. Vermeiden muß man aber, nur nachzupredigen, was z. B. in der Presse ohnehin schon zu lesen ist und auch so abgehoben zu predigen, daß alle mit dem lähmenden Satz zurück bleiben: Schuld haben die da oben, und ich kleines Licht kann gar nichts tun. Stattdessen ist mein Anspruch an diese Predigt, daß es mir gelingt, eine theologisch begründete Wirtschaftsethik zu meinen Zuhörern herunterzudeklinieren. Als Vorbereitung dazu kann das Wort der evangelischen und katholischen Kirchen dienen, das im Februar '97 veröffentlicht worden ist: »Für eine Zukunft in Solidarität und Gerechtigkeit. - Wort des Rates der Evangelischen Kirche in Deutschland und der Deutschen Bischofskonferenz zur wirtschaftlichen und sozialen Lage in Deutschland.« - Gemeinsame Texte Nr. 9. Herausgegeben vom (und zu beziehen über das) Kirchenamt der EKD, Herrenhäuser Straße 12, 30412 Hannover.

c) narrativer Ansatz
Mich interessierte im Laufe meiner Beschäftigung zunehmend, in welche Lebensumstände hinein dieser Text von Paulus geschrieben worden ist. So

entwickelte sich bei mir die Idee, anhand eines fiktiven Tagebuches des Timotheus zu zeigen, wie konkret und situationsgebunden dieser paulinische Abschnitt in seinen Aussagen ist.
Anknüpfungspunkte sind für die Hörer und Hörerinnen möglicherweise Urlaubserfahrungen in südlichen Ländern, deren anderer Lebensstil Faszination und Befremden zugleich auslöst. Ich möchte ein wenig von dem Leben im biblischen Thessaloniki vermitteln, um dann - bei der überdauernden Moral der Geschichte angekommen - zu fragen, auf welche heutigen Situationen diese Moral trifft. Ich wünsche mir, daß diese Frage - bewußt nicht als Ermahnung, wo doch heute keiner, der sich selbst kennt, weiß, wie es wirklich besser gehen kann - uns weiter begleitet nach dem Gottesdienst, in den Gemeindekreisen der nächsten Woche usw.

Vorschläge zur Liturgie

Zu meinem Verständnis des Predigtabschnittes passen sehr gut als *Eingangsspruch:* Wißt ihr nicht, daß ihr der Tempel Gottes seid und der Geist Gottes in euch wohnt? (1. Korinther 3,16) und als Psalm der Psalm 8: Herr, unser Herrscher, wie herrlich ist dein Name in allen Landen ...

Lieder
Aus dem Evangelischen Gesangbuch zu Beginn das Lied Nr. 288: Nun jauchzt dem Herren, alle Welt! Außerdem die Nr. 295: Wohl denen, die da wandeln ..., die Nr. 346: Such, wer da will ..., die Nr. 389: Ein reines Herz, Herr, schaff in mir ..., (aus dem regionalen Liederteil der NEK) die Nr. 613: Selig seid ihr ... und die Nr. 624: Ubi caritas et amor ...

Kollektengebet
Gott, ich sitze hier in deinem Haus mit gemischten Gefühlen. Ich freue mich über den Zuspruch, daß du deinen Geist auch in mich gegeben hast, daß deine Geisteskraft auch in mir wohnt. Das tut mir gut, das läßt mich gerade sitzen und aufatmen.
Aber ich bin auch traurig. Denn oft nehme ich diesen Zuspruch nicht ernst genug, bin keine behagliche und gemütliche Wohnung für deinen Geist, nehme mir zu wenig Zeit, dir in mir zuzuhören - und auch in anderen Menschen übersehe ich oft, daß sie eine Wohnung deines Geistes sind.
Gott, mache mich offen für dich - in mir und in meinem Gegenüber.

Fürbittengebet
Gott, wir bitten dich, daß wir Menschen fest gegründet sind in unserem Leben hier auf dieser Welt, uns gut verwurzelt fühlen im Kreise anderer

Menschen, uns nahe unserer Quelle, also dir, Gott, erleben. Das bitten wir dich besonders für die, die nicht genug Vertrauen erfahren haben, für die, die z. Zt. keinen festen Boden unter den Füßen haben, weil sie mißachtet werden, von einem Unglück erschüttert oder einsam sind.
Gott, wir bitten dich, daß wir Licht und Freiheit haben, damit wir wachsen können. Gib uns anregende Menschen in unserer Umgebung, innere Kräfte und gute äußere Bedingungen, uns zu entwickeln, zu wachsen, über uns hinaus zu wachsen, dem Himmel, dir, Gott, entgegen. Das bitten wir dich besonders für die, die in Elend leben, die von anderen klein gehalten, gefangen und mißbraucht werden.
Gott, wir bitten dich darum, unser selbst so sicher zu sein, daß wir offen und freundlich auf andere zugehen können. Laß uns in liebevollem Miteinander Geben und Nehmen erfahren. Laß uns gegenseitig spüren, daß wir Menschen eine Wohnung für deinen göttlichen Geist sind. Das bitten wir dich vor allem für die, die von sich selbst nichts halten, die sich allein fühlen oder in kalten Beziehungen leben.
Gott, laß uns alle mit unserem gesamten Dasein wissen, daß wir dein Tempel, die Wohnung deines Geistes sind.

Vorschlag zur Predigt

Möglicher Anfang
Liebe Gemeinde! Da habe ich ja nun wirklich Glück gehabt. Bei meinen Vorbereitungen zu dieser Predigt fiel mir in der Bibliothek ein außerordentlich hilfreiches Buch in die Hände. Es ist das Tagebuch von Timotheus aus den Jahren 49 und 50. Kaum zu glauben, naja. Dieser Timotheus ist nämlich ein ganz enger Mitarbeiter des Apostel Paulus gewesen. Und er war in Thessaloniki, als Paulus die Gemeinde gründete. So ein Glück, dadurch haben wir Informationen aus erster Hand, also fast. Denn ich kann nicht dafür garantieren, daß ich das Tagebuch an allen Stellen richtig verstanden und richtig übersetzt habe, aber ich habe mich bemüht. Und so will ich vorwiegend Timotheus in dieser Predigt zu Wort kommen lassen. Wir hören diese Abschnitte von N. N. gelesen. (Es wäre schön, aus dem Kreise der LektorInnen eine Person für diese Aufgabe zu gewinnen.)

Zum weiteren Verlauf
Ich würde nun die »Tagebucheinträge von Timotheus« nur ab und zu unterbrechen durch eigene Erläuterungen für die heutigen Zuhörerinnen und Zuhörer und kurze Kommentare. Die Timotheus-Texte sollten etwas vermitteln über das Leben in dieser Stadt Thessaloniki; über Paulus; die Gemeindegründung; das Leben und die Bedrängnis der Gemeinde; die Ansicht und Wirkung des Briefes. Jede/r wird da eigene Schwerpunkte set-

zen, je nach dem, auf welchen Inhalt ich die Predigtaussage focussieren möchte, z. B.:

28. Mai 50:

»Nach beschwerlicher Reise von Athen bin ich nun wieder in Thessaloniki angekommen. Diese pulsierende Stadt – immer wieder stößt sie mich ab und zieht mich wieder an. Es ist herrlich hier, lebendig, fröhlich und unbeschwert. Gern gehe ich durch die Straßen, nehme die vielen fremden Menschen wahr, schaue ihnen zu, wie sie ihrer Arbeit nachgehen oder gerade faulenzen. – Und andererseits ist es eine gräßliche Stadt. Es ist laut und stickig, die verpestete Luft scheint von der Hitze festgenagelt zu stehen, die Umgangsformen sind egoistisch und rüde. Ich mußte mir als erstes neues Schuhwerk kaufen, und stelle jetzt ein paar Stunden später schon fest, daß ich mich übers Ohr hauen ließ. Das ist typisch hier. Wenn man die Materie nicht genau kennt, wird man nach Strich und Faden betrogen ...

Ich setzte mich mißmutig auf den Marktplatz und sah dem bunten Treiben zu. Das Leben hier atmet wirklich Erotik, Lust, Zügellosigkeit, Gier und Gewinnsucht. Aber ich muß schon zugeben, daß mich das nicht kalt läßt. Es hat seinen Reiz, nur es geht wirklich zu weit. Es wirkt so, als seien die anderen – vor allem die Frauen – nur auf der Welt, um die eigene Lust zu befriedigen und mit ihnen zu spielen ...«

29. Mai 50:

»Gestern kam ich nicht mehr dazu, weiter zu schreiben. Ich ging dann nämlich erst einal zu Titius. Titius und Lydia haben sich so ein bißchen zu den Leitern der christlichen Gemeinde entwickelt. Ich mag die beiden sehr und habe auch bei meinem letzten Aufenthalt bei ihnen gewohnt. Sie waren selbst gar nicht zu Hause, als ich ankam, aber die Haussklaven versorgten mich sofort mit Wein, Wasser und Früchten und machten mir das Gästezimmer zurecht. Das tut gut, so freundlich aufgenommen zu werden. Bei Lydia und Titius komme ich fast lieber unter als früher bei Jason, der sich sehr zurückgezogen hat.«

Um das zu verstehen, müssen wir im Tagebuch von Timotheus weit zurückblättern.

18. September 49:

»Paulus hat wirklich erstaunlich viel Erfolg mit seinen Predigten. Wenn man Paulus so sieht, ihn zum ersten Mal reden hört, dann kann man sich gar nicht vorstellen, daß er besonders überzeugend wirkt ...

Aber erlebt man einmal ein richtiges Streitgespräch mit, wo er aus sich heraus geht, wo er seine ganze Glaubenssicherheit zum Ausdruck bringt, nun ja, dann wundert man sich doch nicht mehr, wie viele Menschen durch ihn zu Christen werden ...«

24. September 49:

»Es ist zu erheblichen Feindseligkeiten gegen uns gekommen. Jason, bei dem wir untergebracht waren, blieb nur gegen Kaution frei. Jason zog

sich zurück, was man ihm nicht verdenken kann. Paßt es nämlich gerade mal in die Politik der Stadtoberen, brauchen sie einen Sündenbock, um Bevölkerungsteile zu beruhigen, dann kann man schnell zum Märtyrer werden, besonders wenn bekannt ist, daß man sich zur christlichen Gemeinde hält.
Obwohl diese Stadt eigentlich ein einziger Hexenkessel an religiösen Vorstellungen ist, werden wir von der christlichen Gemeinde extrem mißtrauisch beäugt ...«
Aber zurück zu seinem Aufenthalt im Jahre 50.
30. Mai 50:
»Abends traf ich Titius und Lydia an. Die beiden sind ein tolles Paar, bzw. mit ihren zwei Kindern eine tolle Familie. Es war eine große gegenseitige Freude, sich wiederzusehen. Und wir hatten uns natürlich eine Menge zu erzählen ...«
6. Juni 50:
»Die Zeit vergeht wie im Fluge. Die Tage sind voll mit Besuchen bei unterschiedlichen Gemeindegliedern. Ich bin sehr beruhigt und muß sagen, daß ich die Gemeinde bewundere, wie erstaunlich gelassen sie mit der äußeren Bedrohung und auch den inneren Schwierigkeiten umgeht.
Ich muß wirklich staunen, wie Titius und Lydia die Versammlungen und Gottesdienste in ihrem Haus hinbekommen, bei diesen z. T. unglaublichen Unterschieden in Hautfarbe, Herkunft, Stand, Ansehen und auch dem persönlichen Glauben. Neuerdings kommt immer eine große Gruppe von Bausklaven, die an einem neuen Palast des Statthalters bauen. Sie passen von ihrem Benehmen und ihrer Bildung eigentlich nicht so gut ins Haus von Titius und Lydia, aber ...«
10. Juni 50:
»Die Trennung fällt mir sehr schwer. Aber ich muß endlich hinter Paulus her reisen, er macht sich bestimmt zunehmend Sorgen. Immerhin kann ich ihm sehr beruhigende Nachrichten überbringen, da wird er froh sein. Außerdem muß er einige Glaubensfragen aus der Gemeinde beantworten, mit denen ich überfordert bin.«
12. August 50:
»Ich bin wieder in Thessaloniki. Vor ein paar Tagen erst ist der Brief des Paulus angekommen, der in den abendlichen Versammlungen abschnittsweise vorgelesen, bejubelt, diskutiert und besungen wird. Heute war der Abschnitt dran, in dem Paulus ...
Titius sagte zu mir zum Abschluß: Dieser Abend hat mir sehr viel gegeben. Das genau ist es, worum ich mich in meinem Alltag bemühe: Gott zu ehren, indem ich den anderen Menschen als Gottes Geschöpf sehe, ihm begegne, als begegnete ich Jesus selbst, Gott selbst.
Und ich dachte noch kurz vor dem Einschlafen, so einfach, so zu Herzen gehend kann man das sagen ...«

Möglicher Schluß

Liebe Gemeinde, so einfach, so zu Herzen gehend kann man das sagen: Ein gottgefälliges Leben ist ein Leben, in dem ich mich bemühe, jedem Menschen so zu begegnen, als begegnete ich in meinem Gegenüber Gott selbst. Denn Gott hat seinen Geist in jeden Menschen gegeben.

Geht das? Geht das dort, wo ich lebe - in der Nachbarschaft, in der Familie ... -, geht das, dort, wo ich arbeite - mit Kollegen, mit dem Chef...? Was hindert mich daran? Gibt es Bedingungen, unter denen es mir leichter bzw. schwerer fällt?

Ich wünsche mir, daß wir konkret daran gemeinsam weiter nachdenken, jetzt beim Kirchencafé, in der nächsten Woche im Senioren- und Bibelkreis ... Gemeinsam nachdenken, wie das geht und uns gegenseitig ermutigen durch Erlebnisse, wo es gelungen ist.

Reformationsfest

Annäherungen an den Predigttext
Brief an die Gemeinde in Rom 3,21–28

Wolfram Braselmann

Der »ökumenische Gesprächskreis«, in dem das protokollierte Gespräch stattfand, trifft sich seit einiger Zeit regelmäßig. Teilnehmer sind etwa zehn Frauen und Männer aus der näheren und weiteren Umgebung, meist in ihren katholischen oder evangelischen Gemeinden kirchlich engagiert. Sie gehören dem mittleren Alter an, der katholische Kollege, der sonst dabei ist, konnte an diesem Gespräch leider nicht teilnehmen.

Es ist das erste Gespräch über einen Bibeltext, das wir führen. Zu Beginn des Gesprächs wird der Text von mir vorgelegt und dann gemeinsam gelesen.

Das Ergebnis ist ernüchternd. Keiner kann mit dem Text etwas anfangen, der Text muß mehrfach vorgelesen werden, es findet sich kaum ein Ansatzpunkt zum Verstehen des Abschnitts. – »Was soll das? Was meint der überhaupt?«

Eine erste Gesprächsrunde versucht sich am Begriff »Gesetz«. Was sollen wir unter »Gesetz« verstehen? Das aktuell geltende Recht? Das damals für Paulus aktuelle jüdische Gesetz? Und wie kann ohne »Gesetz« Gerechtigkeit sein?

Kann Gerechtigkeit überhaupt werden ohne Regelungen, die eingehalten werden?

Die Ablehnung des Gesetzes, die den ganzen Abschnitt durchzieht, wird einhellig von den Teilnehmern beider Konfessionen als problematisch empfunden. Denn: Braucht man wirklich nichts anderes tun als zu »glauben«? Macht man es sich damit nicht leicht? Oder wird sich einer, der zu glauben meint, nicht in falscher Sicherheit wiegen: »Mir geschieht ja schon nichts«?

Denn »Glauben« heißt doch: Die Gebote halten, anständig leben, sich nichts zuschulden kommen lassen.

Mit anderen Worten: Der Text erscheint dem Gesprächskreis zutiefst fragwürdig, die Gegenüberstellung von Glaube und Gesetz als unsinnig, und keiner kann recht verstehen, warum jemand ohne sein Zutun gerecht wird.

Auch mein Hinweis, daß dies genau das Anliegen der Reformation gewesen sei, verfängt nicht. Es bleibt über weite Strecken ein großes Unverständnis.
Bis zum Schluß einer nach dem historischen Hintergrund des Paulustextes und des Römerbriefes fragt. Und ich mich zu erinnern versuche: Vielleicht geht es ja um die Lösung des Konflikts zwischen Juden- und Heidenchristen. Menschen, die aus unterschiedlichen Traditionen kommen, und zusammen nach der Erlösung fragen. Und denen hier verwehrt wird, einen Weg zum Glauben für den einzig richtigen zu halten. Judenchristen und Heidenchristen, die gemeinsam den Weg des Glaubens gehen, und deshalb einander nicht auf ein Gesetz verpflichten können.
Gnade heißt eben auch, daß wir gnädig miteinander umgehen.
Und vielleicht bedeutet das, gläubig zu sein: Miteinander den Weg des Glaubens zu gehen.
Ich bin mir nicht sicher, ob ich an diesem Abend den Paulustext habe verständlich machen können. Mir ist deutlich geworden, wie fremd er vielen auch kirchlich gebundenen Menschen ist.

Zum Gottesdienst

Dieter Schupp

Exegetisch-homiletische Skizze

An dieser Stelle erwartet man exegetische Erwägungen und Entscheidungen, die die Grundlage für den Predigtentwurf bilden sollten. Ich fing an, mich sachkundig zu machen, erinnerte mich an eine Vorlesung (4stündig) über den Römerbrief bei K. G. Kuhn in Heidelberg und fand in einer Nachschrift solche Sätze: »Das Jetzt wird bestimmt durch die Christustatsache - Von sich her sind alle Menschen in der Sündhaftigkeit - Grund der Rechtfertigung ist das Opfer Jesu Christi als Sühneopfer am Kreuz - Apoluetrosis meint das Abwaschen der Sünden und ist ein völlig unjüdischer Gedanke - Die bleibende Bedeutung des Nomos ist festzuhalten - Glaube heißt, es zu wagen, seine Existenz auf die Heilstatsache Christi zu gründen und auf Gott hin zu existieren.«
Genug.

In den wissenschaftlichen Kommentaren zur Stelle sind solche Sätze zu finden: »Verkündigung des Evangeliums ist die Vergegenwärtigung des Heilsgeschehens, das Gott in Jesus Christus über die Welt heraufgeführt hat - Der Textabschnitt ist eine Antwort auf die Verlorenheit aller Welt an die Sünde und ihre Strafverfallenheit unter dem Gesetz, wovon niemand

eine Ausnahme macht – Die Erlösung in Jesus Christus hat nicht den Sinn, die heilsgeschichtliche Perioden nach ›Zorn‹ und ›Vergebung‹ zu unterscheiden, sondern stellt sie umgekehrt gegeneinander als die Zeit der Geduld und die Zeit der endeixis tes dikaiosuene autou – Es ist Gottes Gnade, daß er die Menschheit nicht anders vor das Ende des Gesetzes führt als in Jesus Christus, der Tod und Fluch trägt, die dem Menschen als ›Ende des Gesetzes‹ zukommen – Indem er der Welt sagen läßt, daß sie in ihrer Sünde dem Zorn Gottes verfallen ist, daß keine Gerechtigkeit bei ihr ist und daß er allein gerecht ist in dem Streit, in den sie mit ihm trat, läßt er ihr zugleich sagen, daß er diese seine dikaiosuene den Glaubenden aufgetan hat.«
Genug.
Auf solche Wort-Sätze können nur die Schriftgelehrten kommen.

Wolfram Braselmann (in den »Annäherungen«) vermeidet die geschwätzigen Richtigkeiten und beschränkt sich darauf, das »große Unverständnis« mitzuteilen.
Die Frage nach dem »historischen Hintergrund des Paulustextes« hat ihn vermutlich aus dem Erklärungsnotstand gerettet, doch die erlösende Antwort (wir sind weder Juden- noch Heidenchristen) ist er den »etwa zehn Frauen und Männern« wohl schuldig geblieben.
Worum geht's? Darum, daß der Theologe Paulus uns nicht zuerst eine theologische Vorlesung halten soll über die großen Themen »Glaube, Gnade, Gesetz und Gerechtigkeit Gottes«. Viel wichtiger ist es, der Frage nachzugehen, wieso und wozu ihm gerade diese Themen so wichtig waren, so daß er sie in den Zusammenhang von Rechtfertigung und Erlösung brachte.
Er erlebte sich selbst und Menschen an seiner Seite: Eingeengt, eingeschnürt, kleingemacht durch ein »Das tut man«, »Das tut man nicht!« Durch das Gesetz seiner Zeit.
Was aber ist für dich und dein Leben ›Gesetz‹ und unter welchem lebst du? Wer oder was hat Macht über deine Gedanken, bestimmt deine Entscheidungen, hat Einfluß auf deine Gefühle, bringt dich in Angst und Schrekken, hindert dich dein Leben zu leben?
Was ist für dich und dein Leben ›Gnade‹ bzw. ›Erlösung‹? Was oder wer bringt dich raus aus dem Kessel deiner Angst? Was zu hören würde dir helfen, unabhängig zu werden von dem, was ›man‹ denken, reden und tun muß? Wovon müßtest du frei werden, um endlich zu einem eigenen, von Gott so geplanten und gewollten Leben zu kommen?

Homiletische Erwägungen

Eine Selbsterlösung durch Leistungen verschiedenster Art kann es nicht geben. Man kann noch so sehr ackern und rackern, den guten Willen haben, allen Verstand gebrauchen, – es kann doch mißraten Stufe um Stufe.

Die Erkenntnis, daß der Mensch ein Mängelwesen und erlösungsbedürftig ist, sollte niemanden in einen neuen Angstzustand drücken, sondern ihm Luft zum freien Atem verschaffen.
Es geht nicht darum, den Menschen niederzumachen nach dem Motto »Du bist ein schlechter Mensch, du brauchst Erlösung«, sondern darum, das Positive (Glaube, Vertrauen, Selbstbewußtsein, personale Freiheit) aufzugreifen und weiterzuführen.
Das Schlimmste, was Gott vermutlich passieren kann, ist, mitzuerleben, wenn Menschen aufhören, selber zu leben. Wenn sie sich von außen leben lassen, sich richten nach den ›Gesetzen‹ im erweiterten Umfeld und nach der ihnen vorgegebenen Moral.
Kein Mensch kann gut (gerecht) sein, einfach weil er das so für sich beschließt und es auch will. Wir brauchen vielmehr ein Gegenüber, dem wir glauben können, daß es uns nichts nachträgt, trotz allem zu uns hält und uns über die Gefährdungen dieser Welt hinwegträgt. Es beseelen uns die Begegnungen, denen man trauen kann. Bestimmte Redensarten wie »Glaube oder Selbstverwirklichung« klagen eine Entscheidung nach dem herkömmlichen Prinzip »Entweder - Oder« ein, heißt es. Dem sei entgegnet: Selbstverwirklichung ist nicht der Gegenbegriff zum Glauben, sondern dessen Auswirkung.

Vorschläge zur Liturgie

Lieder
Such wer da will ein ander Ziel (EG 346)
Ich weiß woran ich glaube (EG 357)
Nun freut euch lieben Christen g'mein (EG 341)
Es ist das Heil (EG 342)

Eingangsgebet
An deinem Tag, Gott der Gnade, und in deinem Haus wollen wir auf dein wegweisendes und befreiendes Wort hören. Wir bitten dich, laß uns selber verstehen, was du uns zu sagen hast. Kläre uns auf über unseren Willen, über unseren Glauben und über das Leben, so wie wir es führen und nicht selten auch dazu gezwungen werden. Laß uns in den Sinn kommen, wozu es uns gibt und wieso wir berechtigt sind, da zu sein. Wir hoffen, daß uns aufgehen wird, wovon und womit wir leben und daß wir uns auf dein Verständnis und auf deine Gnade verlassen können. Wir tun es einfach - und fertig.

Fürbittengebet
Wir beten zu dir, Gott in Ewigkeit, und bitten dich für alle,
die mit uns zusammen sind und sich bemühen:

um mehr Gerechtigkeit auf unserer Erde,
um mehr Verständnis für das Anderssein der anderen,
um weniger Angst und Mißgunst und Vergehen
und um weniger Leid und Schmerz und Elend überhaupt.
Es gibt Menschen, die dir zur Hand gehen ...:
Stärke sie.
Wir beten zu dir und bitten dich für alle,
die ihre Schwierigkeiten haben mit dem Glauben,
unter Schuldgefühlen leiden,
um ihren Verstand gebracht wurden
und kein Land mehr sehen.
Zeige dich ihnen.
Wir beten zu dir und bitten dich für alle,
die mit den Jahren müde geworden sind,
sich überflüssig vorkommen und unbegabt,
keine Hoffnung mehr haben, keinen Elan,
und nicht mehr wissen, woher und wohin und wozu.
Rede mit ihnen.
Wir beten zu dir und bitten dich für alle,
die mit uns gemeinsam unter deinem Himmel leben:
Führe uns zusammen, laß uns einander wahrnehmen,
füreinander einstehen und miteinander da sein.

Vorschlag zur Predigt

Predigtanfang

»Es sind gestorben Eltern und Geschwistern, Ehegatten und Kinder, Verwandte und Wohltäter, Freunde und Feinde. Können wir bei der menschlichen Gebrechlichkeit, die wir täglich an uns und anderen wahrnehmen, glauben, daß alle diese Seelen ... in den Himmel zur Anschauung Gottes gelangt sind?

Und wenn, wie nicht selten zu beklagen ist, wir durch unser sündliches Verhalten beigetragen haben, daß diese Seelen nicht die Vollkommenheit erreicht haben, zu der sie hätten gelangen können und sollen, um in den Himmel aufgenommen zu werden; oder wenn wir sogar die Schuld tragen, daß sie mit zeitlichen Strafen, die nicht gelöst sind, belastet, das Erdenleben verlassen haben; soll uns dann nicht die Liebe, soll uns nicht die Gerechtigkeit verpflichten, diesen armen Seelen zur Hilfe zu kommen, um durch unsere Fürbitten Milderung der Leiden und Tilgung der Schuld zu erwirken? Welch eine Verlassenheit, welch eine Trostlosigkeit, wenn keine Seele in der Kirche ihrer und unser liebend in ihren guten Werken gedenken würde. Üben wir selbst jetzt diese hilfreiche Liebe, wie wir dies an den

Heiligen auf Erden bewundern, dann werden wir dereinst nicht hilflos schmachten müssen ...«

Jetzt möchte ich Gedanken lesen können. Was geht in Ihnen vor, was halten Sie von dem, was ich gerade gesagt habe und was haben Sie von all dem bis jetzt behalten? Darf ich sagen, was ich vermute? All die Sätze - sprachlich, stilistisch, inhaltlich - kommen Ihnen so ganz anders vor: Irgendwie altertümlich und auch ein bißchen schrullig und wie welk.

Kein Wunder auch: Ich habe aus einem alten Andachtsbuch zitiert, das im Jahre 1859 in Speyer erschienen ist. Ein katholischer Bischof hat ihm die Approbation verliehen, weil der Inhalt des Buches mit dem der katholischen Lehre übereinstimmt. Am Beispiel in Stichworten: - Fromme Fürbitten und Gebete helfen - Wir können uns bei Gott einen Namen machen, wenn wir jetzt und hier für andere beten - Selbst das, was wir im Glauben für Verstorbene tun (und auch die Fürbitten ist ein Tun), rechnet uns Gott hoch an - Was wird aus den »armen Seelen«, für die niemand (betend) was tut? - Himmlisch belohnt wird, wer die Stimme einer armen Seele wahrnimmt, die - nach Hiob 19 - klagt und darum bittet: Erbarmt euch meiner, ihr wenigstens, meine Freunde, weil die Hand des Herrn mich getroffen hat ...

Weiterer Verlauf

Nachdenken - in kleinen Abschnitten - über:

Wieviele »Wohltäter« gibt es eigentlich für mich? Wer würde sich zu meinen »Freunden« rechnen? Was habe ich meinen »Feinden« alles angetan? Wie abhängig bin ich von ihnen?

Wem von ihnen, sollten sie »in den Himmel zur Anschauung Gottes gelangt sein«, möchten sie begegnen? Und wem unter keinen Umständen? Und warum nicht?

Ist die Fürbitte ein »Werk«, eine Leistung, die vor Gott »zählt«? Können wir mit unseren Fürbitten einen Teil unserer Schuld tilgen, die wir uns aufgeladen haben, so daß das Ganze indirekt uns zugute kommt?

Hilft beten für unsere Toten und können wir damit »diesen armen Seelen zur Hilfe kommen«?

Was - glauben wir - geschieht, wenn wir an einem Grab beten: »Barmherziger Gott, nimm unsere(n) Verstorbene(n) in Gnaden an«? Sind unsere Toten einzig auf die Gnade Gottes angewiesen und nicht auch (ein bißchen?) auf unsere Nach-Sicht und unsere Für-Sprache über Raum und alle Zeit hinweg?

»Katholiken beten für ihre Toten, Protestanten gedenken ihrer.« Richtig? Ein wenig richtig? Ganz falsch?

Während ich über diese Fragen nachdenke, bekomme ich Lust, gerade darüber mal zu predigen.

Predigtanfang
(Alternative)
Was fangen wir an mit diesem Satz: »Denn es ist hier kein Unterschied: Sie sind allesamt Sünder«?
»Es gibt keinen Unterschied«, wird man mir antworten. »Leider ist das so«, fügt der freundlich-fromme Krankenpfleger hinzu. Er hat seine Bibel im Kopf, seinen Katechismus gelernt und etwa dreimal in der Woche hört er im Haus der Stadtmission, daß der Mensch ein unverbesserlicher Sünder ist und Gottes Zorn verdient hat.
»Es gibt keinen Unterschied«, wird man mir antworten. »Leider ist das so«, fügt die freundlich-charmante Kellnerin hinzu. Sie hat ihre Bibel nicht im Kopf, hat noch nie einen Katechismus in der Hand gehabt und erlebt dreimal an einem Tag, daß der Mensch ein Aas ist und nur Verachtung verdient hat.
»Denn es ist hier kein Unterschied ...«
»Ja aber«, wird der freundlich-fromme Krankenpfleger zu bedenken geben, »so ganz ›ohne Unterschied‹ wird's schon nicht sein.«
Er sieht Fernsehen, er liest Zeitung, er hört sich an, was sich Patienten von der Seele reden, er kennt die Geschichten seiner Freunde, weiß, wie sie wohnen und lebt mit ihnen zusammen im Hochhaus am Pfaffplatz: Der gemeine Schuft, die haltlose Schlampe, der ausgesprochene Dreckskerl und die gerissene Verführerin zum Beispiel ... Gottlos, wie sie sich selbst beschreiben, gedankenlos und lieblos im Umgang mit anderen, gewissenlos, wie das jeder miterleben kann. Sie alle, sicher, Sünder! Aber sie alle mit ihm zusammen vor Gott auf einer Stufe? Da kommt Zweifel auf. Nein, das wäre wirklich so nicht recht.
»Ja aber«, wird die freundlich-charmante Kellnerin zu bedenken geben, »so ganz ›ohne Unterschied‹ wird's schon nicht sein.
Sie sieht Fernsehen, sie liest Illustrierte, sie hört sich an, was die Gäste sich von der Seele wegreden möchten, kennt die Geschichten ihrer Freundinnen, weiß, wie sie wohnen und lebt mit ihnen zusammen im Studentenheim: Mit dem ehrgeizigen Banker, dem nichts heilig ist; Heike mit ihrem Lebensmotto »Man muß die Männer ausnehmen«; »Der Rote«, der Frauen wie eine Ware behandelt oder Tim, der allen und sich selbst am meisten mißtraut. Sie alle, sicher, Sünder! Aber sie alle mit ihr zusammen vor Gott – sollte es ihn wirklich geben – auf einer Stufe? Das will sie so nicht wahrhaben. Da kommt Zweifel auf. Nein, das wäre wirklich so nicht recht.

Weiterer Verlauf
»Es ist hier kein Unterschied«, dem einen ist das ein Trost und eine Erkenntnis, die ihm gut tut, dem anderen ist das ein Grund, um enttäuscht so zu reagieren: »Nicht mit mir!«
Wenn ich ein Sünder bin, dann darf und kann ich es dem anderen nicht verübeln, wenn er genauso ein Sünder ist wie ich selbst. Eins vom schwersten:

Jesus Satz aus der Bergpredigt zu verstehen »Gott läßt die Sonne aufgehen über Gerechte und Ungerechte.« Akzeptanz, Befreiung und Erlösung: Gott hat damit überhaupt keine Schwierigkeiten. Warum aber tun wir uns so schwer damit?
Das »Amen« am Ende einer Predigt muß nicht Sonntag für Sonntag etwas zum Zustimmen und zum Bekräftigen anbieten müssen, sondern darf sicher auch einmal mit einer Vermutung und mit einer versuchten Antwort enden.

Kontext

»Die Frage ist heute sicher nicht: »Wie finde ich einen gnädigen Gott?«, aber an Not im eigenen Erleben kennen wir dasselbe. Wir fragen zunächst nicht explizit nach Gott. Aber: »Wieso bin ich berechtigt zu leben?« Diese Frage finden Sie bei jedem Verzweifelten. »Was für einen Sinn hat es, daß es mich gibt?« steht im Hintergrund jedes Minderwertigkeitskomplexes. Das Gefühl, überflüssig zu sein, nicht gebraucht zu werden, am Rande zu stehen und nicht zu wissen, wozu. Am Sinn des Lebens zu zweifeln ist eine Massenerscheinung in den Hochhäusern, in den Altersheimen, häufig bei Jugendlichen schon, die in einer Welt der Massenkultur leben, die sie als Individuen nicht nötig hat.
In unserer Zeit ist die Frage der Rechtfertigung des Daseins entscheidend, nicht die Rechtfertigung gegenüber einem Gesetzesbegriff, an dem gemessen man sündig werden könnte. Wir müssen die Frage der Rechtfertigung existentialistisch wiedergeben. Aber dann hat sie dasselbe Gewicht zum Verständnis der Not unserer Zeit und zum Verständnis dessen, was christliche Erlösungslehre sein könnte wie in den Tagen Martin Luthers. Wir sprechen dabei nicht ausdrücklich von Gott und seinem Gebot, wir erleben aber das, was Gott will, im eigenen Inneren, wenn wir von dem, was wir sein könnten, abweichen. Vierhundert Jahre nach Luthers finde ich es skandalös, daß man in der katholischen Kirche immer noch um Verständnis für die existentielle Erschütterung menschlichen Daseins durch Angst förmlich werben muß.
(in: E. Drewermann: Wort des Heils, Wort der Heilung, Patmos Verlag, Düsseldorf 1989.)

21. Sonntag nach Trinitatis

Annäherungen an den Predigttext
Brief an die Gemeinde in Ephesus 6,10–17

Karl-Heinz Ronecker

Der Bibeltext wurde mit mehreren Gruppen besprochen. Mit Studenten an der Dormitio, mit Frauen, von denen die meisten auf der Westbank leben, und mit dem Kirchengemeinderat, dem Mitglieder angehören, die in Israel wohnen und arbeiten, und solche, deren Lebensraum das Westjordanland ist. Ich habe alle drei Gespräche zu einer großen fiktiven Runde zusammengebracht.

1.
Diet begann das Gespräch sehr leidenschaftlich: »Da wird vom Evangelium des Friedens gesprochen, und dann hören wir von Waffen, von Stärke und Macht.
Das ist ein Widerspruch. Vom heiligen Krieg haben wir in diesem Land mehr als genug. Ich trete für dich ein, Jesus, mit feurigem Schwert. So habe ich Jugendliche singen hören. Das gefällt mir ganz und gar nicht. Aber unser Text ist nicht viel besser.«
»Du mußt zwischen Form und Inhalt unterscheiden«, wird ihr gesagt. Den Waffen der Mächtigen werden hier die Waffen Gottes gegenübergestellt. Die Bilder sind alt. Der Inhalt ›das Evangelium des Friedens‹ neu. Es muß jedoch in einer Sprache verbreitet werden, die von den Leuten verstanden wird.
»Mir ist das alles zu einfach«, wirft Peter ein. »Ich habe im übrigen nichts gegen das Kämpfen. Manchmal ist mir das Christentum ohnehin zu weich geworden.«
»Es leuchtet mir ein«, sagt einer, »daß das Christsein ein Kampf ist. Wir sollten das Kämpfen nicht zu negativ sehen. Wer sich für einen Menschen einsetzt, muß oft gewaltig kämpfen.«
Der christliche Glaube ist nicht harmlos, heißt es in der Runde. In Deutschland würde die Kirche zum Teil schon heftig angegriffen. »Und wenn du siehst, was in diesem Land geschieht, ist dir ziemlich bald klar, daß es ganz und gar nicht leicht ist, den Glauben durchzuhalten.«

»Als ich noch in Deutschland war«, ergänzt eine der Frauen von der Westbank, »war mein Leben einfacher. Hier entdecke ich, wie vieles ein Kampf ist. Ich verstehe die Bilder des Epheserbriefes überhaupt nicht kriegerisch. Es greift dich etwas an und du mußt sehen, wie du damit fertig wirst.«
»Womit«, wird dazwischengefragt. »Mit der Politik der Regierung, den Behörden. Das ist keine höhere Gewalt. Das sind Menschen. Und wie gehen sie mit uns um?«
»Meinst du denn«, will Ulrike wissen, »die Tel Aviver fühlen sich frei? Du fährst mit dem Bus und hast Angst. Du gehst einkaufen und weißt nicht, wo die nächste Bombe explodiert. Und hier auf der Westbank. Meine Nachbarn hungern. Wir haben Reis und Mehl und Zucker hingebracht. Wenn du das siehst, weißt du, daß es ohne Kampf nicht abgeht.

2.
»Mir werden die Bilder unseres Textes immer wichtiger«, meint Michael. »Ich weiß, daß ethymologisch Rüstung mit Rast zusammenhängt.
Der Schild des Glaubens, der Helm des Heils, der Panzer der Gerechtigkeit sind keine Angriffswaffen. Sie wollen schützen.«
Ihm wird zugestimmt. Martin meint, die Wahl der Bilder sei nicht zufällig: Das Schwert - das Wort - Der Schild - das Vertrauen. Der Helm - das Heil, oder wie es in 1. Thess 5,8 heißt, der Helm der Hoffnung.
»Das ist es doch, daß man ständig eins auf den Kopf bekommt. Kaum atmest du auf, schon geschieht die nächste Schweinerei. Das drückt nieder. Ich wäre für den Helm der Hoffnung dankbar. Daß ich mich nicht niederdrücken lasse, nicht ständig das Genick einziehe, sondern aufrecht gehen kann.«
»Am Anfang des Bibelabschnitts«, so wird ihm geantwortet, heißt es bestimmt nicht aus Zufall: »Werdet stark«. Das will sagen: »Lebt mit der Kraft, die Gott gibt. Bleibt im Glauben. Gebt nicht auf.«
»Es gibt Bibelworte«, meint Ulrike, »die versteht nur, wer schon einmal eine entsprechende Situation erlebt hat.« »Mir macht der Epheserbrief Hoffnung, vielleicht weil ich zur Zeit so viel Unterdrückung verspüre.«
»Der Verfasser des Briefes lag in Ketten«, fährt Ingrid fort. »Er sieht die Waffen der Wachen. Was hilft ihm? Kein Schild aus Eisen, aber das Vertrauen. Kein Helm aus Erz, aber Gottes schützende Hand.«
Für einen Augenblick ist es still, dann sagt Eva: »Für mich ist dieser Abschnitt wie ein Gebet.
Ich könnte mir vorstellen, daß ich morgens beim Aufstehen sage: »Ich will heute ehrlich sein. Ich will die Wahrheit sagen. Ich will anderen gerecht werden. Ich will ihnen Frieden bringen. Ich will mich in Gottes Heil bergen. Ich will mich mit seinem Wort wehren.«
»Wenn die Kreuzritter so gekommen wären«, meint Ulrike. »Wir würden noch heute gern von ihnen reden.«

3.
»Wie schön wäre es«, seufzt Gisela, »wenn wir nicht mehr kämpfen müßten«. »Aber die Wirklichkeit der Welt ist nicht so«, fällt ihr Oliver ins Wort. Die dürfen wir nicht zu harmlos sehen«. »Die Wirklichkeit«, wird er gefragt, »oder was dahinter steht?« »Wie kommt es«, wirft Peter dazwischen, »daß ich gerade in Jerusalem so stark die Spannungen spüre?«
»Auch davon redet der Text«, wird geantwortet. »Wir haben nicht mit Fleisch und Blut zu kämpfen.«
Es entsteht eine Diskussion über die Frage, was mit diesen Worten gemeint ist. Die Gruppe einigt sich überraschend rasch, daß es unterschwellige und überindividuelle Einflüsse gibt. Die können Macht gewinnen. Sie können die Zukunft, sie können auch den Blick zum Himmel versperren.
»Das erleben wir seit den Anschlägen und der Schließung«, sagt einer. »Es geschieht etwas Böses. Das verselbständigt sich. Weiteres Böses folgt. Das läßt sich oft nicht mehr beherrschen.
Dann tauchen die alten Geister wieder auf: der Geist des Hasses, des Vorurteils aber auch der Perspektivlosigkeit und der Verzweiflung.« Dem stimmen viele zu.
Das Schlimmste, so wird gesagt, seien die ständigen Überraschungen. Man weiß nie, was morgen ist. »Die listigen Anschläge - das verstehe ich sehr gut«, meint Ulrike.
Einer aus der Runde aber fügt hinzu, jetzt müßte man das Evangelium lesen, in dem Jesus den Geist des Revanchedenkens aus seinen Jüngern treibt: »Wißt ihr nicht, welches Geistes Kinder ihr seid?« Das würde manches vermutlich klarer machen. (Luk 9,51-56)
Am Ende der Gesprächsrunde macht keiner mehr dem Pfarrer den Vorschlag, doch einen anderen Predigttext zu wählen.
»Diese Sätze«, sagt Sybille, »geben Hoffnung.«
Um jedoch den Mißverständnissen des Anfangs zu begegnen, will ich aus dem Hirtenbrief des lateinischen Patriarchen zitieren. Der ist gerade zwei Jahre alt. Seine Worte passen sehr gut: »Der Begriff heiliger Krieg ist ein Widerspruch in sich ... es kann keinen heiligen Krieg geben. Denn die Religion muß den Menschen dahin führen, Gott zu lieben und die Kinder Gottes, die Menschen.«
Die Bischöfe und Patriarchen der mit Rom unierten Kirche des mittleren Ostens aber schrieben zu Weihnachten 1994: »Gegenwärtig beobachten wir in verschiedenen Teilen der Welt und in unserer arabischen Gesellschaft konfessionelle und religiöse Gewalt. Das ist für uns Grund eines tiefen Schmerzes. Wir können nicht Zuschauer dieser Gewalt bleiben, die im Namen der Religion ausgeübt wird. Wir verurteilen alle Erscheinungsformen der Gewalt ...«

Zum Gottesdienst

Bernd Ahrens

Exegetisch-homiletische Skizze

Die Zahl der Kommentatoren ist kaum überschaubar, die vor dem Hintergrund ihrer eigenen antimilitaristischen Einstellung vor den waffenstrotzenden Sprachbildern dieses Textes zurückschrecken. Auch wenn ich keine Karriere in der Militärseelsorge anstreben, muß ich doch dagegenhalten: Gerade diese Sprachbilder erinnern uns an den Verlust einer Glaubensdimension, den wir schon in Kürze bitter bereuen dürften. Vergessen wir nicht: Begriffe aus der Kriegswelt (Waffenrüstung, kämpfen, überwinden, Panzer, Schild, Helm, Schwert) sind zunächst einmal offensive Begriffe. Zwar bemühen sich etliche Kommentatoren, die Verteidigungsfunktion von Panzer, Schild und Helm hervorzuheben, doch werde ich den Verdacht nicht los, daß sie damit nur auf der Welle des in kirchlichen Kreisen ohnehin Akkzeptierten schwimmen wollen. Mir dagegen kann keiner weismachen, daß ein römischer Krieger seine volle Montur nur um der eigenen Verteidigung willen angezogen hat. Rüstungen schüchtern immer ein; darum die oft bizarren Formen der Helme, die Kraft suggerierenden Muskelimitationen der Brustpanzer und die mit furchterregenden Bildern und oft genug auch mit gefährlichen Metallspitzen versehenen Schilde. So bleibt es dabei: Die Bilder aus dem militärischen Bereich verleihen diesem Text einen durch und durch offensiven Charakter. Der wird noch unterstrichen durch die übrige Wortwahl: stark sein, Macht, Stärke an-*ziehen*, er-*greifen*, wider-*stehen,* überwinden, ein-*treten*, nehmen. Bei einer solchen Palette kann es unter dem Strich nur um eins gehen: um ein unverzügliches, selbstbewußtes Handeln, das mit Widerständen zu rechnen hat. Dabei stört mich die militärische Sprache überhaupt nicht. Im Gegenteil: Sie erinnert mich an einen Umgang mit dem Glauben, den wir in unserer Kirche fahrlässigerweise weitestgehend den evangelikalen Gruppierungen überlassen haben. Gemeint ist ein offensiver, selbstbewußter Glaube, der mit Engagement zu dem steht, wozu er sich bekennt.

Doch wofür eigentlich steht unser Glaube? Folgt man der Perikope, so kann man leicht den Eindruck gewinnen, der Inhalt des Glaubens sei ein *Wogegen*, Glaube sei zunächst einmal Abgrenzung. Hier ist Vorsicht geboten! Selbstverständlich muß das *Wofür* im Vordergrund stehen; das Licht gehört auf den Leuchter, zumal wir uns mit Paulus des Evangeliums vom Kreuze Jesu Christi ja nun wahrlich nicht zu schämen brauchen. Andererseits steht es einer Volkskirche wohl an, sich daran erinnern zu lassen, daß es keinesfalls um ein »Allen wohl und niemand wehe« gehen kann. Gerade ist der Kirchentag in Leipzig zu Ende gegangen; wenn man sich anschaut,

welche Referenten zu den wirklich brisanten Themen eingeladen wurden – etwa Eppelmann zum Thema »Arbeitslosigkeit« – dann drängt sich der Eindruck auf, daß diese Kirche immer glatter wird. Und je mehr sie mit dem Rücken an der Wand steht, umso weniger bemüht sie sich nach meinem Eindruck um eine eigene profilierte Kontur. Wer den Mächtigen nach dem Maul redet, tut dem Herrn dieser Welt einen schlechten Dienst. Profil gewinnen wir nur, wenn wir Positionen beziehen *und* uns abgrenzen.
Und wogegen grenzen wir uns ab? Die Perikope nennt den Teufel und schafft uns damit erneut Probleme. Mit dem Siegeszug des Rationalismus verschwand der stinkende Hinkefuß in den Asservatenkisten unserer Kasperletheater. Gefeiert wurde die Befreiung vom mythologischen Tyrannen, und geschaffen wurden postwendend neue; Kapital, persönliches Glück, Privateigentum, individuelle Freiheit, Freizeit und die Gesetze des Marktes sind nur einige von ihnen. Zugleich wird die Realität als zunehmend komplexer und undurchschaubarer erfahren, so daß der Rückzug der Einzelnen auf sich selbst und ihr Privatleben als wenn auch verständlich, so doch nicht weniger verfluchte Reaktion kaum ausbleiben kann. Im eigenen Haus scheint die Welt noch in Ordnung zu sein, vor der Türe aber herrschen Gesetzmäßigkeiten und Kräfte, die sich verselbständigt haben und denen es Tribut zu zollen gilt. Die Perikope hat recht: Wir haben es nicht mehr »mit Fleisch und Blut zu tun«, und ein Gegner, den ich nicht konkret packen kann, der hat schon so gut wie gewonnen, denn er hat mich an meinem wundesten Punkt erwischt: dem Gefühl eigener Ohnmacht. Da halte ich's doch lieber mit dem Teufel; mit ihm als Feind sind mir noch lange nicht die Hände gebunden.
Zugegeben, das alles klingt recht forsch, und das soll es auch. In einer Kirche, die ihres Bisses und ihres Profiles verlustig zu gehen droht, kann man ruhig ein bißchen forsch sein. Doch vergessen wir nicht: Die Zähne, die wir zeigen müssen, beißen keine Menschen tot. Das muß ein fragwürdiges Profil sein, wenn es über Leichen geht! Deshalb ist die Wahl unserer Waffen wohldurchdacht:
– *der Gürtel der Wahrheit:* Mit dem Gürtel wird das Gewand hochgebunden, damit die Beine ihre Bewegungsfreiheit behalten. Die Wahrheit aber besteht darin, daß durch Christus alle Welt in den Bund Gottes mit Israel einbezogen wird (Johannes 14,6 f.). So ist Gott zum Freund aller Menschen geworden, die ihn um dieser Wahrheit willen immer und immer wieder mundtot machen wollen. Doch Gott beharrt auf seiner Wahrheit und hält uns somit unsere Zukunft offen. Vor und nach dem Tod haben wir eine Zukunft, in der es zu leben lohnt; dieser Satz ist uns wie ein Gürtel um die Lenden gelegt, damit wir die Beine frei behalten und beweglich bleiben, wenn es gilt, das Schwert zu führen.
– *der Panzer der Gerechtigkeit:* Wie die Wahrheit, so ist auch die Gerechtigkeit ein Relationsbegriff (Epheser 5,9). Es geht nicht um eine objektive, starre Wahrheit, sondern um das, was *uns* Halt und Sinn gibt. Ebenso geht

es nicht um eine theoretische Rechtsnorm, sondern um die Treue Gottes, die uns befähigt, treu miteinander zu leben in Gemeinschaftsgerechtigkeit (Habakuk 2,4 ff.). Diese Gerechtigkeit ist handgreiflich im Sinne des Wortes geworden, als Jesus unter die Menschen trat und den Armen das Reich Gottes verkündete, indem er die Blinden sehend und die Lahmen gehend machte. Es ist eine Gerechtigkeit, die frei macht, und befreite Menschen haben ihre Ohnmacht hinter sich gelassen.

– *die Stiefel an den Beinen, um einzutreten für das Evangelium des Friedens:* Spätestens jetzt müßten die vielen Kriegsprediger, die vor über 50 Jahren mit diesem Text ihren eigenen Chauvinismus abgesegnet haben, posthum vor Scham verstummen - wenn sie's nicht schon wären. Was in dieser Perikope so offensiv kämpferisch daherkommt, ist nichts anderes als die frohe Botschaft vom großen Friedensschluß Gottes mit den Menschen. Eine Botschaft, die nicht taugt als Droge im bequemen Sessel, da sie den Friedensschluß der Menschen untereinander regelrecht einklagt. Persönlicher Einsatz ist gefordert! (So schon H. J. Iwand zur Stelle, in: Nachgelassene Werke Band 3, München 1963, Seite 180, »Es ist höchste Zeit, es ist Zeit, die Welt vor die Entscheidung zu stellen mit dem Evangelium des Friedens, ob sie leben oder untergehen will.«)

– *der Schild des Glaubens:* Der Gegner kämpft nicht im Nahkampf. Seine Attacken sind unberechenbar wie brennende Pfeile. Das ist doppelt bedrohlich für Menschen, die alles auf dieser Welt für berechenbar halten. Der Schutz gegen diese Gefahr ist genauso unberechenbar: das Vertrauen in die guten Absichten Gottes. Ein Vertrauen, das nicht anders zu erlangen ist, als daß man sich einläßt auf eine Welt, »die man nicht sehen kann, die ganz und gar Verheißung ist.« (Iwand, a. a. O., Seite 180) Loslassen - um zu empfangen.

- *der Helm des Heils:* Eine der sensibelsten Stellen eines Kriegers ist der Kopf. Was aber wäre besser geeignet, diesen klar und frei zu halten, als das Wissen darum, daß der Ausgang des Kampfes schon längst entschieden ist? Die Heilsbotschaft vom entscheidenden Befreiungsschlag Gottes gegen den Tod am Ostermorgen befreit mich von dem Druck, der Ausgang der Schlacht hänge ganz allein von mir ab. Als Konsequenz daraus folgt nicht Lethargie, sondern: Widerstand und Ergebung.

- *das Schwert des Geistes, welches ist das Wort Gottes:* »Jesus Christus, wie er uns in der Heiligen Schrift bezeugt wird, ist das eine Wort Gottes . . .« (Barmen I). Wie messerscharf dieses Wort die Geister zu scheiden vermag, hat sowohl die Vor- wie auch die Wirkungsgeschichte von Barmen hinreichend verdeutlicht. Iwand ist nichts hinzuzufügen: »Die Kirche ist nur so viel wert, als das Schwert des Geistes in ihr aufblitzt; darum bekennt ihr ja auch zuerst den Glauben an den Heiligen Geist und dann an die Kirche. Wehe, wenn es umgekehrt wäre!« (a. a. O., Seite 182)

Conclusio: Die Verse 13–17 entfalten die Verse 11+12. Der ganze Abschnitt aber steht unter der Überschrift von Vers 10. Wer mag, kann sich deshalb guten Gewissens auf die Verse 10–12 konzentrieren und es bei punktuellen

Bezugnahmen auf die übrigen Verse belassen. Ich werde Mut machen für eine profilierte, offensive Kirche, die selbstbewußt genug ist, um gegen den Strom der Zeit zu schwimmen. Die Kraft dazu hat sie, weil sie darum weiß, daß der Ausgang des Konflikts schon längst entschieden ist (Epheser 1,18 ff.). Die Gemeinde ist stark, wenn sie Zutrauen hat in die Stärke Gottes.

Vorschläge zur Liturgie

Eingangspsalm
Psalm 3, denkbar auch in folgender Übertragung:
Ach Herr, wie sind meiner Feinde so viel.
Wenn ich morgens aufstehe
und mich im Spiegel betrachte,
dann habe ich oft Angst:
Was werde ich am Tag erleben,
und gegen wen muß ich mich wieder einmal wehren?
Manche werden heimlich denken oder laut sagen:
Guck doch! Da hilft auch nicht der liebe Gott.
Dabei weiß ich ganz genau,
daß du, mein lieber Gott,
wie ein Deich für mich bist.
Du stärkst mir immer wieder den Rücken
und sagst zu mir: Kopf hoch, mein Kind!
Wenn ich mit dir rede,
dann spüre ich auch, daß du mich hörst.
Ob ich döse, faulenze, unterwegs bin,
arbeite, lache oder weine:
Du hältst mich fest.
Jetzt habe ich auch keine Angst mehr.
Manchmal wünschte ich mir,
daß du den Bösen eine richtige Tracht Prügel verpaßt.
Jedenfalls weiß ich:
Bei dir bin ich behütet.
Das müßten alle Menschen erkennen.
(Peter Spangenberg, Höre meine Stimme. Alle Psalmen der Bibel übertragen in die Sprache unserer Zeit, © Agentur des Rauhen Hauses, Hamburg 1995)

Sündenbekenntnis
Als das Heil dieser Welt
bekennen wir dich, Herr,
der alles Unheil zu wenden vermag.
Laß uns an diesem Bekenntnis
auch dann noch festhalten,

wenn unser Leben
uns einmal sinnlos und zerstört erscheint.
Gib uns dann das Vertrauen,
daß die Trümmer unseres Lebens
zu Fundamenten werden können,
auf denen du unsere Zukunft baust.
(in Jörg Buchna: Dich rufen wir an: Gebete für den Gottesdienst, Seite 38, Gütersloher Verlagshaus, Gütersloh 1982)

Gnadenzusage
Gott der Herr ist Sonne und Schild, der Herr gibt Gnade und Ehre. (Psalm 84,12 a)

Eingangsgebet
Herr, du hast uns dein Wort gegeben,
damit wir rechte Antwort finden
auf unsere vielen Fragen.
Dafür danken wir.
Und doch müssen wir bekennen,
daß uns dein Wort oft fremd ist,
daß wir die Antwort nicht verstehen,
die du uns geben willst.
Wir bitten dich,
laß uns dein Wort jetzt zur Antwort werden,
mit der wir leben können.
(Schnath, Werkbuch Gottesdienst, Wuppertal 1967)

Evangelium
Vorgeschlagen ist Matthäus 5,38–48, besser geeignet scheint mir jedoch Matthäus 10,34–39

Allgemeines Kirchengebet
Gott
wir danken dir daß du uns Hoffnung gegeben hast
wir danken dir daß uns die Zukunft offensteht
trotz allem was uns belastet
trotz allem was uns den Mut nehmen will
trotz allen düsteren Augenblicken
die uns manchmal unsere Erfahrungen aufzwingen
wir danken dir dafür
daß wir uns auf deine Güte verlassen dürfen
die dafür sorgt daß am Ende alles gut wird.
Gott wir müssen beschämt bekennen
daß wir oft so mutlos sind
daß wir oft resignieren und denken:

Es hat doch alles keinen Zweck
daß wir oft gar nichts mehr von der Zukunft wissen wollen
und nur noch den vergangenen Möglichkeiten nachtrauern
als hätten wir nichts zu erwarten
als trauten wir deiner Güte nichts zu.
Gott wir bitten dich: Vergib uns
verwandle du uns daß wir wieder mutiger werden
daß wir wieder hoffnungsvoller in die Zukunft blicken
daß man unserem Leben und unseren Taten
wieder etwas davon abspüren kann
daß wir in dir alles erhoffen können.
Gott
so könnten wir besser all denen beistehen
die Trost brauchen und die mutlos geworden sind.
So könnten wir besser unseren Teil beitragen zu den großen Aufgaben
die auf uns alle warten.
Gott, sei du bei uns
sei du bei allen Menschen die sich nach Frieden sehnen
und keinen Weg dorthin erkennen ...
(hier lassen sich konkrete Fürbitten anfügen)
(Nach: K. Bannach und G. Raff, Gemeinsam vor Gott, Gütersloher Verlagshaus, Gütersloh 1976)

Lieder
Eingangslied - EG 164 (Jesu, stärke deine Kinder)
Wochenlied - EG 377,1-4 (Zieh an die Macht, du Arm des Herrn)
Predigtlied - EG 246,1-6 (Ach bleib bei uns, Herr Jesu Christ)
Segenslied - EG 246,7 (Dein Wort ist unseres Herzens Trutz)

Vorschlag zur Predigt

Schrecken Sie bitte nicht zurück, liebe Gemeinde! Lassen Sie sich durch die waffenklirrende Sprache unseres Textes nicht einschüchtern! Ich gebe zu, auch mir fällt es schwer, mich als Christ im Panzer vorzustellen. Näher liegen da ja eher die sanften Bilder: der demütig geneigte Kopf, die wehrlos hingehaltene Wange. Ein Christ mit Schwert und Kampfanzug weckt eher mulmige Erinnerungen. Solange ist es ja nun auch wieder nicht her, seit es mal geheißen hat »Mit Gott für Kaiser und Vaterland«. Und das Ende vom Lied war ein bestialisches Abschlachten und ein abgrundtiefer Haß gegen die Nachbarn im Westen wie im Osten. Müssen wir die Koppelschlösser jetzt noch einmal anlegen, damit diese unseligen Zeiten wieder fröhliche Urstände feiern können?
Keine Angst!

Die Waffen, die der Apostel aus dem himmlischen Zeughaus holt, sind absolut ungeeignet zum draufhauen und totschlagen. Doch täuschen wir uns nicht! Wo diese Waffen zum Einsatz kommen, da geht's auch um Leben und Tod. Nicht mit Kanonendonner und Schwertergeklirr wird gekämpft; eher im Verborgenen spielt sich das ganze ab, leise, aber nicht weniger unerbittlich. Ein Krieg, der unter der Decke geführt wird, doch genau das macht ihn so gefährlich. Es ist der Kampf zwischen Gut und Böse, zwischen Gott und dem Teufel, ein Kampf auf Leben und Tod. Und wir sind mitten drin, kaum daß wir's merken, und eh wir uns versehen, finden wir uns hinter den falschen Linien wieder. Wer das vermeiden will, dem bleiben eigentlich nur zwei Möglichkeiten: entweder ab ins Bett und die Decke über den Kopf oder raus ins pralle Leben und mitkämpfen!
Ich gebe zu, ersteres ist bequemer. Und die Versuchung ist groß, um der Reinheit des Glaubens willen die Finger rauszuhalten aus den schmutzigen Tagesgeschäften von Politik und Gesellschaft. »Die Bergpredigt und die Politik – das sind zwei Paar Schuhe« ... wir kennen das! Und im Bett ist es ja nun auch mal bequemer! Nur, wer sagt uns denn, daß der Teufel nicht gerade unter *der* Bettdecke lauert, unter der wir uns verkriechen wollen?
Nun ist es an der Zeit, den Kampf zwischen Gott und dem Teufel zu beschreiben – und zwar so konkret wie möglich. Hierbei wird das ganze Fingerspitzengefühl des Predigers bzw. der Predigerin gefordert sein, denn ein Kategorisieren der gesellschaftlichen Kräfte in Gut und Böse hieße nach des Teufels Geige tanzen. Jegliches Moralisieren muß unterbleiben. Vielmehr geht es darum, sich selbst als Kampfplatz der Auseinandersetzung zu entdecken: Die eigene Manipulierbarkeit, die eigene Trägheit, das Empfinden eigener Ohnmacht angesichts der komplexen Herausforderungen dieser Zeit gilt es an nachvollziehbaren Beispielen herauszuarbeiten. Und wo es möglich ist, sollte der Gemeindealltag dabei nicht außen vor bleiben.
Wer da resigniert, liebe Gemeinde, muß sich hüten, nicht zum Knappen des Teufels zu werden. Der wartet ja nur drauf, daß wir die Hände in den Schoß legen.
Das zu tun, ist verführerisch, und selbst unsere Kirche erliegt dieser Verführung bis heute immer wieder. Z. B. jetzt, wo das Geld zunehmend knapper wird, werden ja erhöhte Anforderungen an ihre Phantasie gestellt. Doch was hört man aus den Etagen der Kirchenleitungen: sparen, sparen, sparen. Und wo wird gespart? In der Regel zuerst immer da, wo die Kirche mit ihrem sozialen Engagement das Profil des Evangeliums in dieser Gesellschaft schärfen könnte: Kindergärten werden abgegeben, Beratungsstellen geschlossen, und der weltweiten Ökumene wird der Hahn zugedreht. Ist denn vergessen, daß die Apostel die Diakone berufen haben, um der Kirche unseres Herrn ein zweites solides Standbein zu verschaffen? Gleichgewichtig sollten Verkündigung auf der einen und soziales Engagement – sprich: Diakonie – auf der anderen Seite nebeneinander stehen. Das

eine war schon für die frühe Christenheit ohne das andere nicht denkbar. Kirche braucht ihre Diakonie, um Kirche zu sein. Der Teufel geht uns an den Kragen, wenn das vergessen wird. Was also ist zu tun?

Weitere Stichwörter

Nun wird mit Hilfe der geistlichen Waffenrüstung oder ausgewählter Ausrüstungsteile die enge Verzahnung von Rede und Tun der Kirche wie des einzelnen Christen verdeutlicht:

- Einsatz für die Wahrheit, daß Gott die Menschen liebt und es nicht erträgt, wenn Menschen über Menschen gehen.
- Engagement für Gerechtigkeit, weil jeder Mensch Gott recht ist.
- Bekenntnis des Evangeliums als einer Botschaft des Friedens, denn Gott hat mit uns Frieden geschlossen.
- Festigung des Selbstbewußtseins durch Mut zum Glauben.
- Vertrauen auf das Heil, weil Gott die Heilung der Welt schon längst in Angriff genommen hat.
- Predigt des Wortes Gottes in einer geistreichen Kirche.

Besser, man beschränkt sich auf ein oder zwei Waffen und spielt ihren theologischen Gehalt im Alltag der Gemeinde und der Kirche einmal durch. Bloß keinen Überflieger starten! Konkret bleiben. Die Prediger und Predigerinnen werden sehr schnell merken, wie der Text sie als »Funktionär/in« in Frage stellt: Was hat das für Auswirkungen auf unsere Besoldungsstruktur? Was hat das für Auswirkungen auf eine Gemeinde, die nichts anderes ist als ein Konglomerat von divergierenden Gruppenegoismen? Was hat das für Auswirkungen auf unsere Gottesdienstgestaltung? Vor allem aber: Was hat das für Auswirkungen auf unser Selbstverständnis? Wer hier vor Antworten kneift, ist auf den Teufel hereingefallen.

Schluß

Liebe Gemeinde, wenn wir's nur zuließen, wir wären unglaublich stark! Gott hat uns Möglichkeiten in den Schoß gelegt, von denen wir bei weitem noch nicht genug Gebrauch machen. Trauen wir unserem Glauben doch endlich einmal etwas zu! Diese Welt braucht Menschen, die keine Angst haben müssen vor dem, was kommt. Und wir brauchen keine Angst zu haben, denn wir haben Ostern im Rücken. Christus ist auferstanden, Gottes Sieg über die Hölle auf dieser Welt ist nicht mehr rückgängig zu machen. Der Teufel will's nur noch nicht wahrhaben. Wir können das unsere dazu beitragen, damit er das endlich kapiert.

Kontexte

in: Werner »Tiki« Küstenmacher,
Geistliche Höhenflüge,
Claudius-Verlag, München 1986

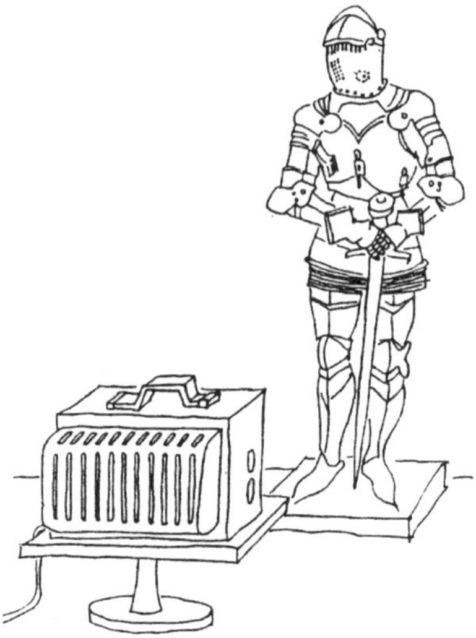

in: Ivan Steiger sieht die Bibel,
Verlag Katholisches Bibelwerk und
Deutsche Bibelgesellschaft,
Stuttgart 1989

Drittletzter Sonntag des Kirchenjahres

Annäherungen an den Predigttext Brief an die Gemeinde in Rom 14,7-9

Frank Niemann

Das erste Gespräch über den Text fand in einem Kreis mit Frauen ab etwa 75 Jahren statt, kurz nach dem Drittletzten Sonntag im Kirchenjahr.
Ich kündige einen bekannten Text an und lese ihn nach der Luther-Übersetzung: »Unser keiner ...«
Spontane Äußerung: »Das wird immer bei Beerdigungen gelesen.«
Eine andere sagt: »Das ist mein Konfirmationsspruch und mein Trauspruch. Da denke ich auch an anderes.«
»Der Text sagt doch, daß es nicht nur nach unserem eigenen Wunsch und Willen geht. Es geht nicht immer so, wie man möchte. ›Für den Herrn‹ meint doch: so wie der Herr das will.«
Eine andere wirft ein: »Der Mensch denkt, Gott lenkt.«
»Für mich heißt das, daß wir eingebettet sind in Gott und Christus. Und wir haben Gebote von ihnen, um danach zu leben.«
»Ja, du hast recht. Ich bin nicht nur für mich da. Ich gehöre zu einer Gemeinschaft, in die ich eingebettet bin.«
Auf meine Nachfrage, welche Gemeinschaft denn gemeint sei, sagte eine: »In der Kirche und im Gottesdienst ist diese Gemeinschaft.« Eine andere: »Diese Gemeinschaft ist zunächst einmal die Familie. Und dann zieht sie weitere Kreise.«
»Mein Kreis ist ganz eng. Im Alter gehen alle Freunde nach und nach. Und dann bist du allein. Deshalb fahre ich Weihnachten auch wieder weg.«
Eine andere erinnert daran, daß die Christenheit eine Gemeinschaft ist. »Deshalb wurden damals ja schon so viele Briefe geschrieben. Und Paulus hat sich aufgeopfert. Er war bereit, für die Gemeinschaft zu sterben.«
»Die Christenheit in der ganzen Welt ist eine Gemeinschaft. Wenn ich im Ausland war, konnte ich in jede Kirche gehen. Es war sofort Kontakt da. Und es war irgendwie nicht so eine Fremdheit. Daran merkt man die Gemeinschaft.«

Das nächste Gespräch führte ich im Kirchenkreisjugendkonvent (Delegierte aus den Jugendgruppen des Kirchenkreises, Alter 15–22 Jahre).
In der vorhergehenden Sitzung habe ich die Jugendlichen auf ein Bibelgespräch vorbereitet und den Hintergrund der Aktion erklärt.
Ich kündige drei verschiedene Übersetzungen (Luther, Neues Testament, Käsemann) an und lese wiederum zunächst den Luther-Text.
Allgemeines Stirnrunzeln. »Das ist ja ein Kracher.« »Kannst Du das nochmal lesen? Ich hab nichts kapiert. Das muß man wohl mehrmals gelesen haben.«
»Ich finde die grundsätzliche Frage über den Tod gut. Ich denke an eine Bekannte meiner Schwester. Die hat Selbstmord gemacht. ›Sich selbst leben‹ und ›sich selbst sterben‹. Man sollte sein Ende selber bestimmen. Aber ›keiner lebt ganz allein?‹ – das ist die Frage. Viele sind ganz allein.«
»Die Formulierung in dem Text finde ich komisch. Das hört sich an wie: Ich habe in meinem Leben nichts selbst zu bestimmen. Alles ist vorherbestimmt und festgesetzt. Ich bin doch ich. Jesus begleitet mich zwar, aber ich will trotzdem ich selbst sein. Wo bin ich hier noch ich selbst?«
Auf Nachfrage lese ich den zweiten Text (Neues Testament Deutsch).
»Ich höre: Jesus bestimmt mich fremd. Er kann mich beeinflussen. Ich bin sein Eigentum.«
»Im ersten Text hieß es ›durch den Herrn leben‹, nicht ›für‹. Wenn ich ›für‹ den Herrn lebe, bin ich ja sein Leibeigener.«
»Mir ist bei dem Text jetzt ganz unbehaglich. Das ist so einengend. Das mußt du so hinnehmen. Offen bleibt für mich: Weshalb lebe ich für Gott, weil Jesus *gestorben* ist?«
»Ich möchte noch einmal auf die Fremdbestimmung zurückkommen. In der Freikirche habe ich gehört, daß Fremdbestimmung was Gutes ist. Das Leben mit Jesus ist anders und mir eröffnen sich dadurch neue Möglichkeiten. Ich bin freier.«
»Mir fällt jetzt auf, wie sehr in dem Text Glauben und Leben und Tod miteinander verwoben sind und eine Symbiose eingehen. Ich finde ihn anregend, da müßte man noch weiter reden.«
»Mir ist noch was ganz anderes eingefallen. Ich denke an James Bond oder Gun's 'n roses mit ›Live and let die‹. Leben oder Sterben ist in vielen Bereichen völlig egal. Da herrscht ein ganz leichtfertiger Umgang mit der Frage nach Leben und Tod.«
Die Jugendlichen äußern auch ihre Erwartungen an Prediger oder Predigerin: Mehrmals lesen, möglichst in verschiedenen Versionen. Klarheit schaffen, gründlich interpretieren, damit deutlich wird: Was heißt das wirklich, was da steht? Dabei werden für den Gottesdienst außergewöhnliche Methoden angefragt: Den Text als OHP-Folie projizieren, mit verschiedenen Schrifttypen Wichtiges hervorheben. Die »Reizworte« Leben und Tod beachten. An die denken, die von unmittelbarem Todesfall betroffen sind.
»Überhaupt sollte man öfters die Leute befragen. Von den Kanzeln klingt vieles zu abgehoben.«

Das dritte Gespräch fand mit Erwachsenen im Bibelseminar statt.
»Hier sind christliche Grundgedanken festgehalten. Ich lebe aus Gottes Hand. Allerdings meine ich, daß ich auch noch selbst Verantwortung trage.«
»Alles liegt bei Gott - soweit geht das nicht! Das löst bei mir starken Widerstand aus, wenn ich höre: Der Herr hat den Finger drauf und fordert Gehorsam.«
»Ich höre vielmehr den Aspekt der Begleitung: Über alle Grenzen hinaus werde ich begleitet, auch über den Tod hinaus.«
»Ja, ich gehöre zu ihm. Da ist Vertrauen und Geborgenheit, kein erhobener Zeigefinger. Sogar im Tod gehöre ich zu ihm und kann ohne Angst leben.«
»Trotzdem kann mir ja etwas passieren. Ich darf das nicht herausfordern. Die Frage ist aber: Bin ich noch ein Individuum? Wie weit habe ich noch die Möglichkeit der Selbstverwirklichung?
»Ich finde, mit diesem Text sind dem Mißbrauch von Macht Tür und Tor geöffnet. Man stelle sich vor: Ich könnte nichts aus mir selbst heraus, könnte mich auch nicht frei fühlen. Jemand schreibt vor, wie Leben für Gott ist und alle, die anders denken, sind Ketzer.«
»Ich lese da nichts von Mißbrauch von Macht. Gott hat die Macht über Leben und Tod. Ich bin vertrauensvoll in seiner Hand.«
»Ja, man kann sich loslassen. Man muß sich nicht immer zuviele Gedanken machen. Wenn es zuviel wird, kann ich auch mal sagen: Was bemühst du dich immer, es liegt ja doch in Gottes Hand.«
»Im Mittelpunkt steht für mich dieses ›Wir sind die Herrn‹. Aber für wen gilt das eigentlich, für alle Menschen oder nur für die Christen?«
»Ich glaube, daß gilt für alle, die an Gott glauben. Also auch für Juden oder Muslime.«
» ›Keiner lebt für sich selbst‹, heißt es. Da gibt es keine Einschränkung.«
»Ich frage mich die ganze Zeit, was ist eigentlich mit ›Herr‹ gemeint. Wie ist das von der Wortbedeutung her?«
Als ich anspreche, daß der letzte Satz des Abschnitts ganz aus den Augen gekommen ist, und ihn nochmals lese, sagt jemand: »Der letzte Satz ist furchtbar. Wieso muß jemand sterben, um zu herrschen oder zu bestimmen?«
Der Kreis hat ebenfalls Wünsche für einen Gottesdienst mit diesem Predigttext: Für die Predigt sollte man an die Menschen denken, die ganz allein sind. Da ist der erste Satz ganz wichtig. Ich muß niemals das Gefühl haben ich bin unwichtig. Ich bin nie verlassen oder allein. Die Frage: Was ist mit ›dem Herrn‹ gemeint, sollte geklärt werden. Heißt es ›auf ihn zu‹ wie auf ein Ziel im Leben?

Zum Gottesdienst

Christoph Schmidt-Ehmcke

Exegetisch-homiletische Skizze

Je nach Alter und religiöser Sozialisation hört man den Text unterschiedlich - die Annäherungen liefern den Beweis. Die Gruppe der über 75jährigen bestätigt den Kasus, der das Verständnis der Verse aus dem Römerbrief regieren kann: die Beerdigung. Ein Trostwort für den Trauerfall. Darüber hinaus scheint der Text der eigenen Lebens- und Kirchenerfahrung zu entsprechen: »Dem Herrn leben« wird verstanden als Durchkreuzung der Lebensentwürfe, die aber in der Gemeinschaft der Christen ausgehalten werden kann.

Die jungen Leute hören aus den Versen einen Angriff auf ihre Selbstbestimmung heraus. Sie sind noch auf dem mühsamen und aufregenden Weg der Ichfindung, nun wird ihnen hier Fremdbestimmung verordnet - was kann daran Gutes sein? Auch die Spannbreite der homiletischen Verständigungsbemühung wird sichtbar. Dort die mit biblischer Sprache vertrauten Hörerinnen und Hörer, die bestätigend verstehen, und hier die Jungen, denen schon die Sprache als »abgehoben« gilt und die Rechtfertigung erwarten: Der Text soll sich vor ihnen rechtfertigen, nicht sie vor dem Text.

Die Hörergruppe der »Erwachsenen« bewegt sich zwischen Bestätigung und Protest. Der Text formuliere das Angebot von Vertrauen und Begleitung »über alle Grenzen« und dürfe trotzdem Selbstverantwortung und Selbstverwirklichung nicht hindern. Die in dieser Generation entdeckte Relativierung des Christentums als Religion unter Religionen stört das Verständnis des zentralen Verses »Wir sind des Herrn« noch einmal zusätzlich: Wie inklusiv oder exklusiv ist das »Wir« gemeint?

Eine weitere Perspektive bringt das genaue Textstudium. In dem Wissen, daß zu »Sprüchen« gewordene Textstellen ihr Eigenleben führen, habe ich sofort die ganzen Schlußkapitel des Römerbriefes gelesen und kam dann vom Kontext nicht mehr los: Vom Trostwort in Trauerfällen blieb nichts mehr, und die Alternative von Selbst- und Fremdbestimmung erwies sich als ein angetragenes Problem.

Wieder einmal entwickelte Paulus Theologie aus einer Konfliktsituation heraus, dem Streit zwischen Starken und Schwachen im Glauben. Die Verse 7 bis 9 stellen darin eine Grundsatzerklärung dar: Die Zugehörigkeit zu Christus ist das Maß, an dem sich unsere Menschlichkeit im strittigen Miteinander messen lassen muß. Das bevorstehende Gericht (Vers 10), dem sich beide Seiten zu stellen haben, relativiert unsere Urteile übereinander. Bedenkt man, daß mit »Leben und Tod« polar nach alttestamentlichem Vorbild eine Gesamtheit beschrieben wird, rückt die Grundsatzerklärung noch weiter vom Trauerkasus weg. Enger auf den Konflikt bezogen könnte man übersetzen: »Ganz und gar« gehören die Parteigänger zu Christus - wie können sie sich da als letzte Urteilsinstanz über andere aufspielen?

Der Ursprungskonflikt in der römischen Gemeinde läßt sich nicht mehr genau nachzeichnen. Möglich ist sogar, daß Paulus diesen Konflikt in Analogie zu seinen bisherigen Gemeindeerfahrungen auf Rom übertragen hat. Weitgehende Übereinstimmung besteht in der Vermutung, es handele sich bei den Gruppen um eine judenchristliche Minderheit und eine heidenchristliche Mehrheit. Die Minderheit, die »Schwachen«, verzichten »im Herrn« auf bestimmte Speisen, die einem Götzen geopfert waren, und halten gewisse Tage (unter glücklichem oder ungünstigem Gestirn) ein. Die »Starken«, unter die Paulus zu zählen ist, sehen eine spezielle Speiseakese als überflüssig an und wollen auch keine Tage unterscheiden.

Nach seinem Angriff auf das jüdische Gesetz wird Paulus hier offensichtlich von seiner eigenen Revolution eingeholt und muß Dämme bauen: Beide Gruppen sollen einander ihre Art und Weise gestatten und nicht zu verbieten suchen. E. Käsemann gibt diesem Konflikt eine exemplarische Bedeutung, der die Kirchengeschichte durchziehe bis heute: der Streit zwischen »vollkommenem Gehorsam« und der »christlichen Freiheit«. In seinem Römerbriefkommentar überschreibt K. Barth den Abschnitt: »Die Krisis des freien Lebensversuchs« und etikettiert die Parteien als die »Freien« gegenüber den »Präzisen«. In der Freude des Dialektikers deutet er: »Und nun begegnet uns im Augenblick, wo uns schon die Lichter des neuen Hafens grüßen ... ein letztes Halt ... Paulus gegen den ›Paulinismus‹! Der Römerbrief gegen den Römerbriefstandpunkt! Die Freiheit Gottes gegen den freien Lebensversuch, der sich aus ihrer Erkenntnis unvermeidlich ergibt!«

Die Predigtentwürfe, die ich durchgesehen habe, suchen alle - auf ihre zeitgeschichtliche Art - nach einer strukturellen Entsprechung für die »Gemüseesser« und »Fleischesser«, für die Schwachen und Starken von Rom. »Konservative« und »progressive« Positionen lassen sich zu jeder Zeit ausfindig machen. Sie »anstößig« in einer Predigt zu behandeln gelingt aber erst dann, wenn sie möglichst konkret und gemeindenah formuliert benannt werden. Aber darf man das - monologisch vom sicheren Ort der Kanzel aus? Die Annäherungen fordern dazu heraus, Selbstverwirklichung und - ja was? - die wahre Freiheit in der Fremdbestimmung »im Herrn« zu thematisieren. Wem gelingt das, ohne in die Falle zu laufen, gegenwärtige Lebensmaximen »gesetzlich« zu bremsen statt »evangelisch« zu befreien? Zudem müßte man den sozialen Konflikt zu einem innerpsychischen machen.

In meinem Entwurf beachte ich den Kasus, das Ende des Kirchenjahres, nicht. Grundlage der Predigt wird Römer 14,1-13. Ich rechne die Wirkung der Predigtgeschichte ein: Christen haben gelernt, daß Konflikte »anders«

als üblich zu lösen sind. Dieses »anders« interessiert mich, darüber möchte ich, mit Paulus, aufklären: Christen sind »nett« zueinander, aber warum? Wir, und im Zusammenhang übersetze ich: ich und die anderen, sind – »des Herrn«!
Die entscheidende Schwierigkeit liegt in der evangelischen Paraphrase dieses Eigentumstitels. Der Getaufte, so verstand es wohl Paulus, gehört realistisch der neuen Schöpfung an: Er ist mit Christus gestorben und ein neuer Mensch geworden. Uns liegt es näher, dies psychologisch zu deuten: Wir können uns als Christen anders denken, nehmen uns neu, als von Gott Geliebte, wahr. Der seinsmäßige Wandel, wie er Paulus vorschwebte, ist damit noch nicht formuliert.
Ich versuche, die von Paulus entwickelte Konfliktregelung in der Gemeinde der Gewandelten mit der Unterscheidung von Person und ihren Taten nachzuvollziehen. Weil der Christ »ganz und für immer« Christus gehört, muß sich im Konfliktfall gegenseitige Kritik auf die Kritik an den Taten begrenzen. Im Blick auf die Taten gibt es »Stärken« und »Schwächen«, die Person ist aber mehr als ihre Taten, geht in ihnen nicht auf: »Gott zieht mich hinter meinem Rücken hervor.« (Augustin)

Vorschläge zur Liturgie

Bekenntnis

Denen wir lieber
aus dem Weg gehen
sind Dein Weg.

Die wir lieber
nicht sehen möchten
sind Dein Blick.

Die wir lieber
nicht hören möchten
sind Deine Stimme.

So ist das.
Und so:
bist Du.

(Kurt Marti, O Gott! Lachen, Weinen, Lieben. Ermutigungen zum Leben, © Radius-Verlag, Stuttgart 1995, Seite 97)

Kollektengebet
Der Du bist
die Nähe der Nächsten,
die Fremdheit in Fremden:

hilf mir zuhören,
damit Verstehen beginnt,
lehre mich schweigen,
gesammelt,
geöffnet.
(Kurt Marti, a. a. O., Seite 32)

Fürbitten
Ewiger, barmherziger Gott, du hast uns dieses Leben geschenkt mit seinen Herrlichkeiten und seinen Ängsten, mit vielen Gaben, die wir oft kaum gewahren, und mit der kleinen, täglichen Mühsal, die wir fleißig beseufzen. Du machst unser Leben reich durch die Liebe unserer Eltern, unsres Ehegatten, unserer Kinder, unserer Freunde, aber auch dadurch, daß du die Last mancher Menschen auf uns legst, die du zu unseren Nächsten gemacht hast und in denen du auf uns wartest.
Wir danken dir, daß dein Erbarmen uns aus dem verworrenen Dunkel unseres Herzens und Lebens deinem Tag entgegenträgt. Wir danken dir für die Menschen, die uns vorangehen in der Nachfolge deines Sohnes, auf dem Weg deiner Liebe zu den Menschen.
Tritt uns in den Weg, Herr, daß wir nicht immerfort wehleidig unsere Nöte beklagen und auf unser Wohlergehen bedacht sind, vielmehr die verschwiegenen Nöte unserer Nächsten wahrnehmen und geduldiger auf sie eingehen lernen. Laß nicht zu, daß wir feig mit den Wölfen heulen. Gib uns die Kraft, mit den Leidenden zu leiden, mit den Verzagten zu beten und Dämme zu bauen gegen den heimlichen Totschlag der großen Gleichgültigkeit, die so viele Seelen verwüstet und abstumpfen läßt. Laß uns erschrekken darüber, wie viele Menschen auch unseretwegen nichts mehr von dir erwarten. Laß uns aber auch erfahren, wie nahe du bei den Demütigen und den Redlichen bist und daß du das Stückwerk unserer Liebe segnen und zum Ziel bringen kannst.
So bringen wir vor dich die Nöte der ganzen Welt. Wehre dem gewalttätigen Sinn und der Rachsucht unter den Völkern. Gib den Regierenden guten Rat und unerschrockenen Mut, sich um den Frieden zu mühen. Zerbrich die Verhärtung der Verantwortlichen und die Resignation und Verzweiflung der Opfer auf beiden Seiten der Mauern und Gräben, welche die Völker voneinander trennen.
Laß die Führer der Religionen nicht fanatisch werden und Böses anrichten. Laß die Kirchen Wege zueinander suchen und finden trotz aller notvollen, selbstgerechten und häßlichen Spaltungen, die das Bild deines Volkes auf Erden entstellen.
Die Gefährdeten beschirme, den Gefangenen stehe bei, die Leidenden tröste, die Schwermütigen laß nicht im Dunkeln versinken, die unheilbar Kranken halte an deiner Hand.
Und wo immer Menschen sich aufmachen, ihren Nächsten zur Seite zu ste-

hen und ihnen zu helfen, da umgürte du sie mit den Kräften der neuen Welt, die deine Liebe baut und bezeugt. Amen.

(Werner Jetter, Wir rufen dich an, Gebete mit der Gemeinde, Luther-Verlag, Bielefeld 2., überarb. Auflage, Seite 80 f., in Auswahl und mit kleinen Änderungen)

Lieder

EG 324,1-3.12.13 Ich singe dir mit Herz und Mund; EG 133 Zieh ein zu deinen Toren; EG 409 Gott liebt diese Welt; nach der Predigt: EG 221 Das sollt ihr, Jesu Jünger, nie vergessen. Außerdem auch EG 663 (Ausgabe Rheinland/Westfalen/Lippe) Herr, deine Liebe ist wie Gras und Ufer; EG 395 Vertraut den neuen Wegen.

Lesung

Matthäus 5,38-48

Vorschlag zur Predigt

Möglicher Anfang

Ich erinnere mich an meine erste Sitzung in einem städtischen Ausschuß. Erschrocken war ich, mit welcher Härte die Parteien ihre Positionen markierten, auch keine Hemmungen hatten, ihre Gegner zu verspotten und ihre Schadenfreude zu zeigen.

Nach der Sitzung wurde ich, der Neuling, in den Ratskeller eingeladen. Und da saßen sie fröhlich an einem Tisch, die Gegner aus dem Saal über uns, die Ratsmitglieder der opponierenden Parteien und ließen sich Bier oder Wein schmecken. Was war das nun eben gewesen: nur parlamentarisches Spiel, ein Schaukampf für die anwesenden Pressevertreter? Hatte man gestritten in der heimlichen Übereinkunft - zu ernst wollen wir unseren Streit nicht nehmen? Oder hatte ich besondere Lebenskünstler kennengelernt, die sich auf eine nervenschonende Strategie verstanden: Auch wenn die Fetzen fliegen, wir bleiben - Mensch?

Wahrscheinlich war es nur der dichte Wechsel von scharfen Reden und fröhlicher Runde, der mich so verblüfft hatte. Denn die Unterscheidung, die hinter diesem Wechsel liegt, ist uns allen ja vertraut: Jeder Mensch ist mehr als sein Reden und seine Taten. Wir könnten gar nicht miteinander auskommen, wenn wir uns nicht in dieser doppelten Perspektive wahrnähmen. Keine Ehe, keine Familie, kein Arbeitsverhältnis würde länger bestehen, verstünden wir uns nicht auf die Kunst dieser Unterscheidung.

Zum weiteren Verlauf

Die Unterscheidung und die Rolle der Sympathie

Worin genau besteht dieses »Mehr sein als die Reden und Taten«? Was muß abseits der Reden und Taten gesehen werden? Ich stoße auf die Rolle der

Sympathie: Zwar trafen sich im Ratskeller die opponierenden Parteienvertreter, aber doch nicht alle: Es aßen und tranken zusammen, wer sich auf irgendeine Art sympathisch war ...

Die Strategie des Lächelns in der Gemeinde

Die christliche Gemeinde ist geradezu ein Großversuch, die Sympathiegrenzen für das Miteinander hinter sich zu lassen. Für den Konfliktfall schärft Paulus einen Grundsatz ein: Wir gehören zu Christus - ich und die anderen, ich und mein Gegner! Und zwar »ganz und für immer«, mir ist es nicht erlaubt, Grenzen zu ziehen, Bereiche abzugrenzen, wo dies nicht gilt!

Kritiker der christlichen Gemeinde sagen: Das kann nur mißlingen. Die Menschen sind nicht so. Sie wollen urteilen, verurteilen, ablehnen. Und die Christen stehen unter Druck: Sie müssen das Gegenteil beweisen. Dazu haben sie eine Strategie des Lächelns entwickelt. Sie umgehen den Streit im Saal, verkleinern ihn auf eine erträgliche Größe, oder verdrängen ihn. Frech provozierend hat das ein Beobachter so beschrieben:

»Im Milieu der Kirchengemeinde waltet ... das Klima freundlicher Geselligkeit. Pausenlos treffen sich nette Menschen ...« (M. Josuttis, Die Einführung in das Leben, Gütersloh 1996, Seite 75) Zu ergänzen ist: Und im Untergrund bestehen und stören, ja sogar brodeln die Konflikte weiter, das ganze heftige Spiel von Zuneigungen und Abneigungen, von Koalitionen und Gegnerschaften, von Ja und Nein zu anderen Menschen.

Die Kränkung durch Paulus

Für uns - vielleicht allzu - netten Menschen hält Paulus erst einmal eine Kränkung bereit: Wir werden alle vor den Richterstuhl Gottes gestellt werden! Alle - die anderen und ich eben auch! Vor Gott hat niemand einem anderen etwas voraus!

Wir haben diese Lektion, zumindest »mit dem Kopf«, gelernt. Aber immer wieder mißverstanden - als ginge es um unsere Fähigkeit zur Sympathie. Als müßten wir uns einfach nur anstrengen und die Sympathiegrenze weiter hinausschieben.

Der qualitative Sprung

Paulus macht einen entscheidenden qualitativen Sprung: Wir leben miteinander und unbegreiflicherweise - in der Sympathie Gottes! Deshalb kann ich, nein, muß ich von meinem Gegner, meinem Feind wissen: Er ist ein Bruder, eine Schwester wie ich! Freunde sucht man, aber Geschwister werden mir gesetzt! Die Anstrengung, die von mir erwartet wird, ist die der ständigen Unterscheidung des Bruders, der Schwester von dem, was sie reden und tun, ist also nicht die des ständigen Lächelns trotz aller mir beigefügten Schmerzen.

Möglicher Schluß

Wir haben in unserer Sprache ein sehr weises Bild für diese Anstrengung in Konflikten: »Das Gesicht wahren«. Wir können, wir müssen einander unser Gesicht lassen. In ihm spiegelt sich die Sympathie Gottes. Unantastbar für uns. Wir leben selbst davon.

Kontexte

Doch der christliche Glaube steht und fällt mit der Vollmacht, den Menschen innerhalb dieses weltlich unlösbaren Zusammenhangs von Person und Tat im Namen Gottes so anzusprechen, daß er von seinen Taten geistlich unterscheidbar wird. Der christliche Glaube steht und fällt damit, daß er es wagt, in dem Täter die Person ernst zu nehmen. Das heißt Rechtfertigung des Sünders. Sie verbietet es, die beste Tat ebenso wie die schlimmste Untat mit dem Ich zu identifizieren, das sie tat. Wie es vor Gott eben deshalb keinen Ruhm gibt, weil Gott sich weigert, den Menschen mit seinen gelungenen Leistungen gleichzusetzen, so verwehrt es Gott im negativen Fall, die unmenschliche Tat kategorial so auszuweiten, daß ihr Subjekt nur und ausschließlich unter sein unmenschliches Tun subsumiert wird. Der Glaube verbietet das selbst dann, wenn die betroffene Person selber sich so mit ihrem Tun identifiziert, daß sie darin aufzugehen wünscht. Der Glaube spricht den Menschen vielmehr so an, daß er auch dann als eine von ihren Taten unterscheidbare Person ernst zu nehmen ist, wenn er sich selber dafür unansprechbar macht. Die Person ist gegenüber ihren Taten ein Selbstwert. Ihr gehört die letzte Zukunft. Und das gilt es bereits in der Gegenwart zu respektieren.
(E. Jüngel, Zukunft und Hoffnung, Zur politischen Funktion christlicher Theologie, in: Müssen Christen Sozialisten sein? Zwischen Glauben und Politik, hrsg. von W. Teichert, Hamburg 1976, Seite 28 f.)

Alle Reformmenschen sind Pharisäer, leiden an Humorlosigkeit und können das Verurteilen nicht lassen. Nehmt einem Abstinenten, einem richtigen Religiössozialen, einem Kirchenmann, einem Pazifisten das Pathos der moralischen Entrüstung, und ihr habt ihm das Rückgrat gebrochen.
Der Gemüseesser lebt nun einmal, seiner friedlichen Nahrung zum Trotz, vom heimlichen oder offenen Protest, vom Seufzen und Kopfschütteln über die Torheit der Welt, von der Abgrenzung gegen die andern, weil er die eigentliche Tragik des Menschenlebens, deren Größe jeden Mund stopfen müßte, nicht kennt.
Aber nicht mit ihm haben wir es hier zu tun, sondern mit dem Pauliner, der aus seiner Freiheit eine »Sache« macht und damit beweist, daß er schwächer ist als die Schwachen. Er müßte wissen, was sein Gegner (den er ja gar nicht als seinen Gegner kennen soll) nicht weiß: »Gott hält Gemeinschaft mit ihm«, dem andern. »Wer bist du, daß du den Knecht eines Fremden verurteilst?« ...
Sollte die unanschauliche Gerechtigkeit, die unbegründete Gerechtigkeit Gottes nicht auch, nicht gerade dem »Schwachen im Glauben«, dem Unbelehrbaren, dem Nichtpauliner zugute kommen? Sollte, wer etwas gemerkt hat von dem Unerhörten, daß Gott mit dem Menschen Gemeinschaft hält aus lauter Erbarmen, einen andern verachten können, weil er – gerade das nicht gemerkt hat, sondern in seinem Optimismus weitereifert voll ungebrochener moralischer Steilheit? Als ob es außerhalb der Möglichkeiten der Freiheit Gottes läge, daß Gott nicht nur mit Zöllnern und Huren, sondern sogar mit Pharisäern Gemeinschaft haben kann!
(Karl Barth, Der Römerbrief 1922, © Theologischer Verlag, Zürich, 15. Auflage 1989, Seite 537 f.)

Vorletzter Sonntag des Kirchenjahres

Annäherungen an den Predigttext Brief an die Gemeinde in Rom 8,18-23 (24-25)

Friedrich Holze

Hoffen - worauf?
Ein schwerer Text! Ich fühle mich von ihm wie erschlagen. Mein erster Gedanke: Das muß in einer Zeit geschrieben sein, wo die Menschen besonders unzufrieden waren mit ihrer Situation. Da sollte ihnen Hoffnung eingepflanzt werden auf ein besseres, jenseitiges Leben.
Ist das das nicht eine typisch christliche Phraseologie? Die Menschen werden davon abgelenkt, hier auf der Erde ihre Hoffnungen zu verwirklichen und glücklich zu werden. Das wahre Glück liegt im Jenseits.
Harte Worte sind das, die das menschliche Leid zugunsten einer zukünftigen Herrlichkeit abwerten. Und was so paradiesisch geschildert wird - die »Erlösung des Leibes« und die »Freiheit der Kinder Gottes« - das klingt doch sehr verschwommen und schwer nachvollziehbar für uns heute. Bloßes Wunschdenken?
Eine Kernaussage des Textes ist die Vergänglichkeit, unter der die ganze Schöpfung leidet. Wer oder was ist darunter zu rechnen - die Menschen, die Tiere, die Pflanzen und auch die unbelebten Dinge, die ganze Natur? Kann nicht nur jemand leiden, der auch ein Bewußtsein hat? Haben Tiere, Pflanzen und Dinge in diesem Sinne ein Bewußtsein? (Zwischenruf: Meine Blumen hören es, wenn ich mit ihnen rede! Und auch bei Tieren gibt es die Todesangst!)
Den Menschen kommt anscheinend eine besondere Aufgabe zu. An uns soll »offenbar« - darunter verstehe ich: sichtbar, erkennbar - werden, daß wir Kinder Gottes sind. Kehrt da nicht der Gedanke aus dem Schöpfungsbericht wieder, daß der Mensch an der Spitze der Schöpfungspyramide steht? Dann hieße das: Wir sind mit dem Leiden der ganzen Schöpfung verwoben und haben zugleich dieser Schöpfung gegenüber eine besondere Aufgabe, sind insofern aus der gesamten Schöpfung herausgehoben.
Für mich geht es hier um einen Bewußtseinsprozeß. Das »Offenbar-Werden« der »Kinder Gottes« übersetze ich so: Es soll uns etwas klar werden.

Aus meiner Sicht sind wir immer schon Kinder Gottes. Aber uns muß erst bewußt werden, daß wir es sind und was das bedeutet. Denn das hat Folgen für uns selbst und für die Schöpfung als Ganze. Unsere Chance liegt in unserer Fähigkeit zur Transzendenz - in der Hoffnung und dem Vertrauen, daß es noch etwas gibt, was unsichtbar ist und nicht im Sichtbaren aufgeht. Ein starker Satz ist für mich: Hoffnung hat etwas mit dem zu tun, was man noch nicht sieht. Sie empfängt ihre Kraft aus einer Möglichkeit, die noch nicht Realität ist. Ihr Kennzeichen ist die Geduld, das geduldige Warten auf die Erlösung und Befreiung von der Wirklichkeit, die unter dem Bann der Vergänglichkeit steht. Ungeduld ist dagegen ein Zeichen von Hoffnungslosigkeit, von einem Leben ohne die Perspektive, daß etwas anderes möglich ist als das, was wir täglich sehen, hören, erleben.

Für mich ist der Gedanke von der »Erlösung unseres Leibes« schwer nachvollziehbar. Auf der einen Seite erlebe ich es, wie es eine Last sein kann, diesen Leib, meinen Körper zu haben; auf der anderen Seite möchte ich ihn gern erhalten - was aber letztlich nicht geht. Bedeutet »Erlösung« dann: Trotz der Vergänglichkeit meines Leibes lebt etwas weiter auf eine Weise, die ich nicht kenne, von der ich aber etwas ahne?

Ich bin total gefrustet, weil alles so kompliziert ist, was Paulus schreibt. Ich habe eine richtige Wut, daß eine wichtige Botschaft, die er anscheinend überbringen möchte, so verklausuliert klingt und so viele unterschiedliche, mehr oder weniger willkürliche Interpretationen möglich macht. Da beißen wir uns die Zähne aus, und dabei geht es vielleicht um etwas ganz Einfaches: Jedem Menschen ist als einem geistbegabten Wesen die Hoffnung angeboren. Wenn ich sterbe, dann darf ich darauf hoffen, daß nicht etwas Erschreckendes auf mich wartet, sondern daß ich von einem unendlichen Wohlgefühl umgeben bin, gleichsam in Liebe baden werde. Das heißt für mich, aus der Vergänglichkeit meines Leibes erlöst zu werden - eine Jenseitshoffnung, die sich in vielen Berichten von Sterbenden bei der Sterbeforscherin E. Kübler-Ross bestätigt.

So denke ich auch: Der mich geschaffen hat, der ruft mich eines Tages wieder zu sich zurück - in sein All. Ich bin ein Teil des Geschaffenen und gehe dahin zurück, aus dem ich gekommen bin. Nichts geht verloren. Das ist für mich eine Gewißheit.

Allerdings war das in der Kirche früher anders. Da wurde kräftig die Angst vor dem Jenseits geschürt, um Menschen einzuschüchtern. Paulus versucht stattdessen, den Menschen diese Angst vor dem, was kommt, zu nehmen und ihnen Hoffnung zu machen. Mit den Worten eines modernen Theologen, den ich unlängst in einer Talkshow des Fernsehens sah, könnte man sagen: »Zum Teufel mit der Hölle!«

Aber was bedeutet das für mein heutiges Leben? Die Hoffnung müßte auch schon jetzt und hier etwas verändern, wenn sie nicht bloße Vertröstung auf ein besseres Jenseits sein soll.

Zum Gottesdienst

Günter Berndt

Exegetisch-homiletische Skizze

Die zukünftige Herrlichkeit
Ich lese die Paulusworte im Kontext der Schöpfungsgeschichte. (die Beauftragung des Menschen zur Hege und Pflege der guten Schöpfung Gottes), der Prophetie vom Friedensreich und der Ankündigung des Gottesreiches/Himmelreiches durch Jesus (nahe herbeigekommen, unter euch schon wirksam). Das alles übersteigt momentanes Glücksempfinden - mir geht es gut, mein Christsein bringt mir keine nennenswerten Nachteile, ich genieße das Leben. Und es übersteigt schmerzhaftes, unsagbares Leid in der gesamten Schöpfung Gottes. Die Aufteilung in Diesseits und Jenseits liegt nahe, ist angesichts der Geschichte der Kirche eher ärgerlich als hilfreich, weil sie Unrecht stabilisierte und Gedemütigte vertröstete. Hilfreicher ist mir der Aspekt des »Schon und Nochnicht«, des Vorletzten und Letzten (siehe Bonhoeffers Ethik). Weil alles in Gottes Geschichte auf das Letzte hinzielt, wird das Vorletzte, unser Weg dahin, bedeutsam. Da das Letzte erst die Vollkommenheit ist, das Friedensreich, das himmlische Jerusalem, darum wird das Vorletzte als das Vorläufige, das Unvollkommene ernst genommen. Das Vorletzte als das Vorläufige ist nicht wertlos - wie der Paulustext es nahe legen könnte -, sondern wird geradezu zum Prüfstein für unsere Hoffnungen und Sehnsüchte, auch unsere Visionen und Utopien. Darum gilt es, die gegenwärtigen Leidenssituationen zu bedenken und schonungslos zu beschreiben, also nichts zu beschönigen. Es geht um die unendlichen vielen Situationen im Leben einzelner Menschen, im Leben der Menschheit und der Schöpfung, die Hoffnungen zunichte machen, Resignation, Gleichgültigkeit und Pessimismus verbreiten. Wir sollen uns davon nicht bestimmen lassen, was alles andere ist als Weggucken und die Welt mit ihrem Leid vergessen ...
Die Leiden in unserer Zeit
Es liegt nahe, von konkreten Leidenssituationen in der jeweiligen Gemeinde auszugehen. Das können unheilbare Krankheiten und Todesängste sein. Doch sollten wir uns nicht mit den Grenzsituationen allein befassen. Da ist auch die hoffnungslose Situation junger Leute gemeint, wenn es um Chancenlosigkeit für Ausbildung und Arbeit geht. Viele Leidenssituationen werden uns bewußt, auch die gesellschaftliche Situation der totalen Vermarktung, wo der Wert des Menschen nur unter dem Aspekt der Waren gesehen wird. Wer sich also mehr auf die individuellen Erfahrungen im Umkreis seiner Gemeinde beschränkt, sollte nun Antwort geben auf die Frage, wie hier das Letzte das Vorletzte prägt, wie aus Trauer Frohwerden,

aus Angst Zuversicht, aus Resignation Hoffnung, aus Gleichgültigkeit Verantwortung wird. Da würde ich andere sprechen lassen, die auf Grund ihrer Leidenserfahrungen mit ihrem Glauben und ihrer Hoffnung kompetenter sind als ich. Da werden Lieder bedeutsam, die meine Theologengeneration jahrzehntelang mißachtet hat. »So nimm den meine Hände«, »Jesu geh voran auf der Lebensbahn«, dazu Paul-Gerhardt-Lieder und die Hintergründe ihrer Entstehung.

Ein anderer Kasus dieses Sonntages ist der *Volkstrauertag*. Thema könnte sein: »Sinnloses und seliges Sterben«. Auch hier würde ich andere sprechen lassen, z.B. Abschiedsbriefe von Zum-Tode-Verurteilten (s. Kontexte) und aus Stalingrad. Zu benennen wäre das Leid und die Opfer der Kriege, 1. und 2. Weltkrieg, Vietnam, Afghanistan, Balkan, Afrika etc. Aktuelle Bezüge: Was haben wir gelernt? Unsere Ohnmacht gegenüber Krieg und Rüstungsindustrie (Beispiel Tretminen). Und unsere Antwort?: Der Brief von Probst und Moltke und Psalm 126 nach Gerhard Bemm.

Es gibt noch einen Kasus, für den ich mich entscheide: In die Zeit am Ende des Kirchenjahres fällt die *Friedensdekade,* die von den DDR-Kirchen unter dem Motto »Schwerter zu Pflugscharen« begangen wurde, immer noch existiert, aber etwas vergessen ist. Dabei möchte ich das Thema der ökumenischen Versammlung - während ich das schreibe, findet sie in Graz statt - mit bedenken: Frieden, Gerechtigkeit und Bewahrung der Schöfung. Nun handelt es sich um eine neue Form von Volkstrauertag, der Trauertag des Volkes Gottes angesichts des Krieges der Menschen gegen Gottes Schöpfung. Da gibt es nicht nur Kreuze für Soldatenfriedhöfe, sondern Kreuze für vernichtete Tierarten, für vernichtete Wälder. Das Thema ist weit gefächert: Der Mensch als Schöpfer und Vernichter; das Klonen als Gegenmodell der Schöpfung - nicht vielartig, sondern einartig. Wenn wir an all dem, was mit Gottes guter Schöpfung geschieht, nicht leiden, kann das Pauluswort aufwecken, wenn er vom Stöhnen der Kreatur spricht. Die Kreatur ächzt nach Erlösung, offenbar wird in unserer Gegenwart (Umweltgipfel in New York im Juni 97) nicht die Doxa Gottes und ihr Abglanz bei den Kindern Gottes, sondern der brutale Ausverkauf von Gottes Schöpfung. Auch hier gilt: Das Letzte wird das Vorletzte prägen. Menschenzeit ist nicht Warenzeit, Geldzeit. Der Mensch nicht Herrscher, nicht Gott, aber Ebenbild, Heger und Pfleger. Vor der Erfüllung aller Zeiten steht das Vorletzte - das ist die Hoffnung auf die Menschenzeit, nicht der Mensch mit dem geraubten Glanz Gottes, sondern der Mensch als Abglanz Gottes. »Hoffnung auf die Menschenzeit« ist mein Thema, dazu die Lesungen aus der Schöpfungsgeschichte und der Bergpredigt Jesu, und Psalm 8. Bleibt noch ein Hinweis: An diesem vorletzten Sonntag ist der Todestag von Jan Amos Komensky (Comenius). Wer Freude hat, findet bei ihm mancherlei Anregung zu unserer Thematik.

Vorschläge zur Liturgie

Lieder

EG 428 »Komm in unsre stolze Welt« Hv. Lehndorff; EG 430 »Gib Frieden, Herr, gib Frieden« Jürgen Henkys; Kurt Marti: »Das könnte den Herren der Welt ja so passen« in »Mein Liederbuch« tvd 8100 N, Nr. B 25; Shalom Ben Chorin: »Freunde, daß der Mandelzweig wieder blüht und treibt« in »Mein Liederbuch« a. a. O. Nr. B127.

In das Dunkel trag ein Licht,
geh in Frieden, geh in Frieden.
Fürchte dich nicht.
In das Dunkel trag ein Licht.
Bring den Menschen,
bring den Menschen Zuversicht.

Bring den Menschen Zuversicht,
geht in Frieden, geh in Frieden.
Fürchte dich nicht.
Bring den Menschen Zuversicht.
Gottes Liebe,
Gottes Liebe werde Licht.

Gottes Liebe werde Licht,
geh in Frieden, geh in Frieden.
Fürchte dich nicht.
Gottes Liebe werde Licht.
Gib der Hoffnung,
gib der Hoffnung ein Gesicht.

Text: Hans-Jürgen Netz
Musik: Holger Clausen
aus: Gib der Hoffnung ein Gesicht, 1989, die Rechte im tvd-Verlag, Düsseldorf

Segne, Vater, diese Erde,
Menschen, Tiere, Raum und Zeit.
Bleib bei uns, und mit uns werde
deine Liebe Wirklichkeit.

Segne, Vater, diese Erde,
unser Handeln, unsre Zeit.
Bleib bei uns, und in uns werde
deine Liebe Wirklichkeit.

Segne, Vater, diese Erde,
heute, morgen, jede Zeit.
Bleib bei uns, und aus uns werde
deine Liebe Wirklichkeit.

Segne, Vater, diese Erde,
Anfang, Ende, alle Zeit.
Bleib bei uns, und bei uns werde
deine Liebe Wirklichkeit.

Psalmen

Psalm 8 Die Doxa Gottes und der Menschen
Psalm 126 es ist nicht alles ausgeträumt

(Psalm 126 von Gerhard Bemm, in: Materialien zur Ökumenischen Friedens-Dekade, hrsg. von der Arbeitsgemeinschaft Christlicher Kirchen, Berlin (Frankfurt, Gesprächsforum Ökumenischer Friedensdekade)

Wann werden wir sein
wie die Träumenden
und unser Mund voll Lachen?

Wenn wir die Angst überwinden,
mit der wir uns trennten
von den Menschen nebenan?

Wann werden wir sein
wie die Jubelnden
und unser Herz voll Freude?

Wenn wir den Neid überwinden,
mit dem wir uns trennten
von den Menschen nebenan?

Wann werden wir sein
wie die Siegenden
und unser Sinn voll Dank?

Wenn wir den Haß überwinden,
mit dem wir uns trennten
von den Menschen nebenan?

Dann werden wir sein
wie die Träumenden,
wenn wir nicht warten
auf den Beginn nebenan.

Kyrie

Gott, dein ist die Zeit. Wir gehen von einem Jahr zum andern, halten Rückblick und planen das kommende Jahr. Dabei vergessen wir schnell, daß du die Zeit bestimmst. Unsere Zeit steht in deinen Händen. Laß uns die Zeit unseres Lebens deinen Händen anvertrauen, damit wir aus dir heraus leben können. Kyrie eleison. Jesus Christus, dein ist das Leben. Deines Lebens auf der Welt gedenken wir, und deinem Leben bei Gott forschen wir nach. Das Ewige Leben, das du uns verheißt, ist uns oft rätselhaft und unverständlich. Laß uns aus der Verheißung des Ewigen Lebens Kraft schöpfen für unser Leben. Christe eleison.
Gott, Heiliger Geist, dein ist die Kraft. Wir sind manchmal verzagt oder mutlos und brauchen Kraft zum Leben. Du willst uns begleiten und neuen Lebensmut geben. Deine Geisteskraft sei mit uns, damit wir neue Wege zum Leben für uns finden und gegen Resignation und Mutlosigkeit angehen können. Kyrie eleison.

Lesungen
1. Mose 2, 7-15 Die Beauftragung des Gärtners Jahwe an seine Menschenkinder. Jesaja 11, 1-9. Micha 4, 1-7.
Matthäus 6, 13-16 Jesusleute als Hoffnung für die Menschheit.

Glaubensbekenntnis

Wir glauben an Gott,

er gab denen, die unter dem Gesetz litten, die Liebe,
er gab denen, die fremd waren im Land, ein Zuhause,
er gab denen, die unter die Räuber fielen, seine Hilfe

Wir glauben an Jesus Christus, Sohn Gottes, unseren Bruder und Erlöser,

er gab denen, die Hunger hatten, zu essen,
er gab denen, die im Dunkel lebten, das Licht,
er gab denen, die im Gefängnis saßen, die Freiheit.

Wir glauben an den Heiligen Geist,

er gibt denen, die verzweifelt sind, neuen Mut,
er gibt denen, die in der Lüge leben, die Wahrheit,
er gibt denen, die die Schrecken des Todes erfahren, die Hoffnung zum Leben.

(Ernesto Cardenal, Wir glauben an Gott, © Peter Hammer Verlag, Wuppertal)

Fürbittengebet

Herr, wir spüren, wie wenig Luft wir zum Atmen haben,
wenn diese Luft giftig ist von Haß und Verdächtigung.
Reinige Du die Atmosphäre,
gib uns Kraft und Phantasie, damit wir Fenster aufreißen können.
Fenster der Liebe,
durch die Dein frischer Atem fahren kann.

Herr, wir spüren, wie uns Worte durch die Kehle wollen,
an denen wir und die Menschen um uns zu ersticken drohen.
Verwandle Du unseren Wortschatz,
gib uns eine sensible Zunge,
damit wir Brücken bauen können,
Brücken des Verstehens,
über die Dein Wort unsere Worte zu formen vermag.

Herr, wir spüren, wie unsere Augen zu Sehschlitzen werden,
wenn wir Andersdenkende im Visier haben.

Eröffne Du einen ungewohnten Durchblick,
gib uns ein weites Gesichtsfeld,
damit wir neue Perspektiven erkennen können,
Perspektiven der Hoffnung,
durch die Dein weites Herz unser Sehvermögen anrührt.

Herr, wir spüren, wie unsere Hände zu Fäusten werden,
wenn Fremdes sich bedrohlich vor uns auftürmt.
Entkrampfe Du unsere kleinmütigen Glieder,
gib uns eine erfinderische Zärtlichkeit,
damit wir Schalom spürbar werden lassen,
Deinen mutigen Frieden,
der unser Zittern umschließt.

(in: Uwe Seidel/Diethard Zils (Hrsg.),Gebete zum Frieden, Peter Hammer Verlag, Wuppertal 1982)

Vorschlag zur Predigt

»Ich führe euch herrlichen Zeiten entgegen!« Das sagte der letzte deutsche Kaiser, Wilhelm II., als das letzte Jahrhundert zuende ging. Nun geht auch dieses Jahrhundert zugleich mit dem Jahrtausend zur Neige. In den nächsten Monaten wird es unzählige Rückblicke geben. Bilanzen, Beurteilungen und auch Ausblicke auf das neue Jahrhundert und Jahrtausend dieser leidgeprüften Erde.
Ich führe euch herrlichen Zeiten entgegen. Liebe Gemeinde, wie sieht nach hundert Jahren die Bilanz aus? Sehr zwiespältig. Da gibt es den rasanten Fortschritt in vielen Bereichen, in Wissenschaft und Technik, im Arbeitsbereich, in der Wohnkultur. Wir brauchen uns nur vorzustellen, wir lebten hundert Jahre früher, kurz vor der Jahrhundertwende. Was gäbe es alles nicht in unserem Leben? Elektrisches Licht und die vielen Geräte. Die Fabriken mit Robotern, Autos und Flugzeuge, Telefon und Radio. Ja, ein Rückblick in die Zeit vor hundert Jahren kann durchaus gut tun. Wir nehmen mit Dankbarkeit zur Kenntnis, wieviel sich zum Vorteil der Menschen verändert hat. Da kann einer schon ins Schwärmen geraten, wenn er das ausgehende Jahrhundert mit dem Anfang vergleicht. Doch, wir haben heute einen besonderen Tag, den Volkstrauertag. Erinnerung an unzählige Kriege und ihre Opfer, die zunehmenend Zivilisten sind. Erinnerung an Haß und Völkermord, an Gewalt und grausame Zerstörungen. An einem solchen Tag stellen sich andere Gefühle ein. Da werden wir sehr nachdenklich angesichts solcher Versprechen: »Ich führe euch herrlichen Zeiten entgegen«. Was ist dieses fortschrittliche Jahrhundert für ein geplagtes, gequältes Jahrhundert. Zwei Weltkriege, von Deutschen verantwortet, betroffen machen sie auch nachfolgende Generationen, die Lasten nehmen

wir auch ins neue Jahrhundert. Dazu kommen die unendlichen vielen anderen Kriege, groß und klein.
Liebe Gemeinde, dieser Tag mahnt zum Gedenken, zum Erinnern, klagt an die Schuld durch Haß, durch Mitläuferschaft und Gleichgültigkeit, Schuld durch Vergeßlichkeit, Verniedlichung und Ablenkung. Oh ja, es kann schon ein belastender Tag sein.
Liebe Leute, stellt euch vor, ihr hättet zur Jahrhundert/Jahrtausendwende die Rede ans Volk zu halten. Wie würde diese Rede sich anhören? Etwa: »Ich führe euch herrlichen Zeiten entgegen?« Nein, so würden wir nicht reden. Aber vielleicht ähnlich, mit hoffnungsvollen und hoffnungsfrohen Tönen? Etwa: Leute, was soll das alles. Krieg und Elend, Leid hier, Leid dort. Unsere Zukunft ist im Himmel. Da gehen wir doch wirklich herrlichen Zeiten entgegen. Wenn wir erst einmal angekommen sind, werden wir Gottes Gegenwart in seiner ganzen Herrlichkeit wahrnehmen. Da werden die schönsten Glückserlebnisse auf Erden in den Schatten gestellt. Schmerzvolles Leid hat ein Ende. Darum können wir schon heute singen: Hab ich das Haupt zum Freunde und bin geliebt bei Gott, was kann mir tun der Feinde und Widersacher Rott.

- Hier könnte an Beispielen verdeutlicht werden, wie Menschen mit solcher Hoffnung auf die Gotteszeit Leid tragen konnten, hier könnte auch an Beispielen der Verheißungen erklärt werden, mit welchen Bildern paradiesische Zustände beschrieben werden.

Ja, liebe Gemeinde, wir können diesen Satz sagen: Wir gehen herrlichen Zeiten entgegen als bei Gott Geliebte. Wir versinken nicht in der Bedeutungslosigkeit und wir sollen von allem Ballast befreit werden. Dann werden wir sein wie die Träumenden. Ja, das hätten wir uns nicht träumen lassen.
Wir träumen von guten Zeiten, von Gottes Zeit, wir sind auf Gottes Zukunft ausgerichtet und schauen zugleich zurück, nehmen den alten Auftrag Gottes wahr, die Erde zu hegen und zu pflegen.

- Hier soll nun klar werden, daß die Hoffnung auf Gottes Zeit keine Vertröstung, sondern Ermutigung zum verantwortlichen Leben hier und jetzt ist. Hoffnung auf Gottes Zeit ist nicht Abkehr von der Welt, sondern Hingabe an die Welt. An dieser Stelle würde ich davon reden, wie wir Menschen beauftragt sind, nicht nur unter Menschen Frieden zu schließen, sondern auch den verheerenden Krieg der Menschen gegen Gottes Schöpfung zu beenden. Beispiele gibt es in Hülle und Fülle.
  Schließen würde ich mit den Worten von Peter Härtling:
  Wenn jeder eine Blume pflanzte,
  jeder Mensch auf dieser Welt,
  und, anstatt zu schießen, tanzte
  und mit Lächeln zahlte, statt mit Geld -
  wenn ein jeder einen andern wärmte,
  keiner mehr von seiner Stärke schwärmte,

keiner mehr den andern schlüge,
keiner sich verstrickte in der Lüge,
wenn die Alten wie die Kinder würden,
sie sich teilten in den Bürden,
wenn dies Wenn sich leben ließ,
wär's noch lang kein Paradies -
bloß die Menschenzeit hätt angefangen,
die in Streit und Krieg uns beinah ist vergangen.
Peter Härtling

Liebe Gemeinde, die Hoffnung auf Gottes Zeit und sein ewiges Reich möge uns ermutigen und stärken, diese leidgeprüfte Erde lieb zu haben und unseren Beitrag für eine gute Menschenzeit zu leisten. Dabei wird der Spruch des polnischen Satirikers sich bewahrheiten: »Wer an die Quelle will, muß gegen den Strom schwimmen« und »Wer gegen den Strom schwimmt, darf nicht erwarten, daß der Strom seine Richtung ändert.« Ich wünsche uns viel Phantasie und Gelassenheit auf diesem schwierigen Weg, wo es nicht ohne Enttäuschung und leidvolle Erfahrungen abgeht. Jerzy Lec sagte: »Freiheit, Gleichheit, Brüderlichkeit; wo bleiben die Tätigkeitsworte?« Ich wandle den Spruch ab: Hoffen auf Frieden, Gerechtigkeit und Bewahrung der Schöpfung. Was sind die Tätigkeitsworte?

Kontexte

Mein Herz, mein Leben ist vollendet, und ich kann von mir sagen: Er starb alt und lebenssatt. Das ändert nichts daran, daß ich gerne noch etwas leben möchte, daß ich Dich gerne noch ein Stück auf dieser Erde begleitete. Aber dann bedürfte es eines neuen Auftrages Gottes.
Hellmuth James Graf von Moltke, Abschiedsbrief an seine Frau, Ev. Gesangbuch, Ausgabe Bayern/Thüringen, Seite 933

Ich habe nicht gewußt,
daß Sterben so leicht ist.
Ich sterbe ganz ohne Haßgefühle.
Vergiß nie, daß das Leben nichts anderes ist
als ein Wachsen in der Liebe
und ein Vorbereiten auf die Ewigkeit.
Christoph Probst, im Alter von 24 Jahren am Tag seiner Hinrichtung, Ev. Gesangbuch, Ausgabe Bayern/Thüringen, Seite 924

Dem erhabenenen Fürsten und Herrn, Herrn Ruprecht*, Pfalzgrafen bei Rhein
Durchlauchtigster Fürst!
Die ganze Welt fehlt gegen den Rat des Barro, den er einem klugen Familienvater oder jedem Marktbesucher gab: »Kaufe nicht, was du brauchen könntest, sondern

*Ruprecht, Kurfürst von der Pfalz war der Sohn des »Winterkönigs« Friedrich V. von der Pfalz; er kam im Jahre 1668 zur Regierung.

was du wirklich nötig brauchst.« Die ganze Welt ist ein Markt mit allerlei Waren voll von denen, die jene Waren verkaufen, kaufen und beschauen; aber die wenigsten von ihnen allen wissen das Nötige von dem Unnötigen zu unterscheiden. Da ist bunt durcheinander Gutes und Schlechtes, Notwendiges und Überflüssiges, Nützliches und Schädliches, Kostbares und Wertloses ausgestellt und wird angepriesen, verkauft und gekauft. Und was noch mehr verwunderlich und beklagenswert ist: man bringt häufiger überflüssige Dinge zu Markte als nötige, häufiger schädliche als nützliche, häufiger schlechte als gute, man preist sie an, verkauft und kauft sie. Daher das Sprichwort: mundus vult decipi, die Welt will betrogen sein. Und in der Tat, allerorten ist die Welt voll von Betrug und Täuschung. Selbst der weise Salomo konnte ihrem Lug und Trug, ihrem Blendwerk nicht entgehen und fiel ihrer Eitelkeit und Nichtigkeit, ihrer Torheit und bitterer Reue zum Opfer.

(I. A. Comenius: Das einzig Notwendige. Amsterdam 1668, Agentur des Rauhen Hauses Hamburg 1964, Seite 7)

Bekenntnis

Ich glaube nicht
an das Recht des Stärkeren
an die Sprache der Waffen
an die Macht der Mächtigen

Doch ich will glauben
an das Recht des Menschen
an die offene Hand
an die Gewaltlosigkeit

Ich will nicht glauben
an Rasse oder Reichtum
an Vorrecht und Privilegien
an feststehende Ordnungen

Doch ich will glauben
daß alle Menschen Menschen sind
daß die Ordnung des Unrechts
Unordnung ist

Ich glaube nicht
daß ich die Unterdrückung
bekämpfen kann
wenn ich irgendein Unrecht bestehen lasse

Doch ich will glauben
daß das Recht ungeteilt ist, hier und dort
daß ich nicht frei bin
solange noch ein Mensch Sklave ist.

Ich glaube nicht
daß Liebe Selbstbetrug
Freundschaft unzuverlässig
und alle Worte Lügen sind

Doch ich will glauben
an die Liebe, die erträgt

an die Offenheit und das Vertrauen ineinander
an ein Wort
das sagt, was es sagt

Ich glaube nicht
daß Krieg unvermeidlich ist
und Friede unerreichbar

Doch ich will glauben
an die kleine Tat
an die Macht der Güte
an den Frieden auf Erden

Ich glaube nicht
daß alle Mühe vergeblich ist
daß der Tod das Ende sein wird

Doch ich wage zu glauben
an den neuen Menschen
an Gottes eigenen Traum:
einen neuen Himmel
und eine neue Erde
wo die Gerechtigkeit wohnt.

Friedrich Schorlemmer

(in: Begegnungen. Texte zu Frieden und Versöhnung, hrsg. von Wolfgang Brinkel, Aktion Sühnezeichen Friedensdienste e. V., Berlin 1985)

Schwerter werden zu Pflugscharen

Das ist Deine Zukunft, Herr.
Die Bomben werden aus Flugzeugen entfernt.

Jeder kann dann fliegen, umsonst, weil Bomben so teuer sind, daß man mit dem ersparten Geld Menschen befördern kann, wohin ihre Lust sie auch treibt.

Panzer pflügen die Felder um, Sturmboote fahren nach Hiddensee,

eingeschlossen Inselrundgang und Kaffeetrinken.

Schwerter zu Pflugscharen. Das ist Deine Zukunft,
Herr.

Auch im Herzen der Menschen ist nun kein Platz mehr für Schwerter. Die Fantasie für kriegerische Erfindung ist dann erloschen.

Und wenn ein Gelehrter neue Granaten erfinden will, werden Küchenmaschinen daraus.

Und wer die Formel gefunden hat für die todbringende chemische Mischung, kriegt sie nicht aufs Papier.

Geschrieben wird sie zu Kölnisch Wasser und Schuhcreme und zu der besonderen Seife für den Schweiß unter der Achsel.

Schwerter werden zu Pflugscharen. Das ist Deine Zukunft,
Herr.

Wann beginnt Deine Zukunft?

Beginnt sie nicht heute schon?

Begann sie nicht damals, als Du Petrus das Schwert wegstecken ließest?

Als Du im Sterben Vergebung erbatest für die, die Dir die Nägel trieben ins Fleisch?

Beginnt Deine Zukunft nicht dort, wo ich zu leiden beschließe anstatt zu schlagen, wo ich Verletzung empfange statt zu verletzen, wo ich zu sterben riskiere anstatt zu töten?

Schwerter werden zu Pflugscharen. Das ist Deine Zukunft,
Herr.

Laß doch heute schon morgen sein, Herr!

Morgen ist es vielleicht zu spät.

Dietrich Mendt.

(in: Begegnungen. Texte zu Frieden und Versöhnung, hrsg. von Wolfgang Brinkel, Aktion Sühnezeichen Friedensdienste e. V., Berlin 1985)

Buß- und Bettag

Annäherungen an den Predigttext
Brief an die Gemeinde in Rom 2,1-11

Hans Jürgen Milchner

Als Gesprächspartner zur Vorbereitung des Predigttextes saß ich mit ein paar Jugendlichen der Eine-Welt-Gruppe meiner Gemeinde zusammen, Jugendliche zwischen 18 und 23 Jahren, die sich sehr für die Fragen in ihrem Themenbereich engagieren und viele ihrer Gedanken auch in hilfreiche Taten umsetzen.

Die Predigtvorbereitung soll für den Buß- und Bettag sein. Die meisten Jugendlichen bemerkten wehleidig, daß noch vor Jahren dieser Tag arbeits- und schulfrei gewesen sei. Allgemeines Stöhnen brach aus. Und die Inhalte dieses Tages - wollte ich wissen? Können auch die Inhalte und Fragen, verbunden mit den Antworten, auch auf dem Altar der Pflegeversicherung nach staatlicher Order eleminiert werden? Kleinlaute Antwort: sicherlich nicht! Buß- und Bettag, das ist ein altmodischer Begriff, mit dem junge Menschen kaum etwas anfangen können, ein anderer, mehr dem Sinn dieses Tages entsprechender Terminus müßte her, wie z. B. Umkehrtag, oder Tag der Besinnung, Tag der Gnade usw. Ich erzählte, daß gerade seit Abschaffung des kirchlichen Feiertages der Bußtag gottesdienstlich eine große Aufwertung erfahren und vielleicht ein neues protestantisches Profil erhalten habe. Aber diese Information wollte nicht so recht rüber kommen. Schade!

Wir schauen uns den Text aus Römer 2 an, lesen ihn versweise ein paar mal hintereinander. Ich spüre an ihren langen Gesichtern: Es war nicht ihr Text. Keine Power, keine konkreten Handlungsweisungen, sehr theoretisch, fast wie ein Streitgespräch zwischen zweien, die an sich vorbeireden. Wie kriegen wir da Klarheit hinein? Wir versuchen, die Zentralgedanken herauszuschälen: richten und verurteilen, das Urteil Gottes, Gottes Güte und Umkehr des Menschen, Zorn und Angst einerseits, Herrlichkeit andererseits und der Gedanke an das Gericht. Besonders der letzte Vers, daß es vor Gott kein Ansehen der Person gäbe, überzeugte die Jugendlichen, und sie übertrugen gleich diesen Gedanken auf ihre Eine-Welt-Arbeit. Da ist doch was dran - oder?

Aber trotzdem: Mehr unverständliche Eindrücke verstärken sich. »Einspruch, euer Ehren«, so möchten wir dem Paulus zurufen. Vieles klingt

hart, fast so, als wenn wir auf einer Armensünderbank als Angeklagte angemacht werden sollten. Was beabsichtigt Paulus eigentlich mit seinen Provokationen, warum trägt er so dick auf und warum will er Angst einjagen, das paßt doch nicht zu dem, was er sonst so von sich gegeben hat? Wie kann man das verbinden: Zorn, Angst, Anklage mit Gnade und Güte? Das müßte schon deutlich in der Predigt gesagt werden.
Ich erzähle den Jugendlichen die Geschichte von Jesus, wo er Leuten, die sich auch selbst ins beste Licht rücken wollten, erzählte, warum sie bei den anderen immer bloß den Splitter im Auge sehen, aber den Balken im eigenen Auge gar nicht wahrnehmen. Richten und vernichten steht uns Christen eben nicht zu, sondern mehr das Aufrichten. Auch das Beispiel mit der zeigenden Hand hat gesessen: Wenn ich auf jemand mit meinem Finger zeige, um ihn anzuklagen, anzumachen oder zu richten, dann zeigen immerhin noch drei Finger auf mich selber zurück. Dieses Beispiel hat überzeugt. Langsam bricht das Eis und manche bemerken, daß hinter dem spröden Bibeltext doch gute Gedanken stecken. Das weckt Mut – das hätte ich schon öfter wagen sollen.
Wir überlegen, wo uns das selber trifft, wo wir über andere richten und herziehen und mit uns selbst dabei gar nicht kritisch umgehen? Gute Beispiele könnten hier weiterhelfen. Wo sind Menschen aus den Nationen der sogenannten ersten Welt Richter über Völker der dritten oder gar vierten Welt? Welche Schuld haben sich hier Menschen aufgeladen, wenn sie sich an Ausbeutungen dieser Nationen beteiligen und auf Kosten der Armen und Ausgebeuteten leben? Aber wer will schon eine so ungeschminkte Wahrheit hören? Angesagt sind die Soft-Religionen, die religiösen Nachrüster, aber auch die Angstmacher. Hiervon distanzieren wir uns stark und versuchen auf das zu kommen, was denn nun unser Glaube dem entgegenzusetzen hat.
Einen weiteren Gedanken fanden die Jugendlichen sehr unverständlich: der Tag des Zorns. Gottes Gericht wird alle Menschen erreichen – ist da wirklich was dran – wird das wirklich einmal so sein? Oder sind das bloß Drohgebärden der Kirche zur Einschüchterung ihrer Mitgliederschaft – oder was ist da dran? Ich merke, daß gerade diese Frage besonders heiß diskutiert wird und bei den Jugendlichen ein unheimliches Interesse findet. Gibt es nach unserem Leben wirklich eine Instanz, wo wir Rechenschaft ablegen müssen über das, was wir getan haben – oder besser: für das, was wir nicht getan haben, was wir unterlassen haben, wo wir weggeschaut und verharmlost haben? Wird Gott da wie ein Richter uns befragen? Ein Jugendlicher pfeift fröhlich das Lied: »Wir sind alles kleine Sünderlein, war immer so, war immer so ...« – massives Gelächter, aber genau das meint die Verharmlosung dieses Gedankens. Gericht Gottes dürfen wir aber nicht als eine Vernichtung oder Bestrafung verstehen, füge ich hinzu, sondern als eine Bilanz unseres Denkens und Tuns, die in Zusammenhang steht mit Gottes Geduld und Langmut. Auch in Christus haben wir einen Fürspre-

cher. Er wird nicht nur richten, sondern aufrichten. Gnade ist angesagt, keine ALDI-Gnade, schnell und preiswert mal günstig aufgeschnappt und mitgenommen, sondern eine Gnade, die mein ganzes Leben durchzieht, wie ein roter Faden; eine Gnade, die Grenzen relativiert, selbst Lebensgrenzen und eine Begleitung, selbst hin bis zum Gericht Gottes.
Da fällt der Groschen: Gericht hat es auch mit dem Heute - ja mit mir selber - zu tun, ist nicht bloß ein endzeitliches Geschehen. Richtig! Mein ganzes Leben sollte sich in der Gnade Gottes ausrichten, sollte sich vollziehen in den Fußstapfen Jesu, seinen Weg der Gerechtigkeit gehen und nachgehen, sich einsetzen für die Völker der Welt, für Gerechtigkeit und Frieden, für ein Mehr an Liebe aber gerade auch in meinem engsten Umkreis: in der Familie und Schule, im Beruf und im Freundeskreis. Wie kann dieses Mehr an Liebe sich konkretisieren? Das wäre spannend zu wissen - eben!
Wir kommen noch einmal auf die »Umkehr« zu sprechen. Das hat immer etwas damit zu tun, alte und manchmal liebgewonnene Gewohnheiten kritisch zu hinterfragen. Gott hat Geduld mit mir, ich kann neu anfangen. Solange Gott diese Geduld hat, ist es noch nicht zu spät, eingefahrene Wege zu verlassen. Beispiele wären hier unbedingt brauchbar. Paulus redet ja sonst viel von Rechtfertigung des Sünders. Wie kann dieser Gedanke zum Predigttext stehen? Daß Gericht nicht vernichtet, sondern aufrichtet? Gilt das für alle Menschen?
Fragen über Fragen - sicherlich, aber wir sind auch ein Stück in unseren Gedanken weitergekommen: Der Text will nicht bloß billig Angst einjagen, sondern gibt auch Mut, er weckt keine Resignation, sondern schenkt auch Hoffnung, er hält uns nicht zurück, sondern macht auch Beine. Also: die Tür zur Umkehr steht weit offen. Wir sind gespannt, wie unsere vorläufigen Gedanken einmal zur Predigt werden. Ein paar Jugendliche versprechen, daß, wenn dieser Text dran ist, im Gottesdienst mit »dabei« zu sein und diesen auch vorzubereiten mithelfen wollen. Nun denn - schaun wir mal!

Zum Gottesdienst

Christian Schad

Exegetisch-homiletische Skizze

Zum Text

Die vorliegende Perikope ist innerhalb des Römerbriefs in dem Abschnitt 1,18-3,20 zu verorten, der großen Anklageschrift der vor Gott unentschuldbaren Sünder. Geschildert wird eine universal verhängnisvolle Situation, die freilich nur vom Evangelium und der darin geoffenbarten Glaubensgerechtigkeit her evident wird (vgl. die Klammer: 1,16 f. und 3,21 ff.). Nachdem Paulus zuvor die Gottlosigkeit der Heiden aufgedeckt hat, geht es in Römer 2 um die Gerichtspredigt über die Juden: Verse 1 und 2 benennen überschriftartig das apodiktische Urteil der Unentschuldbarkeit; Verse 3 und 4 negieren jeden Anspruch auf irgendeine Vorzugsbehandlung; Verse 5 und 6 exemplifizieren unter Verweis auf Psalm 62,13 bzw. Sprüche 24,12 das zukünftige Gericht nach den Werken im Blick auf den Unbußfertigen, fortgeführt in den Versen 7 bis 10: nun freilich in der wiederum am Tat-Ergehen-Zusammenhang ausgerichteten Doppelperspektive der gute Werke Vollbringenden hier und der Böses Tuenden dort. Vers 11 fungiert als abschließende conclusio: Das Gericht nach den Werken sieht die Person nicht an, sondern beurteilt ausschließlich die Taten. – Spricht Paulus in dieser Passage seine jüdischen Geschwister an, so verwehrt bereits die Anrede »O Mensch!« (Verse 1 und 3), mit der er sachlich auf die prinzipielle Rede vom »Menschen« in 1,18 zurückgreift, den scheelen Blick auf den sogenannten selbstgerechten Juden. Wer hier in die antijudaistische Falle tappt, wird umgehend durch den Text selbst gerichtet: »Denn worin du den andern richtest, verdammst du dich selbst, weil du eben dasselbe tust, was du richtest« (Vers 2). Demgegenüber gilt: Keiner ist gerecht, keiner entkommt der Verurteilung, wir ermangeln allesamt der Herrlichkeit, die Gott, der Schöpfer, uns zugedacht hat (vgl. 3,23). Mit dem Hinweis auf »den« Menschen, will heißen: auf *mich selbst* – mea res agitur – macht Paulus unmißverständlich deutlich: das Erkenntnisprinzip des Sünderseins ist der unverwechselbar einzelne. Nur im Ich, nur in der individuellen Erfahrung, kann das Wesen des Menschen in concreto erfasst werden. Wie das Unheil als hemmungslose Selbststilisierung, die anthropogene Basis aller Rebellion, im je einzelnen lokalisiert ist, so läßt der Apostel umgekehrt auch keinen Zweifel daran, daß Gottes Heil als Schicksalswende, als fundamentale Kehre – als metanoia – nicht Kolonnen, sondern wiederum sehr präzise dem Individuum – zugespitzt in der direkten Anrede – widerfährt: »Weißt *du* nicht, daß Gottes Güte *dich* zur Buße leitet?« (Vers 4). Am göttlichen, das Gewissen, das Herz des einzelnen Menschen treffenden Urteil vorbei gibt es offenbar weder die Befriedung des Menschen noch die der gesamten Schöpfung. In der Predigt wird es daher darauf ankommen, jene *soziale* Relevanz des paulinischen »Individualismus« durchsichtig zu machen: Entweder herrscht die aktivistisch-vereinnahmende Instrumentalisierung von jedem und allem zum Zweck der eigenen Selbsterschaffung (=Sünde) oder ich werde begabt, andere und anderes wirklich *externe* Gegenüber sein zu lassen – und, im Modus des Dankens und Lobpreisens meiner Geschöpflichkeit bewußt, mich an der Empfänglichkeit, hören, genießen, nehmen zu können, zu freuen (=Umkehr als Ansichtigwerden der Güte Gottes). Dementsprechend gilt es das Mißverständnis zu vermeiden, als handele es sich beim Thema »Buße« nur um den auszurichtenden Appell zur guten Tat, in der sich schlußendlich die Güte Gottes materialisiere.

Paulus zielt demgegenüber in seinem Spitzensatz (Vers 4) auf eine sehr viel grundlegendere Wende, nämlich die Kehre dorthin, wo sich dies, daß ich aus Gottes Güte lebe und durch seine Gnade atme, lebenspraktisch verifiziert. Und eben dieser Vollzug, dieses Geschehen, diese Kehre heißt: »glauben«. Buße, Umkehr als Frucht, als schöpferisches Werk der Güte Gottes verstanden, richtet sich aus auf den Glauben; »was aber nicht aus dem Glauben kommt, das ist Sünde« (Römer 14,23). Und »glauben« definiert Paulus strikt als Nicht-Handeln (Römer 4,5), als Einweisung in die allem Tun vorausgehende Rezeptivität des Geschöpfs, das, befreit vom Zwang zum Werk, in der Folge frei wird zum Werk: durch die Liebe (vgl. Galater 5,6).
P. Ricoeur hat die hier intendierte metanoia treffend als »Umkehr der Einbildungskraft« bezeichnet, die mithilfe der die Güte Gottes darreichenden biblischen Metaphern »unsere Leitbilder auf einer nicht voluntaristischen Existenzebene zu verwandeln« suche. Diese Umkehr könne nicht gefordert noch gewollt, sondern nur erbeten, nur durchs göttliche Wort selbst gewährt und genährt werden (vgl. analog dazu die Bitte um Reinigung, die Umkehr des Herzens im Introituspsalm des Buß- und Bettags: »Sei mir gnädig, o Gott, nach deiner Güte ... Schaffe in mir, o Gott, ein reines Herz - Psalm 51,3.12; Umkehr verdankt sich mithin allein dem von allem menschlichen Tun unterschiedenen Schaffen - br' - des Schöpfers selbst!). »In dieser Weise muß alle *Ethik*, die sich an den Willen richtet, um ihm eine Entscheidung abzuverlangen, einer *Poetik* untergeordnet sein, welche unserer Einbildungskraft neue Dimensionen eröffnet« (P. Ricoeur, Stellung und Funktion der Metapher in der biblischen Sprache, in: ders./ E. Jüngel, Metapher. Zur Hermeneutik religiöser Sprache, 1974, Sonderheft EvTh, Seite 70): Wo immer die Einbildungskraft, das Herz, das Gewissen, das Personenzentrum also umzukehren vermag, dort wird auch der Ort der Umkehr des Willens sein können - mit dem guten Werk als Folge. Die ethische Verwahrlosung, die Perversion des Handelns zum Medium der Selbstrechtfertigung, wird, so muß man Römer 2,4 verstehen, auf die Verkümmerung des homologischen Indikativs, des Lobpreises der göttlichen Güte, zurückzuführen sein. Luther hat diesen fundamentalen Sachverhalt nicht zufällig mit der Grundsituation des Menschen vor Gott in Verbindung gebracht und auf das Gegensatzpaar: »orator (Beter) - operator (Täter)« hin pointiert. »Der Beter bekennt seine Armut, er hat nichts anderes, als was er betend zu empfangen hofft, nämlich ein Beter zu werden, nicht ein Täter« (WA 5;128). Im Gebet, genauer: In der Bitte, ein Beter zu werden, wird der Rastlose, der selber Gestalter, selber Regisseur seines Seins, auch seines Christseins sein will, elementar unterbrochen, insofern mit der Anerkenntnis des göttlichen Gebers und Bewahrers sich die Wende, die Umkehr des Menschen in die reine Geschöpflichkeit vollzieht. Buße als Einkehr ins Gebet. Das Gebet, das Beter-Sein und Beter-Werden als Sinnbild erfolgter Umkehr. Damit aber sind wir bereits beim Kasus selbst angelangt: »Buß- und Bettag«.

Zum Kasus
H. Schröer hat schon vor Jahren - nicht zufällig in einer Auslegung zu Römer 2,1-11 - im Blick auf die homiletische Situation des Buß- und Bettages beklagt: »... das zweite wird oft vergessen! ... Daß er auch Bettag ist, sollten wir zugleich deutlich machen« (in: Predigtstudien II, 2, 1992, Seite 280.282). Er erinnert damit an eine alte evangelische Tradition, die sich, unter dem Einfluß der oben kurz skizzierten reformatorischen Gleichsetzung von metanoia und oratio, ab dem 16. Jahrhundert terminologisch dahingehend niederschlägt, daß die Begriffe »Bußtag« und »Bettag« promiscue verwandt werden (vgl. dazu K. Fitschen, Zur Geschichte des Buß- und Bettages. Eine Einführung, in: ders./R. Staats, Hrsg., Politische Bußtagsworte, Kiel 1995, Seite 5-8). - Aber potenzieren sich, auch unter homiletischem Gesichtspunkt, dadurch nicht noch die Aporien - angesichts einer Situation, in der die Beziehung zum Beten extrem geschrumpft, ja geradezu verkümmert ist und im Blick auf die G. Ebeling zu Recht einen »Gebetskollaps« diagnostiziert hat (vgl. ders., Dogmatik des christlichen Glaubens, Bd. 1, Tübingen 1979, Seite 214)? Wie, wodurch könnte sich die Verwandlung, die Umkehr der bedrängend-stummen Gebetswirklichkeit in erlösendes Gebetswort ereignen? Sollte auch hier gelten: »Weißt du nicht, daß Gottes Güte dich zur Buße leitet?« (Vers 4). Und müßte nicht das, was »Güte Gottes« meint, versinnbildlicht werden durch die Gabe, das Sakrament der vorgegebenen Sprache, auch und gerade der Gebetssprache, wie es in der biblischen Tradition insgesamt und nicht zuletzt von Jesus selbst im Herrengebet dargereicht wird? Und wenn sich mithilfe des derart gegebenen Gebets, im existentiellen Sich-Hineinbegeben, Sich-Versenken in diesen bergenden Sprach-Raum, im Imaginieren der uns darin zugespielten anschaulichen Bilder und Gegenbilder, also in der Meditation auf das uns darin vor Augen stehende Gegebene, Dargereichte, Gewährte dies ereignete: das Wunder der Umkehrung, der Verwandlung, der Neuwerdung unsrer Einbildungskraft, wie stünde es dann - in der Konsequenz - mit dem neuen, dem nicht mehr unter dem Zwang, sondern unter der Gnade stehenden menschlichen Werk? Hätte es Bestand im letzten Gericht (vgl. Verse 7-10)? - Auf keinen Fall darf der Gedanke daran relativiert werden. Daß unsere Wirklichkeit am Tag des Herrn, vor dem Richterstuhl Christi ans Licht kommt (vgl. Römer 14,7 ff.; 1. Korinther 3,13 ff.; 4,5; 2. Korinther 5,10), ist eine dem Menschen widerfahrende Wohltat, andernfalls wäre doch, horribile dictu, die Weltgeschichte selbst das Weltgericht, der Schöpfer hätte sich in göttlicher Gleichgültigkeit von seiner Schöpfung zurückgezogen! So gewiß wir im Gericht nach den Werken als so und nicht anders Gewesene offenbar werden, so auch und erst recht als die, die wir durch Gottes Güte geworden sind und sein werden (vgl. Römer 5,1 ff., 8,38 f.). Darin ist christliche Theologie insgesamt eine Theologie der *Hoffnung*, daß sie dessen gewiß ist: Gottes schöpferische Güte wird nicht nur das erste, sondern auch das universal letzte Wort haben.

Entsprechend wird die Predigt über Römer 2,1-11, ausgehend vom geradezu empirisch aufweisbaren, weil mannigfach auf der Straße liegenden Fiasko der menschlichen Selbststilisierung, die zur Buße leitende Gottesgüte vor Augen malen: als Einkehr in die Glaubensexistenz von Beterinnen und Betern, die, im Wissen um die Gebrechlichkeit auch ihrer ethischen Versuche, bis ins jüngste Gericht hinein ihre Armut bekennen, nichts anderes in Händen haltend, als was sie betend aus Gottes Hand zu empfangen hoffen. Vielleicht kann so ja der gesellschaftlich an den Rand gedrängte Buß- und Bettag, wie es in den »Annäherungen« hieß, zu einem »Tag der Gnade« werden.

Vorschläge zur Liturgie

Biblisches Eingangswort
Gerechtigkeit erhöht ein Volk, aber die Sünde ist der Leute Verderben. (Spr 14,34)
oder
Introituspsalm
Ps 51,3-14

Alttestamentliche Lesung
Jes 1,10-17

Neutestamentliche Lesung
Lk 13,(1-5) 6-9

Eingangsgebet (Sündenbekenntnis)
Du, mein Gott, / unschuldige Hände habe ich nicht. / Ich selbst kann nicht / meine Hände in Unschuld waschen, / Unschuld, dir mir doch / nicht zur Verfügung steht. Ich weiß genau, wo mir / der Schmutz unter den Nägeln sitzt. / Ein reines Herz habe ich auch nicht, / denn mein Herz weiß genau, / was gut und was böse ist. / Es weiß auch, was bei mir selbst / gut und böse ist. / Ich habe keinen Grund, / mich selbst zu belügen, / denn ich weiß, wie ich bin, / auch wenn ich es niemand sage. / Aber ich habe allen Grund, / vor dich zu treten und dich zu bitten, / damit deine Vergebung /meine Hände reinigt, bevor sie handeln. / Ich habe allen Grund, dich zu bitten, / daß der Herzschlag deines Segens / mein Herz / höher schlagen läßt ...
(in: Kurt Wolff, ... aber ich bitte dich. Mit Gott reden, Neukirchener Verlag, Neukirchen-Vluyn 1993, Seite 23)

Gnadenzusage
Nicht ihr habt mich erwählt, sondern ich habe euch erwählt und bestimmt, daß ihr hingeht und Frucht bringt und eure Frucht bleibt, damit, wenn ihr den Vater bittet in meinem Namen, er's euch gebe. (Joh 15,16)

Schlußgebet

Gott / leihe mir deine Gunst / nach der Fülle deines Erbarmens. / Vergib mir meine Fehler und Vergehen / reinige mich von meiner Schuld. / Hilf mir meine Fehler zu sehen, / dort, wo ich in deinen Augen / Böses getan habe, / damit du ganz wahr in mir erscheinst / und ich in deinem Wort klar höre. // Gott, führe mich in deiner Treue / und in deinem Gefallen / führe mich zu deiner Weisheit. / Ermögliche mir deine Freude zu hören / und schaffe mir ein neues Herz / voll von der Kraft deines Geistes. / Verwirf mich nicht, Gott / wende dich mir zu / in deiner Freiheit / und lehre mich den Weg zur Umkehr / zu dir. / Rette meine Zunge / vor den Worten der Übeltat / damit ich mit meinem Mund dich preise / und die Werke deiner Schöpfung. / Lass mich Gutes tun / und mit ungeteiltem Herzen auf dich zugehen. // Amen.

(Sylvia Lutz, Gebete zu Psalmen. Ein Dialog aus der Stille, Kappeler Schriften Nr. 5/6, Selbstverlag des Kappeler Freundeskreises, Kappel 1991, Seite 63)

oder

Herr, / wir können uns aus unserer Schuld / nicht mehr selbst entlassen, / so überdeutlich stehen / die Folgen / unseres Tuns / in aller Welt / vor unseren Augen, / so überdeutlich zeigen / ausgeplünderte Landschaften, / sterbende Gewässer und Meere, / Betonwüsten, / hungernde und verstörte Menschen, / daß uns die Schuld / von Generationen / über den Kopf gewachsen ist. / Und überall / sind wir dabei, / uns selbst zu entlasten / und die Verantwortung / für unser Tun / abzuschieben / auf Sündenböcke, / auf anonyme Mächte, / auf Strukturen und Verhältnisse, / auf Minderheiten. / Du aber, Herr, / hast dich zu uns / in unserer Schuld / gestellt; / du hast / unsere Schuld geteilt; / so gib, / daß wir stehen können, / wo du gestanden hast, / wo du gelitten hast, / wo du gestorben bist, / bei den Folgen unserer Schuld. / So gib, / daß so / unser eigenes Tun / von Tag zu Tag anders wird, / weil du uns / alle Schuld vergeben hat.

(Klaus Bannach, Gebete der Stille. 136 Texte durchs Jahr, © Radius-Verlag, Stuttgart 1979, Seite 72)

Liedauswahl

Eingangslied: »Diesen Tag, Herr, leg ich zurück in deine Hände« (EG 675, Regionalteil Baden/Elsass und Lothringen/Pfalz – Abendlied) oder »Ich steh vor dir mit leeren Händen« (EG 382); Lied vor der Predigt: »Aus tiefer Not schrei ich zu dir« (EG 299); Lied nach der Predigt: »Nun lob, mein Seel, den Herren« (EG 289,1.2.4) oder »Allein zu dir, Herr Jesu Christ« (EG 232); Schlußlied: »Und suchst du meine Sünde« (EG 237) oder »O Herr, nimm unsre Schuld« (EG 235)

Vorschläge zur Predigt

Möglicher Anfang
Liebe Gemeinde! »Einem jeden wird gegeben nach seinen Werken« (Vers 6). Auf die Tat kommt es an. Die *Wirklichkeit* des Menschen, meine und deine Wirklichkeit, sie hängt ganz offenbar mit meinem und deinem *Werk* zusammen. Das Werk bestimmt die Wirklichkeit - »ohne Ansehen der Person« (Vers 11). Einem höchst richterlichen Urteil vergleichbar, steht dieser Satz wie in der Mitte des biblischen Textes, so auch über unserem Leben. In gewisser Weise ist das Werk, das Selbstgewollte und Selbstgemachte, zum Heiligtum unsrer Zeit geworden. Und doch geht - in entscheidenden Punkten - die Rechnung nicht auf. Die beispiellosen Exzesse der Gewalt, die wir in unserem Jahrhundert sehen, stammen sie nicht aus der immer bedenkenloseren Entfesselung menschlicher Täterschaft? Und sind nicht gerade die Opfer, die für immer verstummten und die unter Schmerzen leidenden - bis hin zur seufzenden Kreatur um uns - dafür ansprechbar, daß unser Handeln einer Lawine ähnelt, die Zorn über Zorn aufhäuft? »Du aber«, o Mensch, »mit deinem verstockten und unbußfertigen Herzen hortest du dir Zorn für den Tag des Zorns und der Offenbarung des gerechten Gerichts Gottes« (Vers 5). - Kein Wunder, daß angesichts dieser zerrissenen Welt die entgegengesetzte Richtung immer mehr an Anziehungskraft gewinnt: der Weg in die Innerlichkeit, in die Kammer der eigenen Seele. Ich-Erfahrung als Heils-Erfahrung. Sehnsuchtsvolle Suche nach Echtheit und Glück, nach Ganzheitlichkeit und Sinn, nach eindeutigem und erfülltem Leben. Aber *tragen* die Bilder, die jetzt in uns aufsteigen aus der Tiefe unmittelbarer Selbsterfahrung, aus dem Gespräch ganz mit uns selbst ...? Haben sie Bestand vor den Szenen des Bösen und Nichtigen, die sich ja nicht bloß außerhalb, sondern auch in uns selbst abspielen? Dämmen sie die Angst, auch die Angst vor uns selber ein, wenn es um die Frage geht, was bleibt, worauf Verlaß ist: am Ende des Tages, am Ende des Lebens, im Leben und im Sterben? Oder zerreißt das Netz unserer Einbildungskraft an beliebiger Stelle? Erweist es sich als trügerisch und ohnmächtig, weil geknüpft aus dem verklärenden Schein eigener Wunschphantasien und Schwarz-Weiß-Malereien: Ich, der gute Mensch, im Gegenüber, in der Abgrenzung zu dir, dem bösen? - Paulus zerrt uns die Maske vom Gesicht: »Worin du den andern richtest, verdammst du dich selbst ...« (Vers 2). Darin also besteht die konkrete Not unserer Lage, daß wir aus uns heraus nicht Bürgen sein können für *letzte* Gewißheit, für heiles, erlöstes, für *unbedingt* bejahtes Leben. Trotz aller Ersatzhandlungen ist sie, diese Not, nicht verebbt ...
Not lehrt beten, so heißt es. Aber woher die Worte dafür nehmen? Ist die Not gegenwärtig nicht noch gesteigert, nachdem die Quelle, aus der dem Gebet einst Sprache zufloß, versiegt zu sein scheint? »Ich bin stumm, wenn ich beten will« (Martin Walser), ein Klageruf! Wie viele tragen ver-

stummte Gebete ohne Adresse mit sich herum, in der vagen Erwartung, vielleicht könnte sich doch der Bann des Verstummens auch für sie noch einmal lösen?

Zum weiteren Verlauf
1. Buß- und Bettag, oft genug vom Tag, vom staatlich geschützten Feiertag, auf den Abend, den Abend eines Werktags, verlegt. An den Rand gedrängt, ins Abseits, vom Licht des Morgens ins Dunkel der hereinbrechenden Nacht. Buß- und Bettag am Ende des Tages: Ist von ihm der Impuls zur Buße, zur Umkehr zu erhoffen? Nicht nur im Blick auf unser verkehrtes Handeln, sondern auch und zuerst, grundlegender noch im Blick auf unser oft so notvolles Ver-Sagen? Bußtag als Bettag? – Hast du es denn vergessen, »weißt du nicht, daß Gottes Güte dich zur Umkehr treibt« (Vers 4)? Dich herausführt aus Enge und Verzweiflung, auch aus der Verkümmerung der Sprachlosigkeit? Hör hin! Hör auf den Geist, der aus der Bibel zu dir herüber weht. In sie, in den Bildraum ihrer Farben, sollen wir uns regelrecht hineinfallen lassen. Etwa in die uns vorgesprochenen, gnädig gewährten Gebetsworte Jesu. Sie nutzen und benutzen als Sprachkammern, in die hinein obdachlos Gewordene flüchten können, um die Räume, die darin offen stehen, auch wirklich zu begehen. Den darin gewiesenen Weg selbst erproben, ausschreiten, eben er-fahren – mit allem, was uns erfreut und beglückt, aber auch mit dem, was ängstet, bedroht und belastet. Mit all unsren Gedanken, gerade auch den dunklen – indem wir sie möglichst alle mitnehmen – tauchen wir ein in die Wohnungen aus Licht: mit unseren zwiespältigen Empfindungen und wechselnden Gefühlen, dem jähen Entsetzen, dem hilflosen Zorn der bösen Verzweiflung. Wir wollen es alles, so gut es geht, hineinziehen in jene hellen, für die »bunte Gnade Gottes« durchsichtigen Räume (1. Petr 4,10) – und uns spiegeln lassen durch den göttlichen »Reichtum seiner Güte, Geduld und Langmut« (Vers 4). Treten wir ein – z. B. in die Vaterunser-Bitte, die Jesus uns vorgebetet hat, indem er sprach: »Unser tägliches Brot gib uns heute« (Mt 6,11).
2. Dieses Gebet erwartet das zum Leben Notwendige ausschließlich von Gott. Es setzt uns in Bewegung, das gesamte Leben als unter dem Segen des Schöpfers stehend zu begreifen. Also dessen gewahr zu werden, daß ich selbst nicht Täter, nicht Selbstversorger, nicht Produzent des Brotes bin, sondern dessen Nutznießer. Angewiesen auf die mir gnädig zugedachten Grundlagen des Lebens. Hier greift die Einsicht Platz, sich und alles Gegebene als Kreatur, als Gottes geliebte Schöpfung anzunehmen und *dies* gewissermaßen mit Haut und Haaren zu existieren: daß wir körperlich und seelisch nicht aus uns heraus sind, sondern von den Händen der Mutter, die den Säugling wickelt, bis zu den Händen der Menschen, die unseren Leichnam begraben, aus der Erfahrung der Güte, also ursprünglich empfangend leben. Ohne Beziehung, ohne die Hilfe und Zugeneigtheit der andern, die ich nötig habe *wie* das tägliche Brot, ist das Leben offenbar zu keiner

Sekunde zu haben. Es ist vielmehr - bis in die Angewiesenheit auf frisches Wasser und reine Luft, die ich gerade nicht selber machen, nicht herstellen kann - gestimmt, eingestellt auf die Fülle und die mir dargereichte Schönheit; auf den Reichtum von außen, der sich der Nähe Gottes verdankt, die überschwenglich gibt und austeilt, um aus ihr heraus zu leben. Die Welt - und also die Blumen auf dem Felde und die Vögel unter dem Himmel, aber auch die Menschen, mit denen wir zusammen sind, und die Sprache, mit deren Hilfe wir uns austauschen, *so* und d. h. mit den Augen Gottes wahrzunehmen, bedeutet: »Schöpfung als Anrede« (O. Bayer), als Wort der Güte an uns zu begreifen.

3. Dessen ansichtig, bricht sich in der Folge geradezu staunend und lobpreisend das *Gebet*, das Bekenntnis, die Sprache des Herzens Bahn - leicht und erleichtert. Erleichtert von der Last, der schweren Last, von der tätigen Sorge um das eigene Heil; und ganz und gar selbstvergessen; tanzend, spielend, hüpfend vor Dankbarkeit und ausgelassen vor Freude; fast ein bißchen ekstatisch. Offen, nach oben offen, gestreckt zum Ursprung, zur Heimat, zur Quelle des Lebens und Lobens: »Hallelujah! Mein Leben ist Geschenk, Frist der Langmut und Güte und Geduld Gottes!« (vgl. Vers 4).

Möglicher Schluß

So begabt, fühle ich mich auch anderen und anderem als Beschenkter verbunden. Eingenommen, voreingenommen für sie, strömt und greift die reine und ungetrübte Bejahung über. Das zulassende, gewährende und schenkende, das Zeit, Lebenszeit, auch Zeit zur Umkehr austeilende Wesen Gottes - seine Güte und Langmut und Geduld -, in der Liebe, zerbrechlich und undeutlich genug, gebe ich es weiter. Bring ich es zum Zug: »Auch du bist ein Mensch, erdacht zur ›Herrlichkeit, zur Ehre und zu unvergänglichem Leben!‹ (Verse 7 und 10). Das alles aber sieht, ersieht, entdeckt und erfindet die Güte, die zur Buße leitet. Mit ihr beschenkt, bin ich geschickt zu endlichen Taten, zur Leidenschaft für das Mögliche, zum guten Werk. Freigegeben und ermächtigt dazu, der unendlichen und im strengen Sinnen unvergleichlichen Güte Gottes menschlich und d. h. endlich zu entsprechen, z. B. der Bewahrung der Schöpfung durch Gott oder der Gegebenheit von Frieden und Gerechtigkeit durch den Schöpfer. Und die Konsequenz wird sein, daß ich *in Freiheit* auf viel schöpfungsbedrohenden Konsum verzichten kann: auf Gegenstände, auf Aktivitäten sinnloser Art, auch auf überflüssige Gedanken. Weshalb das »gute Werk« zuweilen weniger Tat, als vielmehr Leiden, Mitleiden, Passion ist. Die Kraft, unter Umständen die Faust sinken zu lassen und den Frieden anzubieten; das Sichzurücknehmen, die Ergebung neben dem Widerstand; die Kunst, langsam und allmählich zu sein - also Vollzüge der Geduld, der Tapferkeit und der Stille …

Ob wir, ob du und ich, am Ende bestehen werden? - Vor Gottes Richterstuhl jedenfalls müssen wir alle offenbar werden (vgl. 2. Kor 5,10): offenbar als die, die wir gewesen sind; aber eben und vor allem als die, die wir durch seine Güte geworden sind und sein werden: Beterinnen und Beter, die alles aus der schenkenden Hand Gottes empfangen; gerecht, heil gemacht durch den Glauben. »Als so Gerechtfertigte ... haben wir Frieden mit Gott durch unseren Herrn Jesus Christus« (Römer 5,1): *diese* Hoffnung läßt *nicht* zu Schanden werden. Amen.

Kontexte

1. Wenn unser Herr und Meister Jesus Christus sagt: »Tut Buße« usw., so will er, daß das ganze Leben seiner Gläubigen auf Erden eine stete Buße sein soll.
(Martin Luther, 1. Ablaßthese von 1517, in: ders., Ausgewählte Werke, hrsg. von H.H. Borchert und G. Merz, Bd. 1, 3. Aufl., Chr. Kaiser Verlag, München 1963, Seite 31)

... die Aufgabe einer echt theologischen Kirche, Theologie als Lobpreis Gottes verstanden, (sc. wäre) diese doppelte Aufgabe: Zuerst, daß die Gläubigen sich selbst durch klares sachintensives Studium der Wahrheit einstimmen in den Glauben, in die Freude an der Bewahrung der Schöpfung durch Gott ... Das wäre nun religiös und politisch irrelevant, wenn nicht gleichzeitig gesagt würde: Für die konkrete Zukunft der Welt ... sind alle ideologisch konzipierten Verifikationsmodelle unbrauchbar. Das ist empirisch gesichert. Einzig eine Ontologie, die, wie die im christlichen Glauben implizierte, nicht ausgeht von der Aufgabe, angesichts der drohenden Katastrophe zu handeln und damit die Katastrophe nur zu perpetuieren, sondern die davon ausgeht, den Menschen existentiell einzustellen auf das bewahrende Wirken des Schöpfers, wird eine Zukunft eröffnen ... Der Kirche ist eigens dazu das Wort des Evangeliums gegeben ...
(Walter Mostert, Leben und Überleben als Thema der Eschatologie, in: Hans Weder (Hrsg.), Gerechtigkeit, Friede, Bewahrung der Schöpfung. Theologische Überlegungen, © Theologischer Verlag Zürich 1990, Seite 136f.)

Ewigkeitssonntag

Annäherungen an den Predigttext Offenbarung 21,1-7

Wolfgang Herrmann

Mit einer Gruppe älterer, lebenserfahrener Frauen lese ich den Text. »Was empfinden Sie bei diesen Worten; welche Fragen tauchen auf?«, frage ich. Spontan sagt eine: »Diese Worte hatte ich zur Beerdigung meines Mannes ausgesucht!« Sie bezieht sich auf V. 3+4, vor allem auf die Worte »Leid und Geschrei«; denn ihr schwerstbehinderter Mann hatte jahrelang viel und lange geschrieen. Man konnte es bis auf die Straße hören, wenn er nach ihr rief. Es war ein langer, bitterer Leidensweg, den die Frau sehr tapfer und hingebungsvoll, oft über ihre Kräfte hinaus mitgegangen war.
Für das Gespräch ist damit ein erster Schwerpunkt gesetzt: Schwere Sterbeerfahrungen. »Nach einigen Beerdigungen und Trauerfeiern in der letzten Zeit macht man sich schon seine Gedanken, wie das alles sein wird, nach dem Tod«, sagt eine Zweite. Ich würde mir gern vorstellen, daß »alles neu« wird. Aber wie soll das ausssehen? »Schön wär's ja, dieses Neuwerden,« sagt sie und fügt im Blick auf viele Erfahrungen mit Leid und Elend an: »Schaden täte es jedenfalls nicht!«
Eine Dritte erzählt von ihrem Enkelkind. Der kleine Junge hat gefragt: »Opa, warum kommt man denn auf die Welt, wenn man doch sterben muß?« Und an diese atemberaubend klare Kinderfrage schließt eine vierte Frau an: » ›Und der Tod wird nicht mehr sein‹ - was heißt das? Das verstehe ich nicht.« Andere stimmen zu: Was in diesem Text zu lesen ist, können sie sich nicht vorstellen. Wer kann es denn auch? Eine sagt: »Ich glaube das so.«
Die zweite Sprecherin meint: »Naja, wenn man die Schwelle überschritten hat, dann hat man alles hinter sich. Man stirbt nur einmal.«
Die Gedanken der ersten Sprecherin sind weitergegangen; sie schlägt ein neues Thema an: Der mögliche Weltuntergang. »Früher, in der Zeit als wir Kinder waren, hat man sich den Untergang der Erde überhaupt nicht vorstellen können. Die Erde, die gibt es eben immer, hat man gedacht. Heute ist es überhaupt kein Problem mehr, sich ganz genau vorzustellen, wie die Erde endgültig zerstört wird. Wie sich die Zeiten geändert haben!« Eine andere erinnert an die (im März 1996) zu sehende Kometenerscheinung am Nachthimmel und an die Information, daß eine ganz geringe Kursänderung des Kometen zum Zusammenstoß mit der Erde und damit zu ihrer Vernichtung geführt hätte. »Wie nah man manchmal am Abgrund ist.«

»Führt man sich den unermeßlichen Kosmos vor Augen«, sagt eine, »wieviel Unerforschtes und Unfaßbares begegnet einem da.«
Ich weise auf den Ort des Offenbarungsbuches als Schluß der Bibel hin und erinnere an den Anfang: Schöpfung und Paradies. Die »Offenbarung« führt dahin zurück. Zwischen dem ersten und letzten Buch der Bibel liegt die Weltgeschichte voller »Leid, Geschrei, Schmerz und Tod«.
Wir lesen den Text ein zweitesmal.
Sofort platzt eine Frau heraus: »Ja, das ist doch wichtig: ›Wer überwindet‹ ... das wird allerhand kosten!« Der Satz löst eine Atmosphäre großer Zustimmung aus; wie oft haben sich die Frauen durchschlagen müssen, haben sich »auf Berge hinaufkämpfen müssen«, wie eine sagt, haben Leid und Schmerzen ausgehalten und überwunden. Unausgesprochen ist die Fülle der Lebenserfahrungen im Raum und verbindet uns miteinander. Dazu muß nicht mehr viel gesagt werden.
Unterdessen hat die erste Sprecherin in ihrer Bibel geblättert und den zu V. 1 angegebenen Verweis auf Jes 65,17 aufgeschlagen: »Hier steht das ja auch schon alles!« sagt sie und liest aus Jes 65. Damit gewinnt die Lektüre des Textes eine weitere Perspektive. Mit der Anknüpfung an das Wort Jerusalem wird das Gespräch politisch. Ich erinnere an die Zerstörungen Jerusalems, die menschlichen Schicksale in Kriegs- und Nachkriegszeiten und an die uralte Sehnsucht, daß die leidvolle Geschichte von Leiden und Gewalt einmal ein Ende haben muß. »Ja«, sagt eine, »so entsteht die Hoffnung auf ein neues Jerusalem, und so entstehen solche tröstlichen Worte. Aber ist daraus nicht immer wieder eine Vertröstung der Armen zugunsten der Mächtigen geworden? Und alles ist immer so geblieben, wie es eben ist.« Da ist plötzlich ein aufsässiger Ton angeschlagen.
Ich erzähle, daß die »Offenbarung« ein Buch aus der Verfolgungszeit ist, das die Widerstandskraft der bedrängten Gemeinden stärken soll. Es ist ein Märtyrertext, der sich der römischen Militärmaschine entgegenstellt. Die Vision vom neuen Jerusalem hat nicht nur Einzelne getröstet, sondern die Gemeinden in schweren Zeiten. »Wir müssen heutzutage dankbar sein, daß wir nicht wegen unseres Glaubens verfolgt werden.« Die Sprecherin nennt Beispiele von Christenverfolgungen; einer fällt der bayerische Streit um das »Kruzifixurteil« (1995) ein, verknüpft mit den Auseinandersetzungen um den Religionsunterricht in Brandenburg. »Uns könnte so eine Auseinandersetzung immerhin ein bißchen aufrütteln und bewußter machen, was wir eigentlich glauben und hoffen.«
Zum Schluß sprechen wir über den Unterschied unserer Hoffnungen zu denen der ersten Christen. Die erwarteten Weltende und Neuschöpfung noch zu ihrer Lebenszeit. So ist es aber nicht gekommen. Eine Frau sagt, daß »Gottes Uhren eben anders gehen. Tausend Jahre sind bei ihm wie ein Tag, heißt es doch.« Aber obwohl die Weltgeschichte weitergegangen ist, haben die Christen ihre Hoffnung nie mehr aufgegeben und glauben immer noch, daß Gewalt und Tod eigentlich »bald« aufhören müssen.

Schließlich lenke ich den Blick auf die Bewegungsrichtung des Textes: Wir sind es gewohnt zu glauben, daß wir mit dem Tod von der Erde in den Himmel kommen (von unten nach oben). Der Text aber läßt den Himmel auf die Erde kommen (von oben nach unten). Welch gewaltiger Unterschied. Dann singen wir aus dem EG die Lieder 150 und 153 (»Jerusalem, du hochgebaute Stadt« und »Der Himmel, der ist, ist nicht der Himmel, der kommt« von Kurt Marti). Sie drücken diese beide Perspektiven aus, jeweils mit ausdrücklichem Verweis auf Offb 21.

Zum Gottesdienst

Dietrich Zeilinger

Exegetisch-homiletische Skizze

Stenogramm zur Entstehung des Textes
Zeit → ca. 100 n. Chr. / Situation → nach Domitians Christenverfolgung / Autor → der Seher »Johannes« auf Patmos / Adressaten → unter der Gewalt des römischen Imperium leidende Gemeinden, teils Judenchristen / Intention → Ermutigung zum Aushalten, zu Hoffnung, Bekenntnis und Widerstand / Bezüge → mannigfach in der hebräischen Bibel, teils wörtliche Zitate / Kontext → vorausgehend apokalytisches Drama mit dem Sieg über das Böse und dem Weltgericht (Kap. 20), nachfolgend die Vision der Gottesstadt und des paradiesischen Gartens (Kap. 21/22) / Umfang → eigentlich mit Vers 8, der Schattenseite der Erlösung; Verzicht darauf erleichtert die Aneignung und entlastet den Autor; ob dies legitim ist, muß jede(r) selbst entscheiden / Sitz im Leben → gottesdienstliche Versammlung / Stellenwert im Kontext der gesamten Bibel → Verbindung der drei Linien der biblischen Eschatologie: die alttestamentlich-messianische, die apokalyptisch-kosmologische und die neutestamentlich-christologische.
»Die messianische Hoffnung Israels ist ausgeweitet auf alle Völker, auf den ganzen Kosmos. Aber die Hoffnung auf das Neue ist bereits in der Gegenwart wirksam – im Zeugnis der Gemeinde. Das Ereignis des Neuen ist gerade deshalb in der Geschichte, weil es sie transzendiert: Die Welt und die Geschichte sind offen auf das Neue hin.« (Konrad Raiser, 1978, Themenstudien Band 2, Kreuz Verlag, Seite 117)

Verschiedene theologische Ansätze
a) Fundamentalistische Interpretation.
Der Text ist trotz seiner Bildersprache aufgrund der Verbalinspiration als Offenbarung eines realen zukünftigen Geschehens zu bewerten, das jeder »wahre« Christ glaubend auf sich beziehen darf.

Vorteil: Nähe zu Gemeindefrömmigkeit angesichts des Endes.
Nachteil: nicht vermittelbar mit dem Bewußtsein moderner Menschen.
b) Tiefenpsychologische Interpretation (nach E. Drewermann).
Der Text ist gerade in seiner Bildersprache aufgrund der archetypischen Imagination als Dokument der Sehnsucht nach dem heilen Ursprung zu bewerten und als Vision auszulegen, die damals wie heute den seelisch Angeschlagenen Mut machen soll, ihr Leben zu bewältigen.
Vorteil: Seelsorgerliche, therapeutische Nähe zu modernen, suchenden Menschen.
Nachteil: kaum vermittelbar mit politisch-kosmischen Zukunftsängsten.
c) »Messianische« Interpretation (nach J. Moltmann).
Der Text ist mit seiner Bildersprache aufgrund einer integrierenden Eschatologie in seinen verschiedenen Motiven zu entschlüsseln und als Impuls zu bewerten, das Kommen und Wohnen Gottes in dieser Schöpfung zu erhoffen und diese Hoffnung im Licht der großen Vision weiterzuentwikkeln durch Einsatz für das Reich des Friedens und der Gerechtigkeit.
Vorteil: Verbindung von individuellen Nöten und Hoffnungen, von Glauben und Handeln, Animation zur Erwartung und Inspiration zur Gestaltung.

Homiletischer Ansatz

Obwohl ich theologisch die »messianische« Interpretation vorziehe, muß der Kasus - letzter Sonntag im Kirchenjahr, Totengedenken - wegleitend sein. Von daher erscheinen mir weder eine dogmatische, noch eine symbolexegetische, noch eine sozialethische Erörterung vertretbar.
Die GottesdienstbesucherInnen sollen sich angenommen fühlen in ihren Ängsten und Unsicherheiten und in ihrer Sehnsucht nach begründeter Hoffnung. So habe ich mich für eine narrative Gestaltung entschieden: Jede der sieben Hauptaussagen der apokalyptischen Vision sollte zu einem Menschen sprechen, der mit einer besonderen Leiderfahrung und entsprechender Hoffnung zur gottesdienstlichen Versammlung kommt. Die Zeichnung der sieben Christenmenschen wollte ich für heutige Menschen »wiedererkennbar« und identifizierbar halten. Der wiederkehrende Bezug auf das Christusgeschehen sollte den Hoffnungen die »Erdung« geben, ebenso wie der jeweilige Sitz im Leben, der Gottesdienst.
Natürlich bleibt bei dieser Gestaltung vieles nur angedeutet und undiskutiert. Doch setze ich auf die Eindrücklichkeit der Hoffnungsbilder, gerade für die Tiefenschichten des Bewußtseins. Und ich meine, der Absicht des Verfassers zu entsprechen, wenn ich primär auf Stärkung im auszuhaltenden Leid und auf Aktivierung der Lebenskräfte setze.
Weder eine die Gegenwart überspringende Vertröstung, noch ein Negieren transzendenter Hoffnung können m. E. Alternativen sein. Von der großen, absoluten Zukunft Gottes soll die relative Zukunft der Einzelnen und der

Gemeinde erhellt werden, um in der Gegenwart Zeichen der neuen Welt zu sehen.

»Ewigkeit, in die Zeit scheine hell herein,
daß uns werde klein das Kleine
und das Große groß erscheine.«
(Marie Schmalenbach, in: bad. Beerdigungsagende)

Homiletische Alternativen
Verknüpfung der Impulse für »Reich Gottes heute« in der Perikope. Oder mit dem folgenden Kontext eine »Führung durch die Himmelsstadt«. Oder in Verbindung mit einer künstlerischen Interpretation und Meditation, z. B. anhand des Bildes »Ich sah das neue Jerusalem wie eine Braut« von Sieger Köder.
Einige Beispiele, wie Symbolmotive zu Impulsen werden können:
»Stadt« - die christliche Hoffnung umfaßt die Gemeinschaft und Gesellschaft, ja die Heilung aller Völker (Kap. 22,2)!
»Braut« - die Offenheit und Schönheit im künftigen Zusammenleben.
»Hütte/Zelt/Wohnung« - die Nähe Gottes zeigt sich in der Überwindung von Abhängigkeit und Distanz (vgl. Johannes 1).
»Tod des Todes« - der Glaube schenkt Freiheit von den Mächten des Todes, nimmt aber alles Leiden ernst und bringt es »vor Gottes Thron«.
»Alpha und Omega« - siehe Teilhard de Chardins »Punkt Omega«, Gott als Ziel menschlicher und kosmischer Evolution.
»Wasser des Lebens« - siehe die Wasser-Fülle-Symbolik im Johannesevangelium (vgl. auch das Märchen mit gleichem Titel).
»Überwinden/Erben/Sohnschaft« - siehe die amerikanische Bürgerrechtsbewegung mit »We shall overcome« und der Gleichheit der Brüder und Schwestern durch den einen Vater.

Vorschläge zur Liturgie:

Lieder
aus dem EG
147 Wachet auf ruft uns die Stimme
150 Jerusalem du hochgebaute Stadt
153 Der Himmel der ist
298 Wenn der Herr einst die Gefangnen
426 Es wird sein in den letzten Tagen
535 Gloria sei dir gesungen, Bach-Satz

Lesungen
Psalm 126 und Matthäus 25,1-13

Fürbitten

Gott, wir hören von deiner Ewigkeit,
von unserem Platz nahe deinem Herzen, den du für uns vorgesehen hast.
Und wir vertrauen dir, daß auch unsere Toten bei dir gut aufgehoben sind.
Du meinst es gut mit deiner Menschheit, du lädst sie alle ein zu deinem Fest. Aber so viele werden von deiner Freundlichkeit nicht erreicht und versäumen ihr Leben, oft auch durch fremde Schuld.
So laß uns an die vielen Menschen denken, die draußen vor der Tür bleiben: Menschen, die nur das Leben kennen und anerkennen, das sie materiell greifen können; Menschen, die sich in dem engen Lebensraum festkrallen müssen, der ihnen gelassen wird; Menschen, für die nach dem Tode alles aus ist und die das Vergessenwerden durch ihre Kinder und Freunde fürchten.
Laß uns an die vielen Menschen denken, die sich um ihr Leben betrogen fühlen. Menschen, die vergeblich auf Anerkennung und Liebe hoffen und sich mit Geschrei und Gewalt in Szene setzen müssen; Menschen, die für die Vermehrung des Geldes überflüssig geworden sind und sich als Arbeitslose an den Rand der Gesellschaft gedrängt sehen; Menschen, die im Süden der Erde in Hunger und Elend vergehen, weil ihnen der Norden für ihre Lebensleistungen zu niedrige Preise zahlt.
Laß uns auch an die vielen Menschen denken, die aus deinen Verheißungen Mut schöpfen: Menschen, die aus Liebe zu deiner Schöpfung den Kampf für eine bewohnbare Welt nicht aufgeben wollen; Menschen, die sich an den zahlreichen Konfliktherden dieser Erde als selbstlose Friedensstifter betätigen; Menschen, die bis an den Rand ihrer Kräfte das Elend der Kriegsverstümmelten und Flüchtlinge lindern helfen.
Laß uns schließlich an die vielen Menschen denken, die in aller Stille den Weg der Nachfolge zu gehen versuchen: Menschen an Krankenbetten und beim Besuch der Alten und Einsamen; Menschen im Leben mit Behinderten und in den Küchen für Obdachlose; Menschen im Bemühen um Gerechtigkeit auf dem Sozialamt und im Gerichtssaal.
All diesen Menschen, Gott, gilt deine Liebe.
Laß sie ihnen spürbar werden durch uns.

(Nach Claus-Dieter Schulze, aus »Neue Eingangs- und Fürbittengebete«, hrsg. von Wolfgang Brinkel, Chr. Kaiser/Gütersloher Verlagshaus, Gütersloh 1994, Seite 145)

Predigt

Seit Jesu Tod und Auferstehung sind 66 Jahre vergangen. In Rom herrscht Kaiser Domitian. Grausam hat er Christen verfolgt, die das Opfer für den Kaiser nicht darbringen wollten. Auf der Insel Patmos lebt, verbannt, der Seher Johannes. Um ihn hat sich eine kleine Gemeinde versammelt. Es ist wieder Sonntag, der Tag der Auferstehung. Nach der Arbeit kommen

Gemeindeglieder ins Haus bei den Felsen zum Gottesdienst. Johannes erwartet sie, er erkennt sie schon von weitem:
Da kommt Alexander. Er leidet ganz besonders unter der Brutalität des römischen Imperiums. Seine Brüder wurden hingerichtet. Er allein konnte den Häschern entkommen. So hofft er inständig auf eine neue Welt, auf das Reich Gottes, wo Frieden statt Gewalt regieren würde, und wo im Namen Jesu sich alle verstehen und annehmen könnten.
An seiner Seite geht Claudia, seine Verlobte. Sie stammt aus einer römischen Familie. Aber seit sie Christin geworden ist, wird sie wie eine Aussätzige behandelt. Sie leidet unter dem Zwiespalt zwischen ihrem neuen Glauben und ihrer Herkunft, zwischen ihrer Liebe zu Alexander und ihrer Familie. So wünscht sie sich nichts mehr, als daß die Versöhnung, die Christus gestiftet hat, sich auswirken möge auf all die zerrissenen Beziehungen.
Da nähert sich auch schon Jakobus. Er ist alt geworden und hat schon viel Leid erlebt. Es quält ihn die Frage nach dem Warum; warum Gott nicht eingreift, warum die Christen sich so oft verlassen fühlen müssen, und warum der Tempel, Sinnbild der Anwesenheit Gottes, zerstört wurde. Er sehnt sich nach Zeichen der Nähe Gottes, wie Jesus sie damals gewirkt und verkündet hat.
Und da sieht Johannes die verhüllte Gestalt der Maria. Er weiß, wie sehr sie trauert um ihre zwei Kinder, die ihr der Tod durch eine Seuche aus den Armen gerissen hat. Der Fluß ihrer Tränen scheint nie mehr zu versiegen. Gewiß glaubt auch sie an die Auferstehung Jesu. Aber sie möchte davon jetzt in ihrem Leid etwas erfahren, um Trost zu finden. Sie möchte am liebsten ihre Kinder wieder in die Arme schließen können.
Nun erscheint auf dem schmalen, steinigen Weg Andreas. Er ist jung, tatkräftig und ungeduldig. Er will sich nicht vertrösten lassen auf eine neue Zeit in der Ferne der Geschichte. Er stöhnt unter der Starre und Unbeweglichkeit der gegenwärtigen Verhältnisse, die wie eine Last aus Blei auf den Menschen liegen. Ja, er hofft auf einen wunderbaren Wandel und beruft sich auf die Wunder Jesu, die den Menschen ein neues Leben geschenkt haben.
Kurz danach eilt Lydia herbei. Sie ist in den letzten Monaten immer schwermütiger geworden. Der Glaube scheint ihr zu entschwinden wie in einem Nebelfeld. Sie leidet unter der inneren Dürre und dürstet nach neuer Lebendigkeit, um endlich wieder tiefes Vertrauen zu entwickeln; wie eine Pflanze, deren Wurzeln vom Wasser getränkt werden, und die Blätter richten sich wieder auf. Ob das Mahl Jesu ihre Tiefe erreicht?
Marcus ist heute der letzte. Er hat sich noch nicht taufen lassen. Müde und mühsam setzt er seine Schritte. Zweifel am Sinn des Ganzen, Zweifel an den Worten Jesu vom Reich Gottes nagen an ihm. Schon öfter hat er sich überlegt, alles hinzuwerfen und den Verlockungen des schönen Lebens nachzugeben, nur noch an sich und seinen Vorteil zu denken. Eltern hat er keine mehr. Johannes ist ihm wie ein Vater geworden. Aber der Seher ahnt, daß er Marcus nicht mehr lange zu halten vermag.

Johannes spürt eine große Last, als der Gottesdienst beginnt. Er ringt vor Gott darum, allen ein prophetisches Wort geben zu können, das ihnen hilft, den Lebensweg ein Stück weit gestärkt und getröstet weiterzugehen. Das »Kyrie eleison« erklingt heute bewegend wie noch nie. Es ist, als wenn der Gesang aus der Tiefe des Leidens nicht enden will. Aber dann geschieht es: Aus der lastenden Stille nach dem Kyrie erhebt sich ein zaghaftes Halleluja, eine Stimme, der sich zögernd die anderen anschließen. Und jetzt weiß Johannes, was er der Gemeinde verkünden wird. All die Träume und Visionen und Verheißungen, die ihn umgetrieben haben, fügen sich wie ein Mosaik zusammen und ergeben ein buntes, aber deutliches Gesamtbild, ein großes Licht-Bild der Hoffnung.
Und Johannes fängt an zu sprechen, während seine Augen schauen, als nähmen sie etwas überirdisch Schönes und Strahlendes wahr: »Ich sah einen neuen Himmel und eine neue Erde; denn der erste Himmel und die erste Erde sind vergangen, und das Meer ist nicht mehr.«
Ja, das Meer, denkt Johannes, das aufgewühlte Meer, Inbegriff alles Chaotischen, es ist zur Ruhe gekommen, seine wilden Fluten sind verebbt.
Und nun faßt der Seher Alexander und Claudia in den Blick mit ihrer Hoffnung auf das Reich Gottes und die Versöhnung alles Getrennten und fährt fort:
»Und ich sah die heilige Stadt, das neue Jerusalem, von Gott aus dem Himmel herabkommen, bereitet wie eine geschmückte Braut für ihren Mann.«
Johannes entzündet danach zwei Kerzen am Leuchter mit den sieben Armen. Dann schaut er auf den alten Jakob mit seiner Sehnsucht nach Gottes Nähe und auf die noch junge Maria mit ihrem Bedürfnis nach leibhaftigem Trost und spricht ihnen zu:
»Und ich hörte eine große Stimme von dem Thron her, die sprach: Siehe da, die Hütte Gottes bei den Menschen! Und er wird bei ihnen wohnen, und sie werden sein Volk sein, und er selbst, Gott mit ihnen, wird ihr Gott sein;
und Gott wird abwischen alle Tränen von ihren Augen, und der Tod wird nicht mehr sein, noch Leid noch Geschrei noch Schmerz wird mehr sein; denn das Erste ist vergangen.«
Und wieder entzündet Johannes zwei Kerzen am Leuchter. Jetzt suchen seine Augen Andreas mit seinem Drängen auf Veränderungen und neben ihm Lydia mit ihrem Durst nach Leben, und ihnen zugewandt fährt er fort:
»Und der auf dem Thron saß, sprach: Siehe, ich mache alles neu! Und er sprach zu mir: Es ist geschehen. Ich bin das A und das O, der Anfang und das Ende. Ich will den Durstigen geben von der Quelle des lebendigen Wassers umsonst.«
Noch einmal entzündet der Alte zwei Kerzen. Nun fehlt bloß noch ein Licht. Johannes entdeckt ganz hinten an der Tür Marcus wieder mit seiner fast schon erstickten Hoffnung und ruft ihm besonders, aber auch allen anderen zu:

»Wer überwindet, der wird alles ererben, und ich werde sein Gott sein, und er wird mein Sohn sein. Mein Sohn und meine Tochter.« Und als die letzte Kerze emporflackert, hören die Versammelten die fast geflüsterte Zusage, die ihnen vertraut ist: »Die Gnade des Herrn Jesus sei mit allen!« (Kap. 22,21). Es ist die kürzeste Predigt, die Johannes je gehalten hat, und doch hat sie alles umfaßt und zum Leuchten gebracht, was die qualvolle Menschengeschichte an Sehnsucht entbindet: Die Erlösten, heimgekehrt zu Gott. Die Erde, Gottes schöner Wohnraum.
Nach einer langen, erfüllten Stille geht eine Bewegung durch die kleine Gemeinde: In müde Gesichter kommt ein Ausdruck von Staunen und Zuversicht. Marias Tränen sind gestillt. Einige umarmen sich. Und als nach dem Mahl mit Brot und Wein Johannes seine Arme ausbreitet, um den Segen zuzusprechen, da sind aus den Vereinzelten mit ihrem je besonderen Leid neu verbundene und gestärkte Christen geworden.
Marcus ist nun entschlossen, sich taufen zu lassen. Doch einer hat noch Mühe, mitzukommen: Alexander. Ein Gottesdienst garantiert mir noch nicht das neue Jerusalem, denkt er. Aber da ist Claudia bei ihm, streicht ihm über die sorgenvolle Stirn und flüstert ihm etwas ins Ohr. Sie steckt ihn an mit ihrer Vorfreude auf die gemeinsame Hochzeit - und vielleicht auch auf die Hochzeit von Himmel und Erde, wenn Gott sein wird alles in allem.
Liebe Gemeinde 1998, so ähnlich könnte es sich damals zugetragen haben. Zu schön, um für heute wahr zu sein? Oder konnten wir uns wiederfinden in der einen oder anderen Gestalt jener frühchristlichen Gemeinde; wiederfinden mit unserer heutigen Last, mit unsrem persönlichen Leid und mit unserer Hoffnung, getröstet und gestärkt zu werden?
Die Worte des Johannes mit ihren leuchtenden Visionen, sie klingen herüber in unsre Gegenwart und wollen uns in der Tiefe anrühren und das lösen, was verschlossen ist, und das heilen, was verwundet wurde - so, daß wir uns einander mitteilen und helfen können. Dann mögen wir von neuem die Gemeinde des einen werden, in dessen Hand Anfang und Ende unseres Lebens und der ganzen Welt liegen.

Kontexte

Es folgt daraus praktisch der Ruf zur Freiheit und zur Fremdlingsschaft in dieser Welt. Christen sind Bürger des kommenden Gottesreiches, das im »himmlischen Jerusalem« und der »kommenden Stadt« symbolisiert wird. Sie sind darum Asylanten in allen Weltreichen. Weil sie auf die Erlösung dieser ganzen verkehrten Welt im kommenden ewigen Reich warten, fühlen sie sich als Fremde in dieser gottesentfremdeten Welt. Das »himmlische Jerusalem« wurde für sie zum Symbol der erhofften Neuschöpfung der Welt, zur Wohnung Gottes und zum Antisymbol zu den gottlosen Metropolen dieser Welt wie Babylon und Rom.
(Jürgen Moltmann, »Das Kommen Gottes«, Chr. Kaiser/Gütersloher Verlagshaus, Gütersloh 1995, Seite 340)

Utopie

Ich seh ein Land mit neuen Bäumen
Ich seh ein Haus aus grünem Strauch
Und einen Fluß mit flinken Fischen
Und einen Himmel aus Hortensien seh ich auch.

Ich seh ein Licht von Unschuld weiß
Und einen Berg der unberührt
Im Tal des Friedens geht ein junger Schäfer
Der alle Tiere in die Freiheit führt.

Ich hör ein Herz das tapfer schlägt
In einem Menschen den es noch nicht gibt
Doch dessen Ankunft mich schon jetzt bewegt
Weil er erscheint und seine Feinde liebt.

Das ist die Zeit die ich nicht mehr erlebe
Das ist die Welt die nicht von unsrer Welt
Sie ist aus feinstgesponnenem Gewebe
Und Freunde glaubt und seht: sie hält.

Das ist das Land nach dem ich mich so sehne
Das mir durch Kopf und Körper schwimmt
Mein Sterbenswort und meine Lebenskantilene
Daß jeder jeden in die Arme nimmt.

(Hanns Dieter Hüsch, aus: Das Schwere leicht gesagt, © tvd-Verlag, Düsseldorf 1991, Seite 22)

Gedenktag der Entschlafenen

Annäherungen an den Predigttext
1. Brief an die Gemeinde in Korinth 15,35–38.42–44 a

Ute Zöllner

Das Gespräch über den Ausschnitt aus dem 1. Korintherbrief fand mit dem therapeutischen Team einer Tagesklinik für Psychotherapie und Psychosomatik statt. In diesem Team arbeiten Krankenschwestern, Sozialpädagogen, ein Masseur, ein Musiktherapeut, Beschäftigungstherapeuten, Ärzte und Psychologen zusammen. Im Rahmen einer Fortbildungsveranstaltung ergab sich ein spontanes Gespräch über den Text. Leitend für dieses Gespräch waren die Fragen: Was habe ich vom Inhalt beim Hören der Perikope aufgenommen? Welche Empfindungen und Gefühle löste sie aus? Welche Assoziationen stellten sich ein? Und schließlich: Welche Schlußfolgerungen ergeben sich daraus?

Der Textausschnitt erfordert die ganze Aufmerksamkeit der Gesprächsteilnehmerinnen und Gesprächsteilnehmer, die sich beim Zuhören auch einstellt. Die fiktive Ausgangsfrage des Paulus trägt wesentlich dazu bei. Sie macht neugierig: Wie kommt Paulus dazu, die Frage in dieser Weise zu formulieren; stellt er sie in pädagogischer Absicht, oder bringt er ein ganz persönliches Problem vor? In jedem Fall rührt seine Frage an die eigene Frage, wie man sich den neuen Leib bei der Auferstehung wohl vorstellen soll. Der Konjunktiv, in dem sie gestellt ist, wirkt zunächst entlastend, gibt sie doch dem eigenen Zweifel Raum. Schon, daß die Frage überhaupt ausgesprochen wird, sich einer traut, sie laut werden zu lassen, wirkt erleichternd. So wird das Problem dem Schweigen entzogen und damit kommunizierbar.

Um so unverständlicher der prompte Bruch, der durch die folgende Anrede »Du Narr« erfolgt. Diese kurze Anrede löst Irritationen aus; einige fühlen sich brüskiert, werden ärgerlich; andere schütteln den Kopf, wissen nicht, was das soll; andere wieder sind sehr berührt. Jetzt haben die Verse wirklich die Hörer erreicht: Jeder, jede fühlt sich in der eigenen Existenz angesprochen. Die Frage nach der leiblichen Auferstehung ist mehr als ein gelehrtes philosophisches Problem, sie versetzt in Spannung; in unserem Gespräch löst sie sich schließlich mit einem lauten Lachen. Die beiden Worte »Du Narr« bringen zum Ausdruck, was alle wissen: Das eigene Leben ist sterb-

lich. Trotzdem, den eigenen Tod, so gewiß er ist, kann man sich nicht vorstellen, noch erfassen.
Die Kränkung des natürlichen Menschen setzt sich fort; er muß die Gestalt des Samens annehmen, um neu werden zu können. Er muß klein werden, unscheinbar, flüchtig und schließlich vergehen, um neu werden zu können. Ohne Sterben wird es kein Leben geben - neues Leben entsteht aus dem Sterben. Wie der Samen vergeht, damit eine Pflanze wachsen kann, so muß der Mensch sterben, um leben zu können.
Für einige Gesprächsteilnehmer schließt sich nun eine weitere Störung an, sie möchten aufbegehren. Warum gibt Gott einem jeden Samen seinen eigenen Leib, muß das wirklich so sein? Dies wird als Abhängigkeit erlebt, die man gerne loswerden möchte. Andere Erfahrungen von Abhängigkeit tauchen auf: von den Eltern z. B., die immer wußten, was gut war und entsprechendes Verhalten diskussionslos erwarteten. Diese Art von Beziehungen war bestimmt durch Unterordnung und Anschluß an die Meinung der Eltern. Man mußte übernehmen, was andere für richtig fanden. Die Erfahrungen von damals stellen sich nun wieder ein. Das löst Unwillen aus. Denn die Unterschiedlichkeit der Leiber, die aus den Samen werden, wird von außen bestimmt, entzieht sich der eigenen Möglichkeit, sie wird von Gott geschaffen.
Aber auch andere Empfindungen werden wach, z. B. ein Staunen über die Vielfalt und Verschiedenheit der natürlichen Welt. Schwer und eher lastend seien die Verse; vor allem: Was geschieht, wenn es keine hinreichend plausible Antwort auf die Ausgangsfrage gibt? Das Bedürfnis nach Sicherheit ist gerade bei diesem Thema besonders hoch. Nicht verwunderlich, daß es auch den Versuch gibt, am Text vorbeizuhören und sich innerlich abzugrenzen. Das hört sich dann in etwa so an: »Was willst du, Paulus, mir eigentlich noch erzählen? So weit wie du bin ich mit meinen Überlegungen auch schon gekommen. Überhaupt, was weißt du schon davon, wie es einem geht, wenn ein geliebter Mensch gestorben ist!«
Das Gespräch wird dicht, als es um die eigenen Erfahrungen geht, die mit dem Sterben von nahen Angehörigen oder auch im Berufsalltag im Krankenhaus gemacht wurden. Es braucht Zeit, sich diesem Erleben zu öffnen, der Text rührt an eben zugewachsene Wunden. Im städtischen Krankenhaus wurde ich oft mit dem Sterben von Patienten konfrontiert, meint eine Krankenschwester, die Hilfe, die wir zum Umgang mit diesen Erfahrungen bekommen haben, war unzureichend, hat eher dazubeigetragen, die Abwehr zu verstärken, brachte in Distanz zum Geschehen. Oder sie machte Druck, es besonders gut und richtig machen zu müssen. Ergreifend sei das Stadium zwischen Leben und Tod, der Übergang. Diese Erfahrung nimmt das Bild aus dem Predigttext wieder auf: Auch hier geht es um den Übergang von Vergehen und Werden. Indem beides voneinander geschieden ist, bleibt es miteinander verbunden. Die Mitte hält beides beieinander, in ihr vollzieht sich die Neuschöpfung.

Am Ende des Gespräches wird noch einmal der Ausgangspunkt, die Frage des Paulus aufgenommen. Wie sind seine eigenen Antworten zu verstehen, als Ausdruck seines eigenen Zweifels, der mittels festliegender Aussagen abgewehrt werden soll, oder aber als Auseinandersetzung mit diesem Zweifel, der auf diese Weise auch für die heutigen Hörer eine Möglichkeit zur Verarbeitung darstellt. Eine gewisse Ernüchterung stellt sich ein; das Bedürfnis nach sicheren Antworten ist groß, aber viele Fragen bleiben offen. Daß die Verse des Paulus auf das jetzige Leben verweisen, wirkt dabei erleichternd und mahnend zugleich. Das diesseitige Leben ist es wert, gelebt zu werden. Christliche Existenz vollzieht sich auf Erden, in der Gegenwart. Und doch greift die Wirklichkeit über die Realität hinaus.

Zum Gottesdienst

Klaus Eulenberger

Exegetisch-homiletische Skizze

Der Gottesdienst am »Gedenktag der Entschlafenen: Totensonntag« soll nach dem Wunsch der Lutherischen Liturgischen Konferenz dem am »Letzten Sonntag des Kirchenjahres: Ewigkeitssonntag« keine Konkurrenz machen und von ihm deutlich unterschieden sein (Vorschläge für den praktischen Umgang mit beiden Anlässen findet man im von der LuKiKo für das jeweilige Kirchenjahr herausgegebenen »Sonn- und Festtagskalender - Evangelischer Kirchenjahrkalender«). Das bedeutet Entlastung und Konzentration zugleich: Wir haben es im folgenden ausschließlich mit Liturgie und Predigt des *Totensonntags* zu tun und müssen nicht die anderen Bedeutungen (Ende des Kirchenjahres; Ewigkeit) mit im Blick haben. Oder sollte eine so feine Scheidung der Anlässe am Ende gar nicht möglich sein? Kommen womöglich am Letzten Sonntag des Kirchenjahres Menschen in den Gottesdienst, die der Toten gedenken wollen, obwohl das Thema »eigentlich« Ewigkeit heißt? Das Leben hält zusammen, was die liturgische Ordnung auseinanderhalten möchte: den Tod und den Todeskummer - und die Hoffnung auf Leben jenseits des Todes. Und darum erscheint mir die theologisch korrekte Abgrenzung der beiden Kasus problematisch. Warum sollen die zu ihnen gehörenden biblischen Voten nicht beide in demselben Gottesdienst zur Geltung kommen: »Herr, lehre uns bedenken, daß wir sterben müssen, auf daß wir klug werden« - und: »Laßt eure Lenden umgürtet sein und eure Lichter brennen«? Verschiedene Entscheidungen sind möglich und begründbar. Wichtig scheint mir nur, daß jeder Prediger weiß, was er tut, jede Liturgin, warum sie sich so und nicht anders entschieden hat. Ich aber beschränke mich hier - dem Auftrag folgend, den ich angenommen habe - auf den Anlaß »Gedenktag der Entschlafenen« und sein Proprium.

Der Predigttext ist Antwort auf eine Sorge, die schon lange niemanden mehr belastet. Es ist die Sorge der frühen christlichen Gemeinden etwa in Thessalonich und in Korinth: Was wird aus denen, die schon gestorben sind, ehe der Tag der Erlösung kommt? Die Meinungen der Thessalonicher (s. den ersten Brief des Paulus an die Gemeinde, 4,13 ff.) war »anscheinend, daß noch bei Lebzeiten der eigenen Generation das Ende hereinbrechen und den Glaubenden Erlösung widerfahren werde. Nur so wird ihre Beunruhigung durch das vorzeitige Sterben einiger Gemeindeglieder verständlich. Der Gedanke an eine Auferstehung aller von den Toten muß also dieser paulinischen Gemeinde zunächst noch fremd gewesen sein«, stellt Günther Bornkamm in seinem Paulus-Buch fest (Urban-Taschenbücher Bd. 119, Seite 228). Einige Jahre später ist in Korinth und anderswo eine andere Situation gegeben: Nicht nur einzelne, sondern immer mehr Menschen aus der Gemeinde sterben, und da doch auch diese Toten von der Erlösung nicht ausgeschlossen sein können, muß für die Lebenden wie für die Toten eine gemeinsame Bedingung gelten: »In jedem Fall wird das Leben nicht anders als durch eine Verwandlung gewonnen: eine völlige, Gott allein vorbehaltene Neuschöpfung des ganzen Menschen« (ebd.). In Bornkamms Paulus-Porträt erfahren wir außerdem, daß der Versuch des Apostels, den zweifelnden Korinthern zu erklären, wie sie sich die Auferstehung der Toten vorstellen sollten, »problematisch« und »von seinen eigenen Voraussetzungen her anfechtbar« sei (227): Paulus habe sich, von Fragen, Sorgen und Zweifeln gedrängt, gewissermaßen verführen lassen, konkreter, ja massiver zu werden und mehr zu sagen, als es der Sache angemessen gewesen wäre. Gilt das auch für das so selbstbewußt und angriffslustig eingeleitete (»Du Narr«) Gleichnis vom Samenkorn? Steht etwa am Ende die Rede von der Auferstehung der Toten selbst auf recht dünnen Beinen?

Paulus argumentiert. Aber er will nicht so sehr einen Wahrheitsbeweis führen als vielmehr für ein bestimmte Haltung gewinnen. Es ist noch nicht erschienen, was wir sein werden, sagt er. Ihr wißt es nicht, und ich weiß es auch nicht. Aber ihr wißt, - wie ich - daß das Samenkorn in der Erde stirbt und daß es etwas hervorbringt, was anders ist als es selbst. Überlaßt es Gott, was er aus uns machen will, wenn wir gestorben sind. - Welche Zumutung in diesem Ansinnen steckt, das hat die Gesprächsgruppe, von der Ute Zöllner berichtet (vgl. die »Annäherungen«), sehr genau benannt: »Warum gibt Gott einem jeden Samen seinen eigenen Leib, muß das wirklich so sein? Dies wird als Abhängigkeit erlebt, die man gern loswerden möchte ...« Genau an diesem Punkt kommt der Predigttext zu seiner ureigenen Sache. Wir sind nicht gefragt worden, als wir ins Leben gerufen wurden, und man wird uns nicht fragen, was, wer und wie wir sein wollen, nachdem wir aus der Welt gegangen sind. Leben und sterben heißt: sich in die Hände Gottes geben und darauf setzen, daß niemand verloren geht, im Leben nicht und nach dem Tod nicht. So ist das Thema des Gottesdienstes an diesem »Gedenktag der Entschlafenen« gesetzt - und unversehens ist der nun doch in die Nähe des »Ewigkeitssonntags« gerückt. Wie es ja auch kaum anders sein konnte.

Vorschläge zur Liturgie

Als *Psalm* kommt der für diesen Anlaß vorgesehene (102, EG 741) ebenso in Frage wie der 126. (EG 750). - Wenn eine Lesung aus der Hebräischen Bibel vorkommen sollte, so würde ich mich eher etwa für Jesaja 26,13-19 entscheiden als für die vorgeschlagenen Verse aus Daniel 12. -
Das *Evangelium* (Johannes 5,24-29) würde ich um die drei letzten Verse kürzen und um eine Passage aus dem 12. Kapitel erweitern: die Verse 24-26. Also Johannes 5,24-26; 12,24-26.

Lieder
Herzlich lieb hab ich dich, o Herr (EG 397); Wenn mein Stündlein vorhanden ist (EG 522,1.4-5); Wachet auf, ruft uns die Stimme (EG 147; im vierstimmigen Satz: 535); Der Himmel, der ist, ist nicht der Himmel, der kommt (EG 153); O Heiland, reiß die Himmel auf (EG 7,1-5).

In vielen Gemeinden hat sich ein *Ritus* etabliert, den ich zur Nachahmung empfehle: Im ersten Teil des Gottesdienstes (etwa vor der Predigt) werden die Namen der Menschen - mit Geburts- und Totesdatum - ausgesprochen, die seit dem Totensonntag des Vorjahres gestorben sind; dazu wird jeweils eine Kerze entzündet. Das Ritual gewinnt an Bedeutung, wenn die Angehörigen der Toten an diesem Gottesdienst teilnehmen; das werden sie umso bereitwilliger tun, wenn sie mit einem (persönlich wirkenden) Brief dazu eingeladen worden sind.

Kollektengebet
Wir sind in die Welt gekommen, wir werden nicht in ihr bleiben.
Wir wissen nicht, wann es zuende sein wird mit uns.
»O Herr, gib jedem seinen eignen Tod.« Erbarm dich über uns Sterbliche.
Wir werden verlassen, wir bleiben allein.
Wir tragen unsere Trauer Tage und Jahre, bis sie ausgetragen ist und von uns abfallen kann.
Hüte uns wie ein Samenkorn in der Erde, Gott, und laß uns aufgehen zu neuem Leben.
Wir bitten dich im Namen Jesu Christi, der mit dir und dem Heiligen Geist lebt und lebendig macht in Ewigkeit.

Fürbitten
Gott, wir bitten dich für die Menschen, die du von uns genommen hast: Gib ihnen die ewige Ruhe, und ewiges Licht leuchte ihnen.
Wir bitten dich für alle, die, allein gelassen, leben müssen und so nicht leben können: Laß sie einen Tag um den anderen, eine Woche um die andere bestehen und standhalten dem, was sie nicht ertragen; laß sie ihren eigenen Schmerz würdigen, weil er die Schattenseite des geliebten Lebens ist; laß nicht zu, daß sie ihren Anteil am Leben zurückhalten, rufe sie bei ihrem Namen und laß uns nach ihnen fragen.
Gott, wir bitten dich für alle, die ihr Leben nicht ertragen, und für die, die es so sehr verdorben haben, daß sie ohne Hoffnung und ohne Zukunft sind. Wir drängen dich, daß du keines unter allen deinen Geschöpfen aufgibst.
Wir bitten dich für die Menschen, die leben wollen und sterben müssen, und für jene, die sich den Tod wünschen, ihn aber nicht finden. Wir legen sie an dein Herz, Gott, die Lebensmüden und die von tödlicher Krankheit Bezwungenen.
Wir bitten dich für die vielen, die sinnlos sterben durch Krieg und Gewalt, Hunger und Ausbeutung, Willkür und Katastrophen. Wir wissen nicht, was wir beten sollen, und sagen: Laß keinen verloren gehen.
Uns aber laß nicht verstummen angesichts des Todes. Deine Freundlichkeit werde uns nicht verdunkelt, Gott, du mögest uns füllen mit deiner Gnade, auf daß wir dich rühmen und fröhlich sind unser Leben lang.

Vorschlag zur Predigt

Möglicher Anfang
Liebe Gemeinde! Mir ist ein Bild vor Augen, das ich irgendwo gesehen habe, ein Bild von Tod und Leben. So habe ich es in Erinnerung: Unter der ausladenden Krone eines Laubbaumes, der an einem sommerlichen Tag schönen Schatten gibt, spielen kleine Kinder im Sand, während größere sich gegenseitig jagen; Männer schwatzen miteinander, eine junge Frau liest in einem Buch, eine alte ist mit einer Handarbeit beschäftigt; an einem Tisch wird gegessen und getrunken; Hunde und Katzen tollen im Schatten des Baumes herum, während in seinen Zweigen die Vögel des Himmels schwirren und singen. Die Zeichnung aber ist nicht zuende am Fuß des Baumes; sie zeigt auch seine Wurzeln, die ebenso weit die Erde durchdringen, wie seine Äste und Zweige sich in den Himmel ausbreiten. Die Wurzeln ein Spiegelbild der Krone, oder sie deren Gegenbild. Aber noch etwas ist zu sehen. Das weit verzweigte Wurzelwerk ist ein Beinhaus: Die sterblichen Überreste von Menschen und Tieren liegen dort. Gerippe, große und kleine Knochen. Nicht schrecklich anzusehen, durchaus nicht. Die leichte, etwas melancholisch stimmende Darstellung eines gegebenen Zusammenhangs: Das Leben wurzelt im Tod, die Lebendigen bewegen sich auf einem

Grund, den die Toten mit sich selbst bilden. Das ist »buchstäblich« wahr, und es ist wahr in einem erweiterten Sinn: Wir fangen ja nicht mit uns selbst an, viel ist uns vorgegeben und voraus-gesetzt, andere haben uns hinterlassen, was uns zugute kommt (allerdings auch: woran wir uns abarbeiten); wir wären »nichts« ohne die, die vor uns waren, ja wir wären nicht einmal am Leben ohne sie. Und erst das Gedächtnis der Toten, das Gedenken an die »Entschlafenen«, macht uns zu Gegenwärtigen, gibt uns eine Präsenz in diesem Augenblick der Weltzeit. Solange wir nicht bedenken, daß wir mit den Toten zusammenhängen, bleiben wir ort- und zeitlos, wie zufällig in die Welt geworfen.

Das Leben wurzelt im Tod. Naturhafte Bilder bieten sich ganz selbst an, wenn es um die Formulierung des Zusammenhangs zwischen den Generationen geht. Und sie sind es auch, mit deren Hilfe wir am ehesten über die Grenze hinausdenken können, die der Tod uns setzt. So hat es Martin Luther in seinem »Sermon von der Bereitung zum Sterben« 1519 gesagt: »Im Sterben beginnt die enge Pforte, der schmale Steig zum Leben. Er ist wohl sehr eng, er ist aber nicht lang. Und es geht hier zu, wie wenn ein Kind aus der kleinen Wohnung in seiner Mutter Leib mit Gefahr und Ängsten geboren wird in diesen weiten Himmel und Erde, das ist unsere Welt: ebenso geht der Mensch durch die enge Pforte des Todes aus diesem Leben ... So muß man sich auch im Sterben auf die Angst gefaßt machen und wissen, daß danach ein großer Raum und Freude sein wird.« Das Sterben als zweite Geburt, als eine Geburt zu neuem Leben, das nicht mehr begrenzt und nicht mehr befristet ist: ein schönes, ein Angst auflösendes Bild.

Wir gehen noch weiter zurück, in die Mitte des ersten Jahrhunderts nach Christus. Paulus, der Apostel, schreibt einen Brief an »seine« Gemeinde in der griechischen Hafenstadt Korinth. Es ist der Brief, in dem sich das wunderbare Lied auf die Liebe findet: auf jene Liebe, die bleibt, wenn alles andere vergangen sein wird, die größer ist selbst als Glaube und Hoffnung; das Lied auf die Liebe als das liebste Kind Gottes. Aber auch ganz andere Töne schlägt Paulus hier an: entrüstete, herausfordernde, streitlustige Töne. Fast am Schluß des langen Briefes setzt er sich mit Leuten in der Gemeinde auseinander, die Schwierigkeiten mit dem Glauben an die Auferstehung der Toten haben. Es sind - natürlich - nicht die modernen Einwände, die in Korinth erhoben werden: Der Tod sei doch das Ende von allem, und die Erwartung eines ewigen Lebens sei nichts als eine Selbsttäuschung. Denen, die damals lebten, war es ein Leichtes, sich eine Auferstehung von den Toten vorzustellen. Aber einige in der Gemeinde der Christen in Korinth hatten es eilig damit; sie wollten, wie wir heute vielleicht sagen würden, »alles, und alles jetzt«. Sie fühlten sich schon in einem neuen Leben und erklärten den Tod für eine vollkommene bedeutungslose Sache. Das tat Paulus nicht; Er hat den Tod so ernst genommen, wie man ihn nur nehmen kann. Er geht auf die Einwände ein, mit denen einige seiner korinthischen Kritiker ihn in Frage stellen, ja eigentlich lächerlich machen wollen. Sie fragen nämlich voller Ironie: Und wie, bitte, soll man sich die Auferstehung vorstellen? Werden die Auferstandenen sich selbst gleichen, so wie sie zu ihren Lebzeiten waren? Mit diesem Einwand beginnt der Abschnitt aus dem 15. Kapitels des 1. Korintherbriefes, der uns an diesem Gedenktag der Entschlafenen zugedacht ist, daß wir ihn bedenken: (Lesung des Predigttextes) ...

Zum weiteren Verlauf

Auch hier also: die Verwendung einer naturhaften Metapher in der Absicht, über die Grenze hinauszudenken, die der Tod setzt. Das Gleichnis vom Weizenkorn (s. Johannes 12,24!) in einer anderen Bedeutung: Was aufersteht, geht zwar aus dem in die Erde gesenkten »Korn« hervor, ist aber etwas anderes! (Das Johannesevangelium zielt auf die Vervielfältigung des »Korns«, Paulus auf seine Verwandlung.) - Die Weizenkorn-Metapher bleibt eigentlich zurück hinter dem, worum es Paulus zu tun ist. Denn: Was in der Erde »stirbt« (V. 36), bringt ja doch wiederum seinesgleichen hervor, ein Vielfaches von sich selbst. Wenn der Wachstumsprozeß an sein Ende gekommen ist, ist aus der jungen Saat, ist aus Halm und Ähre doch wiederum - Weizen geworden. Man weiß vorher, was »ein jeder Same« (V. 38) hervorbringen wird. Paulus aber will gerade darauf hinaus, daß die Toten (und die Lebenden: V. 51) verwandelt werden und in dieser Verwandlung eine Gestalt bekommen, von der noch niemand etwas weiß: Es ist noch nicht erschienen, was wir sein werden! Von dem Menschen, der tot und begraben ist, gilt, daß »Gott ihm einen Leib gibt, wie er will« - und dieser ist, im Gegensatz zum ersten, der sterblich, verweslich, niedrig und arm war, unverweslich, von Herrlichkeit und Kraft bestimmt. Es gibt eine gemeinsame Identität des verweslichen und des unverweslichen »Leibes« (wie der Same in sich bereits die Frucht enthält), aber der »in Kraft« auferstehende ist gegenüber dem »in Armseligkeit« gesäten nicht wiederzuerkennen. In der Auferstehung von den Toten - so fasse ich die Argumentation des Paulus zusammen - werden wir von Gott zur Kenntlichkeit verwandelt. Was wir werden, hängt zusammen mit dem, was wir jetzt sind - aber wir werden unvorstellbar anders sein: Wir werden das »himmlische Bild« (V. 49) tragen, nach dem wir von Anfang an geschaffen sind und das entstellt war durch das irdische. (Der Gedanke ist ähnlich dem, den Jesus im Streitgespräch mit den Sadduzäern - Matthäus 22,23-33 parr. - äußert: »In der Auferstehung werden sie weder heiraten noch sich heiraten lassen, sondern sie sind wie Engel im Himmel.«)

Möglicher Schluß

»Der Tod«, so hat jemand geschrieben, der sich schwer getan hat mit dem Leben, »der Tod ist kein Argument gegen das Leben.« Dieser Satz ist nicht leicht hingesagt. Ernst Lange hat ihn gegen seine eigene Verdüsterung und

Verzweiflung aufgeboten, wenige Jahre, bevor er sich 1974 das Leben nahm. Am Totensonntag 1971 wünscht er sich, »den Kerker der Angst, den Kerker der Verzweiflung und der Auflehnung aufzustoßen«; er sagt in einem Rundfunkbeitrag, der an diesem Tag gesendet wird: »Ich wünschte, ich könnte mich entschließen, zu leben auf Du und Du mit der Gewißheit meines Todes. Das müßte ein Leben von hoher Intensität sein.« Ich zitiere diese Sätze, weil sie einen wichtigen Zusammenhang deutlich machen: Der Glaube, der dem Tod standhält, fällt niemandem in den Schoß, er wächst heran auf dem dunklen Grund der Todesangst und der alles umfassenden Verunsicherung. In diesem Sinn hat der junge Theologe Ernst Lange, von unerschöpflichen Einfällen ebenso umgetrieben wie von namenloser Angst gejagt, diesen Satz aufgeschrieben: »Der Tod ist kein Argument gegen das Leben.« Er fährt fort: »Kein Argument gegen den Glauben an den Sinn eines jeden Menschenlebens. Kein Argument gegen die Liebe als die Energie des Lebendigmachens alles Lebens. Kein Argument gegen die Hoffnung auf die Vollendung der Welt. Kein Argument gegen Gott. Man stirbt nicht weg von Gott, man stirbt in Gott hinein.« In auffallend distanzierter Formulierung – so, als könne er selbst noch nicht glauben, was er schreibt, als könne es nicht auch und gerade für ihn gelten – sagt Ernst Lange am Totensonntag 1971 etwas, was wie eine Antwort an Paulus klingt, eine Antwort auf das kleine Gleichnis vom Weizenkorn: »Man stirbt in Gott hinein.« Auf einmal wird deutlich, daß es nicht irgendeine Erde ist, in die die Toten fallen, daß sie nicht nur eingehen in den unendlichen Kreislauf des Lebens, sondern: daß Gott die dunkle Erde ist, in die sie, verweslich und vergehend, »gesät« werden, um aus ihm hervorzugehen unverweslich, in einer Gestalt, die Gott ihnen gibt und in der sie zur Kenntlichkeit verändert sind in seinem Angesicht.

Kann man – ich wiederhole dieses seltsam entfernte »man« noch einmal – kann man das glauben? Können wir uns das sagen lassen: Du stirbst nicht weg von Gott, du stirbst in Gott hinein? Der Satz ist nicht nur eine Tröstung: Sei ruhig; du stürzt ja, wenn du stirbst, nicht weg von Gott. Was wird uns noch geschehen, wenn wir in die dunkle Erde fallen, die Gott ist? Ist es nie zuende, werden wir nie Frieden, nie ewige Ruhe haben? »Du stirbst in Gott hinein.« Die Zumutung, die dieser Satz bedeutet, ist nicht größer als die, die wir von Anfang an in unser Leben mitbekommen haben; das Risiko, das wir als Sterbende eingehen, ist nicht erheblicher als das unseres Eintretens in die Welt. Denn auch bei unserer Geburt wurden wir nicht gefragt, und wir konnten uns die Gestalt nicht aussuchen, in der wir zur Welt kommen wollten; von Anbeginn ist über uns entschieden. Nicht anders wird es am Ende sein – an jenem Ende, das keines ist, wenn wir in Gott hineinsterben. Es bleibt uns nichts übrig, als daß wir uns in die Hände Gottes geben, der uns ins Leben gerufen hat und bei uns ist in den Wandlungen, die wir erleben und erleiden, in denen, die wir wollen, und denen, die wir fürchten, und daß wir uns auch im Tod ihm hingeben, was immer er dann mit uns anfangen wird. Es ist uns und allen, die auf die Welt gekommen sind, nie etwas anderes übrig geblieben als dies. Wir sind nicht die Herren der Dinge, und wir müssen nicht für alles sorgen, nicht einmal für uns selbst. Leben und sterben heißt: sich in die Hände Gottes geben und darauf setzen, daß niemand verloren geht, im Leben nicht und nach dem Tod nicht. Amen

Kontexte

Heute,
am ersten Tag
meines restlichen Lebens,
erschreck' ich:
Was heckt wohl der Tod
still für mich aus?

»Laß uns bedenken, daß wir sterben müssen«,
heißt's in der Bibel.
Daran freilich erinnern die Flucht der Zeit,
der Altersabbau, die Depressionen
mich ohnehin schon.

Warum, barmherziger Gott,
füllst du meine Gedanken und Sinne.
nicht Tag für Tag
mit leuchtender Gegenwart?

Nichts anderes aber erbitt' ich von dir!
Und danach: Nichts als Du.
Und danach: Du, mein Nichts,
offen für alles.

(Kurt Marti, O Gott! Lachen, Weinen, Lieben. Ermutigungen zum Leben,
© Radius-Verlag, Stuttgart 1995)

Hermann Hesses bekanntes Gedicht »Stufen« ist auf einen ähnlichen Ton gestimmt (»Es wird vielleicht auch noch die Todesstunde / uns neuen Räumen jung entgegensenden; / des Lebens Ruf an uns wird niemals enden ...«).

Aus dem Buch »Die Hinreise« von Dorothee Sölle, Kreuz-Verlag, Stuttgart 1975, Seite 21 f. (auch als Kontrasttext zu dem hier vorgelegten Predigtentwurf zu lesen): »Indem wir angstfreier leben, werden wir angstfreier sterben lernen. Je mehr wir ein Teil der Liebe werden, mit der wir uns eins wissen, desto unsterblicher sind wir. Christlich gesprochen liegt der Tod immer hinter uns, vor uns aber die Liebe. ›Wir wissen, daß wir aus dem Tod ins Leben hinübergegangen sind, weil wir die Brüder (und Schwestern, hinzugefügt vom Autor) lieben. Wer nicht liebt, bleibt im Tode‹ (1. Johannes 3,14). Christsein heißt: Wir sind hinübergegangen, wir haben den Tod transzendiert. Unser Weg kann nicht biologisch beschrieben werden: erst geboren werden und dann sterben, sondern umgekehrt: aus dem Tode ins Leben übergehen. Der einzelne braucht dann auch jene Krücken des Glaubens nicht mehr, die sich als

Hoffnung auf ein Wiedersehen oder auf individuelle Fortdauer formulieren. Nichts kann uns scheiden von der Liebe Gottes, auch nicht das Wissen von der Vergänglichkeit unserer individuellen personalen Existenz ... Unsere Frage kann nicht mehr lauten: Ist mit dem Tode alles aus? So können nur die fragen, deren Ich in den Grenzen des Individuums gefangen ist, die sich abkapseln von der großen berührenden und verwandelnden Wirklichkeit. ›Ist mit dem Tode alles aus?‹ ist eine gottlose Frage. Was ist denn dieses ›alles‹ für dich? Du kannst deinen eigenen Tod nicht mit der Formel ›Dann ist alles aus‹ beschreiben, eben weil es zur Definition eines Christen gehört, daß er für sich selber nicht alles ist. Nein, es ist nicht alles aus, sondern es geht alles weiter. Was ich wollte, was ich mit anderen versucht habe, was ich angefangen habe und woran ich gescheitert bin, es geht weiter. Ich esse nicht mehr, aber es wird Brot gebacken und gegessen, ich trinke nicht mehr, aber der Wein der Geschwisterlichkeit wird weitergetrunken.«

Die Autorinnen und Autoren

Pfarrer Bernd Ahrens, Oberhonnefeld; Pfarrer i. R. Dr. Ernst Arfken, Göttingen; Pfarrer Dr. Günter Berndt, Friedersdorf; Pfarrer Hans Hermann Blettgen, Essen; Pfarrer Wolfram Braselmann, Rehburg-Loccum; Pfarrer Klaus Eulenberger, Rellingen; Pfarrer Christian Fuhrmann, Flemmingen; Prof. Dr. Gert Hartmann, Herborn; Pfarrerin Barbara Heller, Schauenburg-Martinhagen; Pfarrer Eckhard Herrmann, Würzburg; Pfarrer Dr. Wolfgang Herrmann, Holzappel; Pfarrer Friedrich Holze, Rehburg-Loccum; Pfarrer Dr. Reiner Jansen, CH-Frenkendorf; Pfarrer Dr. Reinhard Kirste, Nachrodt; Pfarrer Wolfhart Koeppen, Ortenburg; Pfarrer Christian Kollath, Glinde; Pfarrer Hans Jürgen Milchner, Hunteburg; Pfarrerin Bettina Naumann, Chemnitz; Pfarrer Frank Niemann, Lehrte-Arpke; Hauptpastor Klaus Reblin, Hamburg; Propst Karl-Heinz Ronecker, Jerusalem; Pfarrer Christian Schad, Landau; Pfarrer Christoph Schmidt-Ehmcke, Münster; Pfarrer Dieter Schupp, Kaiserslautern; Pfarrer Dr. Gunnar Sinn, Nürnberg; Pfarrer Ulrich Tietze, Lüneburg; Pfarrer Dietrich Zeilinger, Neckargmünd; Pfarrerin Ute Zöllner, Passau